www.tredition.de

© 2018 Eberhard Siegel

Verlag und Druck: tredition GmbH, Hamburg

ISBN
Paperback: 978-3-7469-7627-3
Hardcover: 978-3-7469-7628-0
e-Book: 978-3-7469-7629-7

Eberhard Siegel

Das große Abenteuer Wohnen

Aus den Wohn- und Lebenswelten unserer Menschen

Ein Buch in

Episoden und Kapiteln

- Erzählungen
- Betrachtungen
- Nachdenkliches
- Soziale Sichten

Buch der Episoden 10

Buch der Kapitel 120

Dieses Buch ist der palliativen Arbeit und für den Dienst am Mitmenschen gewidmet.

Deshalb soll der Gewinn, der durch den Verkauf des Buches erzielt wird, für die palliative Arbeit sowie für die Arbeit im Hospizdienst verwendet werden.

Den oft letzten großen Liebesdienst für die sehr kranken Menschen gilt es weiter auszubauen, wobei mir die schwerkranken Kinder besonders am Herzen liegen. Bereits in der geringen Zeit ihres Erdendaseins, müssen sie diesen schwierigen Schritte gehen und durchleben.

Wir sind es den Betroffenen schuldig, dass wir sie in diesen oft sehr leidvollen Situationen, nicht allein lassen. Wir wissen aber auch, dass Begleitung, erhöhte Zuwendung und Pflege für die schwerkranken Menschen besonders aufwendig und auch teuer sind.

Erfreulicherweise wird die palliative Medizin sowie die Betreuung im Hospiz immer besser anerkannt, und weiterentwickelt.

Viele engagierte Ärzte, Schwestern, Pflegekräfte, Seelsorger und ehrenamtlich tätige Personen arbeiten mit viel Herzblut in diesen Bereichen.

Damit die Aufgaben weiter ausgebaut werden können, soll das Buch mithelfen die Finanzierung für diese Tätigkeiten abzusichern.

Mein besonderer Dank gilt Frau Erika Kühn für ihre liebevolle Unterstützung und das uneigennützige Lektorat sowie all denen, die an der Ausgabe des Buches beteiligt sind oder diese auf irgendeine Art und Weise ermöglicht und mitgetragen haben.

Im Jahre 2018

Buch der Episoden

Vorwort

Mit diesem Buch will ich vom Wohnalltag der Menschen erzählen. Ich will auf die letzten Jahrzehnte der DDR-Zeit sowie auf die Zeit nach der Wende zurückschauen und versuchen diese auszugsweise zu erläutern.

Die Erzählungen sind Kurzgeschichten und recht „vermischt". Sie werden auf unterschiedliche Art und Weise vorgestellt. So sind diese breit gefächert, von mitunter autobiografischen Darstellungen mit teilweise recht bunten, lustigen, mitunter ironischen bis zu sehr ernsten, nachdenklichen Geschichten. Die geschilderten Ereignisse können, durch die oftmals große Problematik, die sich dahinter befindet, nur angerissen und skizziert werden. Eine gar zu tiefgehende Beschreibung der damaligen Zustände soll nicht der Sinn sein. Die Erzählungen bauen auf wahren Ereignissen und Gegebenheiten auf, die ich meist selbst miterlebt habe. Es liegt in der Natur der Sache, dass die Geschichten, trotz wahrem Bezug, oftmals durch persönliche Sichtweisen geprägt werden. Die Namen der Menschen wurden zum Schutz der Betroffenen verfremdet. Sollten sich trotz dieser Vorsorge Ähnlichkeiten ergeben, so sind diese rein zufällig und keinesfalls gewollt.

Die kleinen Erlebnisse und die damit verbundenen Erfahrungen, will ich in Episoden schildern. Dagegen wird in den einzelnen Kapiteln mehr Augenmerk auf die Betrachtung bestimmter Zeiträume gelegt. Durch meine über mehrere Jahrzehnte während Tätigkeit beim Verwalten von Grundstücken, Wohnungen und Gewerberäumen durfte ich eine Fülle von interessanten Menschen kennen lernen. Ich will kaum über die normalen beruflichen Aufgaben, vielmehr über die aus dem Rahmen fallenden Ereignisse berichten. Sehr stark richtet sich der Fokus auf die sozialen Umstände und Empfindungen, welche ich in all den Jahren mit den Menschen erleben und teilen durfte.

Die zwei gegensätzlichen Gesellschaftsordnungen und deren Auswirkungen konnte ich durch meine Tätigkeit hautnah miterleben.

Auf diese Zeit zurückblickend sah ich, wie sich die Menschen in der ehemaligen sozialistischen sowie auch in der jetzigen, finanzgeprägten Gesellschaftsordnung bewegten bzw. bewegen. Ich beobachtete, welche Denkweisen sich durch die unterschiedlichen Gesellschaftsordnungen bei den einzelnen Menschen herausbildeten. Mir geht es in diesem Buch nicht darum, die eine oder die andere Gesellschaftsordnung zu loben, zu verteufeln oder zu bewerten. Es geht mir vielmehr darum, diverse Umstände in den jeweiligen Ordnungen rund ums Wohnen in den Lebenswelten aufzuzeigen und die Erlebnisse aus sozialer, wenngleich auch mit persönlicher Sichtweise darzustellen. Wobei ich denke, dass keine Gesellschaftsordnung bereits so gut ist, dass sie nicht noch besser werden kann.

Meine Erzählungen und Darstellungen verstehe ich keinesfalls als eine wissenschaftliche Arbeit. Ich will das Leben der Menschen der vergangenen Zeiten etwas beleuchten und zeigen, welche Schwierigkeiten es dabei gab, aber auch, wie sich Menschen der jeweiligen Staatsmacht mehr oder minder anpassten. Ich will von Zuständen erzählen, die fast vergessen sind. Mein Anliegen dabei ist es auch, dass ich die früheren Verhältnisse ins Bewusstsein zurückhole und zumindest für kurze Zeit aufwecke. Dabei sind es die vielen Alltäglichkeiten, oft Kleinigkeiten, die unser Leben nicht schwarz oder weiß, sondern eben auch grau oder sogar recht bunt gestalten. Ich versuche Lustiges, Nachdenkliches, aber auch für die jetzige Zeit mitunter schwer Verständliches zu schildern. Wie gesagt, der Leser soll zum Rückblick animiert und zum Nachdenken angeregt werden.

Die Geschichten sollen die Vielfalt der unterschiedlichen Menschen, die ich kennen lernen durfte, etwas beschreiben. Schildern will ich Besonderheiten, Eigenarten, Weltansichten, Bedürfnisse, Krankheiten, Spleens und Probleme der Menschen. Erzählen will ich von ihrer Lebensgeschichte und von ihrer Menschlich - und Mitmenschlichkeit. Die gemeinsam erlebte Zeit, gefüllt mit Arbeit, verband uns und führte uns zusammen. Es war nicht immer leicht, letztlich aber eine enorme Bereicherung, die vielfältigen Menschen kennenzulernen.

Ich möchte andeuten, warum Menschen so sind, wie sie sind, in welchem sozialen Raster sie sich bewegen, welche persönliche Vorgeschichte bestand und dass den unterschiedlichen persönlichen Lebensläufen Respekt entgegen zu bringen ist. Die Erlebnisse mit den Menschen gewährten mir manchmal einen kleinen Einblick in ihr Leben. Ihre mitunter traurigen Lebensgeschichten sind Teil ihres Lebens und zu respektieren. Wundervoll wäre es, wenn mit diesem Buch ein größeres Verständnis für die Mitmenschen erreicht werden könnte. Vielleicht kann damit auch eine bessere Akzeptanz des Anderen, des Nachbarn, des Mitmieters zu den jeweils unterschiedlichen Situationen des anderen Menschen, des Mitbürgers erreicht werden. Besonders schön wäre es, wenn die kleine Pflanze Nächstenliebe dadurch mehr „Licht" bekommt und stärker wachsen könnte. Ebenso wünschenswert wäre es, wenn sich dadurch Achtung, Respekt und die Toleranz zwischen den Menschen weiter entfalten könnten. Von den Wunschzielen abgesehen, will ich aber auch Grenzen zum Verstehen und Grenzen der Toleranz nicht verschweigen.

Nie hätte ich gedacht, dass alltägliches Leben durch die Buntheit der vielen und unterschiedlichen Menschen so schillernd, abwechslungsreich und teilweise auch sehr aufregend sein kann.

Die vergangenen Jahre und die vielen Erfahrungen zeigen mir deutlich, wie sehr sie mich geprägt haben. Durch die mannigfachen Erlebnisse wuchs das Verständnis für die Menschen stetig. Daraus entwickelte sich zunehmend eine bestimmte Verbundenheit zu meinen Mietern, meinen „Klienten". Die Beschreitung meines Weges ging zusehend vom Mieter zum Partner, letztlich zum Mitmenschen hin. Durch diese Arbeit, gepaart mit vielseitigen Erfahrungen, lernte ich mit dem Herzen zu sehen. Deswegen konnte ich persönlich sehr wachsen und ich finde, dass mich die vielen Erfahrungen nachhaltig und sozial geprägt haben. Für die gewinnbringenden Erkenntnisse über die vielen Jahre danke ich sehr.

Ich wünsche Ihnen viel Nachdenklichkeit aber auch Freude beim Lesen.

Episode 1

Rohrbruch in früherer Zeit

An einem Sprechtag, einem Dienstagnachmittag, Ende der 70er Jahre war es, so erinnere ich mich, wurde mir eine Havarie durch Monteure vom damaligen Wasserwerk gemeldet. Ein großer Rohrbruch war in einem leerstehenden Haus im Bereich der westlichen Innenstadt festgestellt worden. Auf Grund dieser Meldung musste ich mir den Schaden vor Ort ansehen. Danach waren die notwendigen Maßnahmen einzuleiten. Versehen mit den alten, großen und unhandlichen Hausschlüsseln begab ich mich zu dem leerstehenden Haus. Ich hörte bereits von außen durch die zum Großteil nicht mehr vorhandenen Kellerfenster ein starkes Rauschen und Plätschern des Leitungswassers.

Um den Defekt an der Leitung näher zu erkunden begab ich mich - und das unüberlegterweise ganz allein - in das leerstehende, finstere Haus. Die Stromzähler waren bereits ausgebaut und eine Hausbeleuchtung war damit nicht mehr vorhanden. So tastete ich mich in dem verwinkelten und finsteren Keller zum Rohrbruch unter spärlichem Licht einer kleinen Taschenlampe ganz langsam voran. Der dortige Fußboden war bereits mit Leitungswasser überdeckt und so ging ich nach Gehör vorsichtig zur vermeintlichen Stelle des Rohrbruches. Doch auf einmal verschwand blitzartig eine Körperhälfte mitsamt meinem linken Bein im Wasser, in einem Loch im Kellerfußboden. Ich landete höchst unsanft und mit schräger Lage im tiefen Wasser.

Was war passiert?

Durch die Finsternis und das stehende Wasser im Keller erkannte ich nicht, dass im Fußboden ein recht großes und tiefes Sumpfloch hinterlistig auf mich gewartet hatte und so die Ursache für mein „Verschwinden" war. Dieses Loch war wohl früher einmal zum Abpumpen von Oberflächenwasser, welches sich im Keller gesammelt hatte, genutzt worden. Nun war ich in diesem ca. 70 cm tiefen und mit frischem Leitungswasser gefüllten Loch zu vielleicht 40% meiner Körpergröße, samt einem Bein versunken. Dadurch hatte mein anderes Bein eine sportliche, eine Spagat fördernde oder horizontale Stellung, und dies ganz ohne mein Zutun, eingenommen. So landete mein zweites Bein ebenfalls im Wasser. Das Wasser war saukalt und mehr als erfrischend. Der Schrecken, den ich dabei erlitt, paarte sich mit einer Zerrung an den Beinen. Inzwischen war meine Kleidung am Körper klatschnass. Doch langsam löste sich die Schockblockade und ich versuchte mich vorsichtig aber zielgerichtet aus dem Loch zu retten. Es war nicht so einfach, wie es erst schien, da ich nichts außer Wasser fand, worauf ich mich stützen oder festhalten konnte. Doch mit Mühe gelang mir mein Vorhaben und ich stand da wie ein begossener Pudel, zumindest, was die Anziehsachen betraf und das noch im finsteren Keller. Die Taschenlampe hatte durch den Fall ins Wasser ihr Leben bereits ausgehaucht, da sich Lampe und Wasser scheinbar nicht besonders gut vertrugen. Im geordneten und vorsichtigen Rückzug erreichte ich nass, aber trotz Schrecken und ohne zusätzliche Vorkommnisse relativ gut die Tür zur Freiheit, die Haustür. Meine Freude war sehr groß, als ich wieder auf der Straße und vor dem Haus stehen durfte.

Das Wasser konnte weder im Haus noch auf der Straße abgesperrt werden, denn Absperrschieber auf der Straße für alte Häuser waren nicht immer vorhanden oder sie waren veraltet, defekt und nicht mehr nutzbar. Auch in diesem Fall war es so. Insofern musste eine andere Lösung gefunden werden. Weil die Kapazitäten für Reparaturen sehr karg waren, konnte ich kaum auf schnelle Hilfe von einem Sanitärbetrieb hoffen. Da mir dieser Zustand bewusst war, hatte ich mir seit einiger Zeit weitere Handwerker gesucht. Dabei lernte ich einen Schlossermeister kennen, der sich bereits im Ruhestand befand, aber der mir bei vielen Problemen schnell und unkompliziert half. Die Hilfeleistung, die dann unser Betrieb in Anspruch nahm, wurde nach dem Gesetzblatt für Feierabendtätigkeit (siehe Kapitel VMI-Leistungen) abgerechnet und entlohnt. Der betagte

Herr arbeitete und half unserem Betrieb sehr gern. Außerdem konnte er damit seine nicht gerade üppige Rente etwas aufbessern.

Um weitere Schäden durch das ausströmende Wasser zu vermeiden, suchte ich den Mann gleich auf. Ich schilderte ihm das Problem und bat ihn, die Havarie schnell zu beseitigen. Der Mann wurde vor der unterirdischen und tückischen Gefahr, die auf ihm lauerte, noch gewarnt. Meine durchnässte Kleidung galt ihm als Wahrung, denn er sollte nicht auch in diesem Loch verschwinden oder gar einen Körperschaden erleiden. Der Schlossermeister wusste sich aber gut zu helfen und beseitigte den Rohrbruch kurz darauf, indem er eine Schelle um die schadhafte Leitung montierte. Das war eine einfache aber wirksame Lösung. Nachdem die Arbeiten erledigt waren, konnte ich endlich daran gehen, mir die noch vor Nässe triefenden Sachen, wie Schuhe, Strümpfe und die Hose zu wechseln. Den Wechsel in frische, trockene Kleidung empfand ich als Genuss und als wahre Wohltat. Meine Befindlichkeit besserte sich zunehmend und ließ den Schmerz der Zerrung in den Hintergrund treten. Reich an Erfahrung und mit trockener Kleidung versehen, nahm ich meine Arbeit nach dieser unbeabsichtigten Unterbrechung wieder auf. Gelernt habe ich daraus, dass es in einem leerstehenden und baufälligen Haus sehr gefährlich werden kann.

Episode 2

Kohlenklau

In der zweiten Hälfte der 70er Jahre, als die Wohnungen hauptsächlich noch mit Kohleöfen beheizt wurden, erhielt unser Betrieb von einem Mieter die Mitteilung, dass in einer Wohnung eine Ofenexplosion erfolgt sei. Wir sollten bei der Auslösung eines Reparaturauftrages für dieses Grundstück aber Vorsicht walten lassen und die Reparatur vor Ort erst einmal überprüfen.

In dem Haus, welches in einer schönen, parkähnlichen Gegend liegt, hatte sich nach Aussagen von Mietern folgendes ereignet:

Herr Sonnenhut habe in seinem Keller mehrfach festgestellt, dass seine gekauften und eingelagerten Kohlen auf rätselhafte Weise verschwanden. Er habe diese zauberhafte Situation schon über einen längeren Zeitraum beobachtet. Der Kohlenberg in seinem Keller schrumpfte immer schneller. Der Mieter selbst habe diese vielen Briketts bei weitem nicht verbraucht. Herr Sonnenhut schaute sich diese Situation eine gewisse Zeit und mit getragener Geduld an. Nach den angeblichen Wundern begann sich allmählich ein schlimmer Verdacht einzuschleichen. Vermutlich „bediene" sich unberechtigter Weise ein Mitbewohner des Hauses an seinen Kohlen. So ärgerte er sich zunehmend darüber, dass seine Kohlen möglicherweise in einer anderen Wohnung eingesetzt wurden und die wohlige Wärme von einem anderen Mieter genossen würde. Ärgerlich, teils auch wütend über diese Unverfrorenheit, sann Herr Sonnenhut auf Revanche.

Aber er konnte sich nicht vorstellen, wer ihm seine Kohlen laufend stahl. Um dies herauszufinden, „befüllte" er ein oder mehrere Briketts mit pyrotechnischen Restartikeln, welche aus der Zeit vom Jahreswechsel stammten. Er legte die präparierten, aber von ihm markierten Kohlen an die Grenze seines Kohlenhaufens zum Nachbarkeller. Dort vermutete er den vermeintlichen Dieb, weil die angrenzende Bretterwand locker und nicht mehr im besten Zustand war. Der bestohlene Mieter wartete nun ab, ob etwas passieren würde. Doch lange wurde seine Geduld nicht in Anspruch genommen. Kurze Zeit später krachte es gewaltig im Haus und eine große Aufregung entstand bei den Hausbewohnern.

Bei einem Mieter, welcher im Schulwesen tätig und damit Vorbild von Berufs wegen sein sollte, aber der letztlich auch nur Mensch war, explodierte ein Kachelofen. Durch die Explosion der Feuerwerkskörper wurde der Ofen stark beschädigt. Auch das Zimmer war durch die Explosion von Ruß geschwärzt und arg in Mitleidenschaft gezogen. Nun hatte der bestohlene Mieter den mutmaßlichen Dieb ertappt.

Die Wahl und der Einsatz des Mittels waren wohl etwas sehr derb, zumal damit Schaden an fremdem Eigentum entstand. Die Menschen im Haus schreckten auf und es folgten lebhafte Auseinandersetzungen. Wer sollte die Ofenreparatur und den neuen Anstrich des Zimmers bezahlen?

Schließlich kam es sogar zu einem recht amüsanten Gerichtsverfahren. Der geschädigte Herr Sonnenhut verteidigte sich damit, dass er in seinem Keller mit seinen Briketts machen kann, was er will und er nicht davon ausgehe, dass er bestohlen wird. Er habe diesen Schaden auch nicht gewollt.

Nun waren in der damaligen Zeit viele Menschen parteilich fest gebunden. Für die Richter war es daher nicht immer einfach, Recht zu sprechen. Die Parteilichkeit, so wage ich zu vermuten, stand den Richtern in wohl mancher Hinsicht bestimmt im Weg.

Das Urteil soll aber letztendlich sehr weise gewesen sein. Die Schäden für die gestohlene Kohle, die Ofenreparatur und die Renovierungskosten für das Zimmer wurden miteinander verrechnet, so dass keine große Diskrepanz übrig blieb und der Fall mit Takt und diplomatisch gelöst wurde. Der Geschädigte und der Täter wurden verwarnt. Insbesondere Herr Sonnenhut wurde belehrt, dass er solche Gefahrensituationen zur Lösung bzw. Klärung eines solchen Falles nicht herbeiführen darf.

Das Ereignis sprach sich im Wohngebiet schnell herum. Natürlich hatte Herr Sonnenhut, der diesen Fall auf seine Weise löste, trotz allem Ärger, der damit verbunden war, die Lacher auf seiner Seite. Für den Dieb war die Sache sehr, sehr peinlich. Die Reparatur des Ofens wurde still, ohne Einbeziehung unserer Verwaltung durchgeführt und in den darauffolgenden Jahren wurden keine weiteren Kohlendiebstähle aus diesem Haus gemeldet.

Episode 3

Bald ein Absturz

In einem Sommer Mitte der 80er Jahre erlebten wir infolge einer besonderen Wetterlage anhaltenden Dauerregen. Der Regen prasselte rücksichtslos auf die Dachflächen der Stadt und auf die in unserer Verwaltung stehenden Häuser. Im Nu zeigten sich die ganzen Schwachstellen unserer Dächer.

Die Mieterin eines großen Hauses, ich will sie Frau Lupine nennen, meldete uns aufgeregt und zutiefst verärgert die vielen Einlaufstellen im Haus. Das Regenwasser drang, wie sie uns mitteilte, bereits in ihren Wohnbereich ein. Die Dame wusste sich nicht mehr zu helfen. Das Unterstellen von allerlei Gefäßen blieb überwiegend erfolglos, da das Regenwasser auch am Schornstein sowie an der Wohnzimmerdecke entlang lief und somit kaum aufzufangen war.

Mit dem Dachdeckermeister eines privaten Handwerksbetriebes, der uns oft bei solchen Havarien geholfen hatte, wurde eilig eine Besichtigung der Schäden vereinbart. Zu deren Ortung musste die Dachfläche begangen werden. Nachdem wir uns durch das alte, enge Dachausstiegsfenster gezwängt hatten, ging ich auf dem schlüpfrigen Laufsteg des Daches voraus, um dem Dachdeckermeister die schadhaften Stellen am Schornstein bzw. auf der Dachfläche zu zeigen. Dabei passierte mir das Malheur, das zeitlich bestimmt kurz war, mir aber durch den Schreck unendlich lang erschien. Ich schwankte und torkelte auf dem schmalen Laufbrett hin und her. Mein Gleichgewicht war gestört und hatte mich kurz darauf ganz verlassen. Mit strauchelnden Schritten versuchte ich in der Luft nach etwas zu greifen, aber die Hände griffen in ein Nichts. Heiß und kalt war mir zu Mute. Ich versuchte erneut mit meinen Händen, die wie Windmühlenflügel in der Luft herumfuchtelnd unterwegs waren, mich irgendwo anzuhalten. So glaubte ich Rettung am Ziegel eines Schornsteins zu finden. Ich ergriff ihn und wollte mich daran festhalten. Doch daraus wurde nichts. Es blieb nur beim Wollen. Ausgerechnet der Ziegelstein, von dem ich mir Hilfe und festen Halt versprochen hatte, war leider so was von locker und lose, dass er selbst Halt suchte und das in dieser fatalen Situation auch noch bei mir. Er gewährte mir die ersehnte Hilfe jedenfalls nicht. Schließlich hatte ich in dieser unheilvollen Situation auch noch den losen Ziegel in der Hand. Meine Gleichgewichtslage wurde noch kritischer, weil der Ziegel mit Regenwasser vollgesogen und deshalb besonders schwer war. Mein Kampf wurde härter. Da mir die ersehnte Sicherheit weiter versagt blieb, begann ich durch den neuerlichen Schreck noch reflexartiger mit weit ausgebreiteten Armen, den Ziegel fest in der Hand haltend, noch stärker herumzufuchteln, um mein Gleichgewicht wiederherzustellen. Ich kämpfte, ähnlich einer Windmühle, die sich bei Sturm superschnell dreht, rotationsartig und unaufhaltsam um mein Leben. Doch meine Akrobatik auf dem Laufbrett wurde statt besser immer unberechenbarer. Die Suche nach dem ersehnten Gleichgewicht misslang weiter, so dass mir unweigerlich ein Absturz in die Tiefe von vielleicht 12 bis 14 Meter drohte.

Mein Schutzengel konnte diese Situation einfach nicht mehr mit ansehen und leitete den Notdienst ein. Durch die Tatkraft des Dachdeckermeisters schenkte er mir die dringend benötigte Hilfe. Der robuste, starke Meister war inzwischen nah an mich herangekommen und hatte die lebensbedrohende Situation voll erfasst. Er griff geistesgegenwärtig, schnell und beherzt nach meinem Jacken- oder Hemdkragen. Gewissermaßen packte er mich am Schlafittchen, hielt mich, so kam es mir vor, für Bruchteile einer Sekunde in der Luft. Er ließ mich auspendeln und stellte mich treffgenau und fest auf die schmale Laufanlage des Daches zurück. Dadurch gab mir der Dachdeckermeister im allerletzten Moment das Gleichgewicht und damit mein Leben zurück. Der Schreck saß tief. Meine Glieder zitterten, aber ich hatte überlebt. Es war ein guter Ausgang. Der Meister hatte mich mit seinem schnellen Eingreifen vor dem Absturz in die Tiefe gerettet. Bei einem Sturz aus vielleicht 12 Metern hätte ich kaum eine Chance gehabt, unbeschadet zu überleben.

Deshalb will ich meinem Lebensretter, dem ich diese Zeilen widme, mit dieser Erzählung zur „Luftakrobatik" für sein beherztes Eingreifen danken. Er soll sehen, dass ich seine Tat nicht vergessen habe und ihm immer aus ganzem Herzen dankbar sein werde. Der nunmehr betagte Dachdeckermeister, welcher über Jahrzehnte seinen Beruf mit Idealismus und großer Arbeitsfreude ausgeübte hatte, genießt seinen wohlverdienten Ruhestand hier in unseren schönen Heimat, der Oberlausitz.

Allzu häufig gehen die wertvollen Erlebnisse aus unserem Leben zu schnell unter und werden vergessen. Nichtssagende oder negative Schlagzeilen überspülen, zulasten der wertvollen Begebenheiten oft unser Leben.

Episode 4

„Zum Verduften"

Die Verwaltung von Häusern umfasst viele Aufgabenbereiche. So war einmal die Bereitstellung der Abfallbehälter zu überprüfen, um eine problemlose Entsorgung zu garantieren. Diese Prüfung wurde mit Einführung der elektronischen Abrechnung in den Grundstücken gleich am Ort durchgeführt. Dabei wurden die vorhandenen Gefäße registriert und überprüft, ob die Anzahl der Müllgefäße im rechten Verhältnis zur Mieteranzahl stand.

Es war an einem Freitagvormittag, in den Jahren nach 1989. Die Kontrolle führte mich in ein Doppelgrundstück. Dort wohnte auch eine ältere Mieterin, die ich zufällig traf. Ich sagte ihr, dass ich gleich bei ihr vorsprechen würde, um einige Fragen, den Müll betreffend, mit ihr abzustimmen. Vorher wollte ich nur eine Bestandsaufnahme im Nebenhaus durchführen. Nach dem Vergleich der Codierung auf den Müllgefäßen ging ich, Gott sei Dank, sehr schnell, fasst rennend zurück zu der wartenden Mieterin. Dabei geschah das Unerwartete. Unter mir tat sich die Erde auf und ehe ich mich versah und die im wahrsten Sinne „fassungslose Situation" wahrnehmen konnte, stürzte ich in ein Loch, in die Öffnung einer gut gefüllten Jauchegrube. (Damals gab es noch viele Häuser, die mit Trockentoiletten bzw. Fäkaliengruben ausgestattet waren).

Aber durch meine Eile und den schnellen Spurt hatte ich mir einen großen Schwung gesichert. Dieser Schwung bewirkte, dass ich nicht gänzlich in der vollen Jauchegrube landete, sondern auf der gewölbten Ausprägung meines Bauches. Denn bereits damals war ich nicht mehr schlank und verfügte über einen recht ansehnlichen und nach vorn gewölbten Bauch. Dieser Wanst in rundlicher Ausprägung war so arbeitswillig, dass er sich an der Betonkante der Öffnung festhielt. In diesem Fall bot mir der achtbare Bauch durchaus einen nicht zu unterschätzenden Vorteil. Schließlich hatte ich es ihm zu verdanken, dass ich nicht vollständig in der Jauchegrube landete und darin unterging. Puh, das war ein riesiger Schock für mich, der nur ganz sachte nachließ. Langsam begann ich meine Gedanken zu ordnen und die Situation zu überdenken. Wie kam ich in die missliche Situation und was war eigentlich passiert? Als ich wieder denken konnte, stellte ich fest, dass sich meine Beine ungewollt und munter in der dicken Fäkalienbrühe „tummelten." Trotz dieser ekligen Entdeckung spürte ich neben dem lähmenden Schrecken auch eine gewisse Freude. Ich war halb gerettet und nicht gänzlich in der reichlich gefüllten, stinkenden und gefährlichen Jauche verschwunden, was ja lebensgefährlich sein und böse ausgehen kann. Mit viel Mühe, Anstrengung und Kraft gelang es mir, mich langsam, Stück für Stück, aus der stark riechenden und misslichen Lage zu befreien. Durchaus zitternd und noch auf dem Bauch liegend, schob ich mich Zentimeter für Zentimeter über den Grubenrand auf die rettende und feste Betonfläche der Grubeneinfassung. Durch diesen Vorfall und den erlebten Schrecken war ich ausgepowert. Nach und nach begann ich ganz allmählich, zunächst den festen Boden unter meinem Bauch und wenig später sogar den Boden unter meinen Füßen zu genießen.

Nachdem ich vom den ehemals senkrecht fallenden, in den langsam waagerechten und dann, auf festem Beton, wieder in den stehenden Zustand gekommen war, verschloss und sicherte ich die gefahrenträchtige Öffnung mit einem Tisch, welchen ich umgedreht auf die Öffnung legte. Der alte Tisch, den ich im Hof fand, hatte bestimmt weit bessere Zeiten, als diese über dem stinkenden Loch liegend, erlebt. Früher war der Tisch bestimmt von Mietparteien für Gartenpartys genutzt worden. Nun, die Zeiten ändern sich. Jetzt bekam der Tisch einen weit wichtigeren, einen lebenserhaltenden Sinn, zumal die Tischplatte sich hervorragend für diesen Zweck eignete, weil sie genau die richtigen Maße für die Grubenabdeckung aufwies.

Durch den immer noch festsitzenden Schock, zitternd, mit stark pulsierenden Gliedern, triefenden, nassen und stinkenden Hosenbeinen, kam ich bei der Mieterin, ich will sie Frau Jasmin nennen, an. Ehe ich mein Missgeschick erzählen konnte, fragte mich die ältere Dame derb, wo ich eigentlich gesteckt hätte, bzw. wo ich solange bliebe, denn sie habe bereits auf mich gewartet.

Wo ich gesteckt hatte und welches Malheur mir passiert war, das verriet ich ihr etwas später. Zunächst fragte ich sie, ob sie reichlich frisches Wasser und genügend Putzlappen habe. Ich hätte es sehr nötig, mir mal meine Beine, die Schuhe und die Hosen und das noch bei ihr, gründlich zu reinigen.

Nach der kurzen Schilderung meines Unglückes war Frau Jasmin sehr mitfühlend. Sie stand mir bei den „Reinigungsritualen und der Grobarbeit", die bei ihr in der Küche vorgenommen wurden, hilfreich zur Seite. Nach und nach wurde ein Großteil der anrüchigen Stoffe von Körper, Schuhen und Kleidung, zumindest in etwa, entfernt. Ihr Verständnis und ihre kräftige Mithilfe tat mir, bei dieser, bei weitem nicht geruchlosen Situation, sehr gut und war nicht nur äußerlich sichtbar, sondern ihre Hilfe spürte ich sogar bis tief in mein Herz hinein.

Als ich mich von Frau Jasmin verabschiedete und damit förmlich „verduftete", blieb in ihrer Küche bestimmt noch eine ausgeprägte und anhaltende Duftnote zurück. Die Heimfahrt im PKW fand bei offenen Fenstern statt. Trotz alledem war diese Fahrt mit charaktervollen, widerlichen und intensiven Gerüchen verbunden. Diese Fahrt werde ich nie vergessen.

So oft ich dieses Erlebnis erzähle, denke ich gern und dankbar an die alte Dame, die mir in dieser geruchsstärksten Zeit helfend zur Seite stand. Bereitwillig und selbstlos gewährte sie mir die unverzichtbare Hilfe für die erforderlichen Wasch- und Reinigungsarbeiten.

Episode 5

Der Reimer

Diese Episode ist nur durch den leidvollen Hintergrund zu verstehen. Sie war genau so eigenartig und komisch, wie sie traurig ist.

Ein Mieter bewohnte eine kleine, ofenbeheizte, einfache und schlichte Zweizimmerwohnung in einer Straße mit überwiegend älteren Menschen.

Seit einiger Zeit hatte der Mann durch sein Verhalten die Menschen im Wohnhaus und in seinem Wohnumfeld gestört. Die Mitbewohner beschwerten sich beim Verwalter und forderten mit Recht eine Abänderung der schlimmen Zustände. Wie die betroffenen Menschen berichteten, habe der Mieter seine Mitbewohner öfters mit Geschrei, Toben und mit besonders lauten Selbstgesprächen belästigt. Nun hatte er auch noch diverse Einrichtungsgegenstände mit entsprechendem Getöse aus seiner Wohnung hinaus auf die Straße geworfen.

Da der Mieter betreut wurde, wurde der Betreuer kurzerhand über das Verhalten seines Schützlings informiert. In einem Gespräch mit dem Betreuer bat mich dieser, dass ich mit dem Mieter, ich nenne ihn Herrn Winterling, persönlich Kontakt aufnehmen sollte. Die nächtliche Ruhe der Mietbewohner des Hauses und auch der Nachbarn der Straße galt es wiederherzustellen. Damit wurde eine dringende Aussprache mit dem Ruhestörer notwendig. Eine Einladung des Mieters in unsere Firma wäre auch denkbar gewesen. Ich entschied mich aber für ein Gespräch in der Wohnung des Herrn Winterling, zumal dadurch der Zustand seiner Wohnung auf eventuelle Schäden überprüft werden konnte und die Probleme vielleicht schneller gelöst würden. Gesagt, getan. Noch am gleichen Vormittag fuhr ich zu Herrn Winterling. Auf mein Klingeln öffnete mir der Mieter und ließ mich in seine Wohnung ein. Sie war nur mit wenigen Gegenständen ausgestattet. Ich sah im Wohnzimmer alte Radios und ein ebenso altes Fernsehgerät, eine schwach leuchtende Deckenlampe, einen Tisch, viele leere Bierflaschen, ein Sofa und einen Sessel. Die Wohnung zeigte sich kalt, leer und ungemütlich und sie gab auch keine Hobbys von Herrn Winterling preis, denen er eventuell nachging.

Er setze sich an seinen Tisch und wickelte sich aus losem Tabak eine Zigarette. Als Zigarettenummantelung wurde nicht Zigarettenpapier, sondern ganz normales Zeitungspapier verwendet. Nun versuchte ich ein Gespräch mit dem Mann zu beginnen, aber das klappte nicht so recht. Aus zwei Radios hörten wir, nicht zu leise, ganz unterschiedliche Programme, dazu lief noch der Fernsehapparat. Damit wir besser miteinander reden könnten, bat ich Herrn Winterling, das Fernsehgerät und die Radios ausschalten zu dürfen.

Er genehmigte mir das mit den Worten: „Ein Gerät bleibt aber an". Unter Begleitung des laufenden, und wie gesagt, recht laut eingestellten Programms versuchte ich Herrn Winterling die Beschwerden zu seinem Verhalten zu erläutern, um mit seiner Einsicht eine Änderung der schlimmen Vorkommnisse zu erlangen. Er hörte mir höflich und geduldig zu. Ich wartete auf seine Antwort und Reaktion. Diese kam auch prompt, aber ganz anders, als ich es erwartete. Er antwortete mir auf mein Anliegen und auf meine Fragen in für mich verblüffender Art und Weise, nämlich in Form von Reimen, aber auch sprunghaft und unlogisch. Daraufhin, weil ich annahm, er habe mich nicht richtig verstanden oder er nähme meine Vorsprache nicht ernst, erläuterte ich nochmals die Beschwerden der Menschen. Ich verlangte von ihm, die Beeinträchtigungen seiner Mitmenschen sofort zu unterlassen. Er antwortete mir wiederum, so wie vorher, sehr sprunghaft und in Reimen, fast wie ein Poet. Allein, die wirre und sprunghafte dichterische Rede hatte wenig mit Logik und Sinn zu tun. Er nahm in seinen nicht zu kurzen Versen schon Bezug auf die Probleme. Doch durch die unlogische, springende Art und Weise der Antworten war es nicht möglich, eine normale Verständigung zwischen uns zu erreichen. Zwei weitere Gesprächsversuche blieben ebenfalls ohne greifbaren Erfolg. So eine Situation hatte ich bisher in den vielen Jahren meiner Tätigkeit noch nie erlebt. Sie war für mich ungewohnt und ich brauchte eine gewisse Zeit, bis ich diese Art und Weise des „Gesprächs" verarbeitete. Mir schossen viele Gedanken durch den Kopf und ich fragte mich: „Wie soll ich hier reagieren, wie erreiche ich den Bewohner, wie kann ich mich verständlich machen?" Ich versuchte mit einer gewissen, aber gespannten Ruhe, die Situation sachlich und halbwegs in den Griff zu bekommen. Doch bald merkte ich, dass dieser Mensch so außer der Norm in unserer Verständigung war und so ein sprunghaftes Gespräch, dazu noch in Reimform, wenig Sinn machte. Daher konnte ich kaum mit einem Gesprächserfolg rechnen. Stark verunsichert, verwundert und etwas außer Fassung geraten, verabschiedete ich mich. Ich begriff, dass es wohl recht unterschiedliche Gesprächsarten gibt, die von Menschen geführt werden. Diese Formgebung war für mich kaum verständlich und wenig nachvollziehbar, da die erlebte Situation so weit von dem Normalen, dem Gewohnten entfernt war. Als Ursache dafür konnte wohl, so vermutete ich, nur eine besondere Krankheit in Betracht kommen.

Durch diese Erkenntnis waren für mich automatisch weitere Gespräche, die der Lösung der eingangs erwähnten Problematik dienen sollten, verboten. Später erfuhr ich, dass der Mieter an einer schweren psychischen Erkrankung litt, bei der es zu erheblichen Persönlichkeitsveränderungen kommen kann. Die Art und Weise, so wie ich das Krankheitsbild miterleben musste, war für mich fremd, ungewohnt und ohne Beispiel. Ich habe so eine krankheitsbedingte Situation, ein so ungewöhnliches Gespräch mit so einer ausgefallenen Verhaltensweise glücklicherweise nie mehr erleben müssen.

Das Ergebnis der misslungenen Vorsprache teilte ich dem Betreuer mit. Ich bat ihn zu prüfen, ob auf Grund der gemachten Erfahrung es nicht doch ratsam wäre, ärztliche Hilfe, Beratung oder Betreuung anzufordern. Es ging darum, die Ruhe im Haus wieder herzustellen. Doch genau so wichtig erschien mir, dass der Mieter weitere fachliche bzw. medizinische Betreuung erhält. Schnelle Hilfe war wohl angeraten und erforderlich, damit der Mieter seine Wohnung nicht verlor.

Nach kurzer Zeit hatte der Betreuer die notwendige Hilfe für Herrn Winterling eingeleitet. Mit einem stationären Aufenthalt in einer Fachklinik und nachfolgenden kontinuierlichen Medikamenteneinnahmen, die der Betreuer durch seine Pfiffigkeit sehr gut absicherte, wurde erreicht, dass Herr Winterling ruhig wurde. Auch die drohende Kündigung für die Wohnung des Mieters konnte abgewendet werden.

Durch die vielfältigen Hilfen wurde Herrn Winterling, aber auch den Mietern im Haus und an der angrenzenden Straße geholfen. Der Mieter konnte noch lange Zeit in dieser Wohnung wohnen.

Episode 6

Der Dielenspringer

Dieses Ereignis habe ich zwar selbst nicht miterlebt, doch zwei meiner Kollegen hatten mir diese Geschichte, die für mich nachvollziehbar war, ausführlich beschrieben. Die Anekdote war, wie ich mich erinnere, in den achtziger Jahren geschehen. Weil ich die kleine Begebenheit komisch, zugleich aber auch lustig finde, will ich diese Geschichte festhalten:

Ein unbeliebter, wenig sympathischer, ein häufig nörgelnder Mieter, ein Besserwisser, sehr stur, aber fest auf der einstigen politischen Linie des Systems verankert, hatte ganz bestimmte Wünsche an meine Kollegen. Dieser Hausbewohner wollte dem zuständigen Hausverwalter diverse Mängel an Ort und Stelle zeigen und bat deshalb um eine Besichtigung seiner Wohnung.

Durch die langjährigen Erfahrungen mit dem Mieter und der dabei sich immer mehr entwickelnden Unbeliebtheit des Mannes sowie durch die zu erahnenden schwierigen Verhandlungen nahmen gleich zwei Kollegen diesen Termin vor Ort wahr. In der Wohnung des Mieters angekommen, bemängelte der gedrungene, leicht quadratisch wirkende Mensch, dass die Dielen im Wohnzimmer seiner Wohnung beim Gehen knarrten und in Schwingung gerieten, sodass selbst die Gläser in seiner Anbauwand schepperten und klirrten.

Meine Arbeitskollegen konnten die vom Mieter genannten Mängel trotz wiederholtem Begehen des Dielenbereiches nicht feststellen. Der kleine, hartnäckige Mieter gab aber nicht so schnell auf. Er wollte unbedingt diesen Mangel demonstrieren und die störenden Geräusche meinen Kollegen zu Gehör bringen. Daher stellte sich der unverwüstliche, kompakt gebaute Mann in die Mitte seines Wohnzimmers und hüpfte stark und ausdauernd auf einer Stelle. Durch dieses Springen wollte er demonstrieren, wie die Schwingungen zustande kamen und auf die Holzdielen und den Schrank übertragen wurden. Tatsächlich, nun begannen sich die Gläser in seiner Anbauwand klirrend zu melden. Meine Kollegen schauten sich fragend an und wussten zunächst nicht, wie sie reagieren sollten. Sie schauten verwundert, zum Teil ratlos und immer wieder abwechselnd, erst auf die Dielen und dann wieder auf den Mann. Das alles brauchte seine Zeit. Nachdem die Zeit des Nachdenkens bei meinen Kollegen vorüber war, änderte sich langsam das Mienenspiel meiner Kollegen, wie ich mir das auf Grund ihrer Erzählung recht gut und bildlich vorstellen konnte. Ohne dass es zu einer Absprache zwischen den beiden Kollegen kam, wurde von beiden eine deutlich erkennbare Teilnahme und starkes Interesse vorgespielt. Doch der weiter hüpfende Mieter merkte das in seiner „Demonstrationsarbeit" gar nicht. Er hatte nur das gewünschte und unbedingte Ziel vor Augen, seine Forderung durchzusetzen und eine eventuelle Erneuerung der Dielen zu erreichen. Diese Dielenarbeiten sollten, so meinte der Mann, schnellstens erfolgen. Meine Kollegen sahen immer wieder auf den springenden und hüpfenden Mieter. Die Situation wurde zusehends komischer. Einerseits bestand die übertriebene und mit weiterem Nörgeln verbundene Forderung des Mieters. Auf der anderen Seite sahen sie den mit Inbrunst und Ausdauer auf und ab hüpfenden Mieter. Wie gesagt, die Beziehungen und die Erfahrungen zu diesem Vertragspartner waren nicht die Besten. Mittlerweile schlich sich bei den Kollegen ein leiser Gedanke ein, der mit einer großen Portion Schalk versehen war. Man begann den Mann zu foppen und ein „Spielchen" mit diesem zu wagen. Der Mieter selbst hatte, ohne dass er es wohl wollte, den Weg dafür geschaffen und gleich noch geebnet.

Jetzt war alles zu spät, denn meine Kollegen hatten durch das eröffnete Schauspiel eine besondere Eingebung erhalten. Durch die Umstände inspiriert, hatten sie bereits „Blut geleckt" und schon begann ein äußerst komisches Spiel. Scheinbar interessiert baten sie den Mann, um die Sache genauer untersuchen zu können, noch einmal in eine Ecke des Zimmers zu gehen und dort mehrmals kräftig und mit Wucht zu hüpfen. Da der Mann sein Ziel unbedingt erreichen wollte, war er bereit, äußerst willig und gab sein Bestes, um in der von meinen Kollegen angegebenen Ecke herumzuspringen. So hüpfte und sprang der Mann hin und her und auf und ab. Doch das genügte meinen Kollegen nun nicht mehr. Sie hatten, neben den Unannehmlichkeiten, die sie erwartet hatten, nun schon eine Menge Spaß und Freude an diesem Ortstermin gefunden. So schickten sie den kleinen und quadratischen Mann wiederum durch seine Wohnung, von einer Ecke zur anderen. Und er hüpfte und sprang freiwillig, kräftig und anhaltend weiter. Er erfüllte die Wünsche der Kollegen mit viel Elan und Schwung. Mit seiner ganzen Leibeskraft, fast mit Enthusiasmus, führte er die Sprünge immer wieder durch. Keine Ecke des großen Wohnzimmers blieb von seinen Sprüngen verschont. Letztendlich wollte er meine Kollegen von der schlechten Dielung unbedingt überzeugen.

Als es endlich ruhiger wurde, hatten beide Parteien die anstrengende Situation langsam hinter sich. Die Einen mussten sich das Lachen stark verbeißen. Der Andere hingegen war durch das ständige Umherspringen völlig erschöpft und außer Atem. Meine Kollegen versuchten nach dem, was sie gerade erlebt hatten, die zu lösende Sache ruhig und mit gespieltem Ernst anzugehen und nahmen das Gespräch mit Vorsicht wieder auf. Sie versprachen dem Mann, dass sie überlegen und sehen würden, wie dem Problem abgeholfen werden könne. Danach verabschiedeten sich meine Mitstreiter sehr höflich. Doch dieses fast nicht zu toppende Erlebnis wirkte noch eine ganze Weile und still im Innersten der Kollegen nach. Natürlich erforderte die begangene Neckerei eine gewisse Zeit, damit sie dieses Ereignis innerlich abarbeiten konnten. Noch nach langer Zeit war ein verschmitztes Lächeln bei meinen Kollegen zu sehen, wenn das Gespräch auf dieses Erlebnis kam.

Seinerzeit waren kaum Kapazitäten für solche Reparaturen vorhanden. Die Erneuerung von alten Dielen war kaum oder nur schwer möglich und bei dem geschilderten Fall bestimmt auch nicht notwendig. In der Regel langte es, wenn die alten Dielen nachgenagelt oder nachgeschraubt wurden, um die knarrenden Geräusche zu beseitigen.

Ob und wie dieser Mann Hilfe erhalten hat, ist mir nicht bekannt. Bestimmt haben die Kollegen, im Rahmen ihrer Möglichkeiten, diesem hartnäckigen und mitunter schwierigen Mieter geholfen.

Episode 7

Sammelleidenschaft

Manchmal verliere ich bei bestimmten Erlebnissen, die ich gern erzählen will, regelrecht die Freude am Erzählen. Obwohl ich mich bemühe, die Kurzgeschichten unterhaltend und locker niederzuschreiben, gelingt es mir zuweilen kaum, diese in der angestrebten Form wiederzugeben. So ist es mir auch bei der folgenden Geschichte ergangen, die für mich einen traurigen Hintergrund besitzt. Vermutlich sind es oft krankheitsbedingte Ursachen, welche die sozialen Maßstäbe auch beim Wohnen verletzen. Bevor ich vom Geschehen berichte, möchte ich darauf hinweisen, dass eine Aufgabe des Unternehmens darin bestand, sozial benachteiligte Menschen mit bezahlbarem Wohnraum zu versorgen.

Ein großer, schlanker Mann im besten Alter sprach Anfang der 90er Jahre bei uns vor und beantragte eine Wohnung. Er wollte, warum auch immer, eine neue Wohnung beziehen. Der Mann hatte einen vom Gericht eingesetzten Betreuer, der die Interessen des Mannes auch für die Wohnungsfragen wahrnahm. Auf Grund des uns vorgelegten Ausweises hatte er die Aufgabe, dem Mann bei der Wohnungssuche helfend zur Seite zu stehen bzw. ihn zu vertreten.

Dem Wohnungsbewerber, nennen wir ihn Herrn Knöterich, wurde eine kleine ofenbeheizte Zweizimmerwohnung mit Dusche angeboten. Nach Besichtigung und in Abstimmung mit seinem Betreuer nahm er diese an. Durch die Betreuung, welche Herrn Knöterich gewährt wurde, so meinten wir, besitze unser Unternehmen einen guten Partner und könne so auftretende Probleme schnell beheben. Damals war uns nicht bewusst, welche Aufgaben auf uns zukommen könnten.

Herr Knöterich war zunächst recht unauffällig und wir spürten ihn kaum. Erst durch die regelmäßigen Grundstücksbegehungen wurden wir langsam stutzig. Wir stellten fest, dass sich der Mieter mit seinem

Eigentum immer mehr ausbreitete. Die Gemeinschaftsräume im Haus wurden nach und nach und später mehr und mehr in Beschlag genommen. Wir stellten auch fest, dass die eingelagerten Gegenstände ausschließlich Herrn Knöterich zuzuordnen waren. Ein schlimmer Verdacht keimte auf und langsam wurde uns klar, dass wir einen Mieter bekommen hatten, welcher eine sehr voluminöse Sammelleidenschaft besaß. Als Hauseigentümer mussten wir darauf reagieren. Weiteres Zusammentragen von Gegenständen, meist war es Unrat, galt es rasch zu stoppen. Der bestehende Zustand durfte sich nicht weiter verschlimmern, vielmehr sollte der Zustand gebessert werden.

Mit Herrn Knöterich wurde mehrfach gesprochen und ihm unsere Forderungen sachlich dargelegt. Eine unbefugte Nutzung der Gemeinschaftsräume konnten wir nicht zulassen. Außerdem stellte diese willkürliche Nutzung eine Beeinträchtigung für die Mieter des Hauses da. Wir forderten Herrn Knöterich wiederholt auf, die belegten Räume in einer gut bemessenen Zeit auszuräumen. Es gab mehrere Kontrollen, ohne dass ein positives Ergebnis erkennbar war. Selbstverständlich wurde sein Betreuer umfassend über den jeweils aktuellen Sachstand informiert. Mehrmals baten wir um seine Unterstützung. Er sollte uns bei der Durchsetzung unseren Forderungen helfen, um eine baldige Beräumung des Hauses und der Gemeinschaftseinrichtungen zu erreichen. So sollte der Betreuer die ihm gegebenen Möglichkeiten nutzen und seinen Einfluss auf seinen Klienten mit dem Ziel geltend machen, die Ordnung im Haus wieder herzustellen. Der Betreuer reagierte positiv und versuchte unserem Anliegen zu entsprechen. Trotz aller Mühe kamen wir nicht voran. Wir merkten immer mehr, dass unser Wunsch, trotz der zahlreichen Bemühungen vom Mieter nicht erhört wurde. Damit blieb die gewünschte Abänderung des schlimmen Zustandes aus. Neue Termine und entsprechende Auflagen wurden dem Mieter übermittelt. Wiederholte Kontrollen, verbunden mit Bilddokumentationen, zeigten recht unterschiedliche Ergebnisse. Zum Teil waren einige Bereiche von Unrat geräumt, aber zugleich wurden neue Belegungen und Ausbreitungen an anderen Orten festgestellt. So wurden weitere

Kellerflure infolge der Sammelwut des Mieters belegt und ordnungswidrig genutzt. Dieser Umstand erschwerte unsere Bemühungen zusehends. Auch wollten wir durch eine Besichtigung der Wohnung des Mieters klären, ob der Mieter in seiner Wohnung Ordnung hält oder ob es auch dort Defizite gibt.

Bei diesem Termin, welcher unter Einbeziehung des Betreuers erfolgte, stellten wir mit großer Überraschung eine starke „Überbelegung der Wohnung" fest. Die Wohnung war „randvoll" und wir sahen jede Menge Kartons, Sperrmüll, alte Kleidung und viele andere Gegenstände, die ich mit gutem Gewissen meistens als Unrat bezeichnen kann. Die mit Ramsch oder Müll voll belegten Wohnräume waren dadurch so klein geworden, so dass dem Mieter kaum Platz zum Schlafen und zu einem normalen, sozialverträglichen Wohnen blieb. Wir suchten abermals Hilfe beim Betreuer. Dieser veranlasste, dass Herr Knöterich in ein Krankenhaus eingewiesen wurde. Wir sahen, dass der Betreuer sich sehr um seinen Mandanten bemühte. Vermutlich auf Grund einer vorhandenen und verfestigten Fehlorientierung, wohl ein psychisch bedingtes Leiden des Mannes, zerbrachen alle gut gemeinten und gemeinsamen Bemühungen. Nach dem Krankenhausaufenthalt mussten wir leider eine Verschlimmerung der Zustände feststellen. Das Haus, der Boden, das Waschhaus und vorhandene Gemeinschaftsräume, aber auch ehemalige leerstehende Mieterkeller, welche früher verschlossen waren, wurden vom Mieter geöffnet und intensiv mit Müll und Unrat gefüllt. Es entstand eine größere Gefahr und weitere hygienische Probleme. Die Zugänge zu den Zähleinrichtungen wurden behindert oder waren gar nicht mehr vorhanden. Die Reinigungsöffnungen für die Schornsteine waren so zugestellt, dass der Schornsteinfegermeister die turnusgemäße Reinigung nicht absichern konnte. Häufig musste ein zeitaufwendiges Beräumen von gesammeltem und eingelagertem Mietereigentum erfolgen, damit die entsprechenden Wartungsarbeiten erfolgen konnten. Trotz vieler gemeinsamer Bemühungen durch Vermieter und Betreuer wurde vom Mieter leidenschaftlich und unbeeindruckt weiter gesammelt. Unsere Bedenken, Bitten und Aufforderungen wurden ignoriert. Eine normale Verwaltertätigkeit war nicht mehr gegeben. Der Vertrauensvorschuss und die Partnerschaft zu Herrn Knöterich zerfielen zusehends.

Gerade in dieser Zeit tauchte der umgangssprachliche Begriff „Messie" für sammelwütige Menschen auf. Bisher war für uns dieser Begriff fremd. Das Wort „Messie" kommt, gemäß der deutschen Rechtschreibung, Duden 24. Auflage, aus dem Englischen und steht umgangssprachlich „für Mensch, dessen Wohnung eine chaotische Unordnung aufweist". (siehe auch Literatur und Quellennachweis)

Wie erlebten wir Herrn Knöterich mit dieser, seiner Eigenart?

Wir konnten miterleben, was so ein Sammler oder so ein „Messie" heranschaffen und welche Folgen das auf einen Vermietungsprozess hat und auch auf andere Menschen in seinem Umfeld haben kann.

Nun, der Mann sammelte unentwegt weiter. Eine vermutlich zwanghafte Kraft zwang ihn, ohne dass ein Ende abzusehen war, Dinge, wie Kartons, Holz, Drähte, Waschmaschinen, Kleidung, diverse Metalle, Ersatzteile, alte Fahrräder, Büchsen, Flaschen, Verpackungen, Zeitungen, Gefäße aus Plaste und alles, was man sich vorstellen kann, unentwegt zu sammeln.

Der Mieter hatte in seiner Wohnung ein „wundervolles Chaos" geschaffen, unabhängig davon schien mir, dass bei der Schaffung des Zustandes auch eine gewisse Perfektion, z.B. bei der exakten Stapelung der gesammelten Sachen in seinem Wohnzimmer, vorhanden war. Im Schlafzimmer hingegen war wirklich das blanke Chaos, alles war nur so hineingeworfen, so dass man das Zimmer nicht mehr betreten konnte. Langsam sah ich ein, dass dieser Mensch durch die Zwänge, denen er vermutlich ausgesetzt war, nicht anders handeln konnte. Eine Verständigung wie bei anderen Mietern war nicht mehr gegeben. Glaubten wir erst an eine gütliche Klärung der Lage und erhofften die Abstellung der Probleme, so nahm unser Glaube immer mehr ab. Ich erkannte, dass die Handlungen eines Menschen mit irrationaler Sammelneigung von außen kaum zu verhindern sind. Es scheint für diese Menschen überaus schwierig zu sein, die normalen geordneten Alltagsaufgaben zu steuern, Ordnung zu halten und ihren normalen sozialen Verpflichtungen nachzukommen. Ich spürte, dass mit der Sammelleidenschaft und den daraus folgenden Wirkungen andere Menschen durchaus gefährdet werden können.

Zur Definition des Messi-Syndroms sagt Wikipedia, die freie Internet-Enzyklopädie (Stand 12/2011), unter anderem folgendes aus:

„Diese auch als Desorganisationsproblematik bezeichneten Defizite beruhen auf einer Störung psychischer Funktion, sind also eine psychische Störung."

„Wikipedia nennt zum Messie-Syndrom mehrere Symptomatiken bzw. Syndrome, wie das Vermüllungs- oder Unordentlichkeitssyndrom, das bis zur Geruchsbelästigung und hygienischen Problemen gehen kann. Auch das zwanghafte Sammeln wertloser oder verbrauchter Dinge wird genannt. Das Versäumen bzw. Nichterledigen normaler, sozialer Verpflichtungen, aber auch ein eingeschränkter sozialer Umgang, die unter anderem eine extreme Unordentlichkeit der Wohnung mit hervorruft. Wie bei Wikipedia weiter zu lesen ist, ist der Begriff „Messie" eine Wortschöpfung der selbst betroffenen US-amerikanischen Sonderschulpädagogin Sandra Felton. Auf diese Weise erfuhr eine breite Öffentlichkeit von der Problematik. Zusehend ist der Begriff „Messie" bei uns in Deutschland bekannt geworden und wird auch von den Fachleuten immer mehr akzeptiert." (siehe Literatur und Quellennachweis)

Herr Knöterich hatte, wie wir feststellten, große Schwierigkeiten bei der Bewältigung der Alltagsaufgaben. Nach meiner jetzigen Erkenntnis kann eine Änderung der Sammelleidenschaft eines Mieters selten erreicht werden. Selbst Angebote mit intensiver Hilfe, ist man immer von der Person abhängig. Erst wenn der sammelwütige Mensch selbst nach Hilfe verlangt, besteht die Chance, sein Leiden oder seine Situation zu mindern bzw. zu ändern. Diese Arbeit kann selbst bei bestem Willen durch die Hilfe eines Verwalters kaum erreicht werden, der schließlich ganz andere Aufgaben zu erfüllen hat. Bei solchen Problemen ist oft fachliche Hilfe gefordert. Hier können Fachärzte mit ihren speziellen psychotherapeutischen Behandlungen und Therapien den Menschen weiterhelfen. Diesbezüglich ist jedoch die Freiwilligkeit und das Einverständnis des Betroffenen gefragt, d.h. dass er Hilfe haben und annehmen möchte.

Als Eigentümer des Hauses waren wir gezwungen, weitere Maßnahmen zu finden. Aber welche? Keinesfalls durften wir die wachsende Vermüllung im Grundstück dulden. Ausgesprochene Abmahnungen und Auflagen zur Einhaltung des bestehenden Mietvertrages wurden ignoriert. Eine eingeleitete Teilberäumung blieb ohne greifbaren Erfolg. Man versuchte nun die zugestellten Gänge - um die Unfallgefahren zu beseitigen - in Ersatzvornahme zu beräumen. Diese Beräumung war einfach „märchenhaft". Sie ähnelte dem Märchen „Der Hase und der Igel" von den Gebrüdern Grimm, in dem der Wettlauf zwischen dem Hasen und dem Igel geschildert wird. So schaffte die beauftragte Firma den Unrat und den Müll in den bereitgestellten Container. Doch was die fleißigen Mitarbeiter der Firma an Unrat in den Container auch hineinwarfen, der Mieter „märchensymbolisch als der Igel", war bereits da und schaffte eine ganze Menge „des wertvollen Gutes" wieder in das Haus zurück. So entstand regelrecht ein Wettlauf bei der Beladung des Containers durch die Firmenmitarbeiter einerseits und durch das „Heimholen" des Unrats durch Herrn Knöterich anderseits. Emotionen bauten sich auf und zurückblickend hat dieser Auftrag wohl keinem der Partner Freude bereitet. Mir kam es damals vor, als wenn man mit der Zwangsentrümplung dem Sammler ein Stück aus seiner Seele, von seinem Ich, seiner Persönlichkeit, wegnimmt.

Das Sammelsyndrom blieb und die Ergebnisse der Behandlungen zeigten keinen Erfolg. Kurze Zeit später trennte sich der Mieter von seinem Betreuer. Er wollte vermutlich einen anderen Partner erhalten, der nicht so konsequent gegen seine Sammelleidenschaft vorging. Der bisherige Betreuer war für uns lange Zeit ein sehr guter Partner gewesen. Er hatte sich für seinen Klienten stark engagiert aber auch versucht, unsere berechtigten Interessen mit zu wahren. Er nahm seine Pflicht sehr ernst, indem er die Wohnung und das Mietverhältnis für seinen Klienten erhalten und sichern wollte. Nach Aufgabe der Betreuung verschlechterte sich die Situation nochmals. Die kleinen Ordnungsansätze gingen restlos verloren. Die Mietzahlung erfolgte nicht mehr oder nur unregelmäßig. Der Müllumfang weitete sich trotz der Auflagen weiter aus. Nun sah der Vermieter keine andere Möglichkeit mehr, als eine gerichtliche Entscheidung, eine Aufhebung des Mietverhältnisses, zu erwirken. Wie wir wissen, dauern Klagen bei Gericht bis zur Bearbeitung mitunter sehr lange. Dadurch ging wertvolle Zeit verloren, die der Mieter ausgiebig zum Weitersammeln nutzte.

Durch das Gerichtsurteil und auf Grund der reichlich vorhandenen Dokumentationen, verlor der Mieter, seine kleine Wohnung. Das Gericht entschied zu Gunsten des Vermieters. Später, im Beisein des Gerichtsvollziehers, entfernte man den Müll und Unrat aus allen Räumen. Zahlreiche große Container wurden mit Sperrmüll und Unrat gefüllt. Mit großer Kraftanstrengung wurden die Keller, das Waschhaus, der Hausflur, der Boden und die Wohnung wieder in einen anständigen Zustand gebracht und die nötige Ordnung hergestellt. Der Aufwand, die dazu erforderliche Zeit und die damit verbundenen Kosten sowie die erforderlichen Aufwendungen waren erheblich.

Wir lernten dabei, dass eine psychische Krankheit bzw. schwerwiegende seelische Defizite Ursachen für bestimmtes Handeln sein können. Wie ich später erfuhr, war diese Krankheit bei dem Mieter besonders ausgeprägt und eine Änderung kaum möglich, zumal er die angebotenen Hilfen weiterhin nicht annahm.

Ich nehme da einen großen Konflikt wahr. Nämlich, dass Menschen, die die Gemeinschaft durch ihre Handlungen schädigen, dennoch die übergroße Freiheit besitzen, die angebotene Hilfe der Gesellschaft, einfach ablehnen zu können. Solange ein Mensch niemanden schädigt, mag das ja völlig in Ordnung sein. Im Falle aber, dass diese Menschen Unternehmen und im weiteren Sinn die Gesellschaft nachhaltig schädigen, könnte eine gewisse Reduzierung ihrer großen Freiheit vielleicht vertretbar oder gar angebracht erscheinen?

Wo wohnte und wie lebte Herr Knöterich später, bevor ich ihn gänzlich aus den Augen verlor? Nach Verlust seiner Wohnung zog der Herr in ein Privathaus. Auch hier wurde das Mietverhältnis nach nicht allzu langer Zeit, durch die große Sammelleidenschaft bedingt, vom zuständigen Verwalter oder Eigentümer des Hauses beendet. Danach wohnte der Mann in einem großen und fast leerstehenden Haus. Sein Verhalten in Bezug auf die Sammelleidenschaft änderte sich nicht. Der Mann sammelte unentwegt und fleißig weiter. Seine Räume und weitere vorhandene Unterstellmöglichkeiten in seinem Umfeld waren, so wie mir bekannt wurde, ebenfalls mit viel Unrat belegt.

Hier und da sah ich den Mann wieder, wenn er unterwegs war und sein Gefährt mit allen erdenklichen Dingen beladen hatte. Seine Spezialitäten waren nach wie vor Kartons, alte Metallteile, Kabelreste, Holz und Sperrmüll in vielerlei Gestalt. Mein Eindruck war, als würde er immer wieder von einer unsichtbaren Sammelleidenschaft getrieben.

Heilsame Hilfe soll jeder erhalten, der sie braucht. Aber der Hilfsbedürftige sollte die Verpflichtung wahrnehmen und Hilfe annehmen. Kritisch wird es dann, wenn der Betroffene, krankheitsbedingt, die Hilfe nicht annehmen will oder kann. Welche Wege zur Lösung solcher Probleme sind vorhanden, um diesen Menschen zu helfen? Wie kann man die daraus entstehenden Schäden für Unternehmen, Vermieter, die Gesellschaft oder für das Gemeinwohl verringern? Wie können Fachleute unter den schwierigen Bedingungen aktiv werden und helfen, aber auch die Freiheit der Betroffenen respektieren? Diese Problematik scheint ein Gang auf einem schmalen Grat zu sein. Eine Patentlösung wird es vermutlich nicht geben. Aber vielleicht kann die Schilderung eines solchen Falles zum stärkeren Überdenken dieser Problematik führen, zumal diese Begebenheit kein Einzelfall ist. Fachleute in den Bereichen Medizin, Recht oder Politik sollten auf ihren unterschiedlichen Wirkebenen- und Einrichtungen weiter nach vertretbaren Lösungen für solche Sachverhalte suchen. Es wäre wünschenswert, wenn die Betroffenen auf neuen Wegen, vielleicht über einen etwas stärkeren sozialen, aber vertretbaren Druck weit konsequenter als bisher Hilfe und Heilung erhielten. Uns sollte immer mehr bewusst werden, dass längeres Fehlverhalten vermieden werden muss. Nicht selten entstehen dadurch Zustände, die die Mitbewohner in ihrer Gesundheit gefährden oder beeinträchtigen können.

Episode 8

Die Mischbatterie

Die Geschichte erzählt von einer Mieterin. Es war Ende der 70er oder im Anfang der 80er Jahre. Damals, in der DDR-Zeit, waren auch die Sanitärersatzteile besonders rar. Durch zahlreiche ökonomische Ursachen, die offenbar durch das System begründet waren, konnte unser Unternehmen den vielen Mieteranliegen nicht gerecht werden. Mieter, Freunde und Verwandte unterstützten und halfen sich in jener Zeit sehr. Mit vielen kleinen und größeren Hilfeleistungen versuchte man sich gegenseitig beizustehen. So versuchten sie die vorhandenen Materialprobleme etwas zu minimieren und die Mängel in den Wohnungen halbwegs zu beherrschen.

Dabei ist mir ein besonderes Erlebnis noch sehr in Erinnerung:

Eine schlichte ältere Dame, damals in einem Haus am heutigen Markt wohnend, sprach bei mir im Büro vor. Sie berichtete stolz, dass sie sich von einem Besuch in Westberlin - sie war schon so betagt, dass sie auf Besuch in das damalige „westliche Ausland" fahren durfte - eine neue Mischbatterie für ihren alten Kupferbadeofen mitgebracht habe. Die alte Mischbatterie sei, wie wir ja wüssten, seit geraumer Zeit defekt. Dadurch habe sie seit längerer Zeit nicht mehr baden können. Die neue Mischbatterie, die sie mitgebracht habe, so bat sie, könnte nun durch einen Sanitärinstallateur angebracht werden. Das fehlende Teil sei ja nun vorhanden und ein Sanitärbetrieb könne mit der Reparatur beauftragt werden.

Die Rentnerin erzählte mir, dass sie das „Begrüßungsgeld vom Senat Berlin" für den Kauf der fehlenden Mischbatterie eingesetzt habe. Sie bat darum, dass unser Betrieb die Kosten für die Mischbatterie übernimmt und sie legte mir den entsprechenden westlichen Kassenbeleg vor.

Ich fühlte mich in einer Zwickmühle.

Einerseits war ich sehr froh, dass sich die Mieterin selbst half und das Material für die Reparatur besorgte, auf der anderen Seite aber konnte und durfte ich den Betrag, welcher als Westwährung ausgewiesen war, bezahlen? Und wenn ja, dann wie? Ich sah meine Aufgabe als Verwalter darin, zufriedene Mieter zu haben. Ebenso wollte ich eine normale Badnutzung gemäß des Mietverhältnisses für ihre Wohnung garantieren. Wie sollte ich mich verhalten? Ein kurzes Nachdenken gab letztendlich den Ausschlag, dem Wunsch der Mieterin nachzukommen. Ich riskierte es. Kurzerhand machte ich die Rechnung sachlich richtig und wies den Betrag an. Das entsprechende Geld wurde, wie ich später erfuhr, auch auf das Konto der Mieterin überwiesen.

Im Nachhinein gesehen, habe ich den späteren Beschluss durch die Bundespolitik zur geplanten Geldumwertung in Deutschland schon weit eher, nämlich in der DDR-Zeit realisiert. Bereits damals hatte ich den DM-Betrag (West) in Mark der DDR und dazu noch im Verhältnis 1:1 umgetauscht. Nun, es war seinerzeit bestimmt gewagt, so zu handeln. Aber es fand keine persönliche Bereicherung statt und der alten Dame wurde in dieser schwierigen Zeit, mit der allbekannten Mangelwirtschaft unbürokratisch und schnell geholfen. Der einstigen Kassenkraft bzw. dem Hauptbuchhalter ist dies wohl nicht aufgefallen - oder haben sie darüber nur geschwiegen? Auf jeden Fall blieb mir Ärger erspart.

Die Mieterin konnte nach längerer Zeit wieder baden und ich hatte ein Reparaturanliegen weniger. Sie und auch ich waren darüber sehr froh.

Episode 9

Aschfarben

Wenn ich durch meine Stadt gehe, tauche ich in längst vergangene Zeiten ein. Ich sehe die Menschen vor mir, die damals sehr gedrängt in diesen Häusern wohnten. Ich weiß noch heute von ihren Anliegen, ihren Problemen und ihren Wünschen. Ich habe aber auch nicht ihre Freude vergessen, wenn trotz der mangelhaften Wirtschaftslage geholfen wurde. Hilfe bestand nicht nur aus einer materiellen Verbesserung bei der Wohnqualität, nein, oft auch durchs Zuhören und durch die Schlichtung von Mieterstreitigkeiten. Gelegentlich bat man uns, auf das störende Fehlverhalten von Mietern so Einfluss zu nehmen, dass die anderen Mitbewohner des Hauses in Ruhe und ohne Ärger wohnen konnten. Dabei fällt mir wieder eine kleine Geschichte ein.

An einer verkehrsreichen Straße lag in den 80er Jahren ein volkseigenes Grundstück, welches sich in einem sehr schlechten Zustand befand. Für dieses große und schwierige Grundstück hatten wir die Verwaltung durchzuführen. Durch weitere Anbauten war das Haus durch die früheren Eigentümer in den letzten Jahrhunderten kontinuierlich vergrößert worden. Deshalb bestand das Grundstück neben dem Haupthaus noch aus einem Mittelhaus mit ehemaligen großen Stallungen, die nun als Schuppen dienten und einem Hinterhaus mit diversen Garagen.

Heute sind all diese Häuser abgerissen. Ein Investor hatte nach der Wende dieses Grundstück gekauft und nutzt die Flächen gewerblich für ein inzwischen recht bekanntes, großes und erfolgreiches Unternehmen.

Wohl kaum ein Mensch aus diesem Grundstück, aus den einzelnen Häusern, erinnert sich gern an die schlimmen Wohnbedingungen, die vor dem Abriss in den alten, verschachtelten Gebäuden bestanden. In dem Mittelhaus wohnten zur damaligen Zeit zwei Mietparteien, eine alleinstehende Frau und ein junger Mann. Die Ausstattung der Wohnungen im Mittelhaus, von welchem ich erzählen will, war mehr als einfach. Kohleofenheizung war in dem Haus Standard. Unschöne Trockentoiletten, als Plumpsklosetts bezeichnet, die in einem frostgefährdeten Innenflur lagen, zählten zu der miserablen Ausstattung der Wohnungen. Diese Mieter waren bei weitem nicht verwöhnt. Sie waren arm und von einfacher, gleichzeitig aber von robuster Natur.

Eines Tages kam die Frau aus dem Mittelhaus ganz aufgeregt in unseren Verwaltungsbetrieb. Empört beschwerte sie sich über einen Vorfall der besonderen Art. Sie wirkte bei der Vorsprache verzweifelt, teils beleidigt und neigte zum Weinen. Was war geschehen?

Sie erzählte mir, dass sie auf ihrer Trockentoilette gesessen habe, um ihrer Notdurft nachzukommen. Auf einmal habe sie unter sich einen besonders heftigen Luftzug wahrgenommen. Verwundert über die „Druckluft" sei sie der Sache nachgegangen und musste dabei feststellen, dass die Sitzfläche, das Fäkalienrohr, aber auch ihr gesamtes Hinterteil voll mit Asche eingestäubt waren.

Aufgebracht teilte sie mir ihre Vermutung mit, die mir überaus glaubhaft erschien.

Der Mieter, nennen wir ihn Herrn Löwenzahn, der über der Frau wohnte, habe die Asche seiner Kohleöfen, statt in eine Aschetonne, einfach in die Trockentoilette gekippt. Der feine Aschestaub habe sich durch den vorhandenen großen Aufwind auf ihrer unteren Körperpartie abgesetzt und sie im wahrsten Sinn des Wortes von unten her bestäubt. Mit viel Fleiß, Mühe und großem Aufwand habe sie sich selbst, das Rohr sowie die Sitzfläche abgeschrubbt und gereinigt.

Diese Vorgänge habe sie schon mehrfach, aber nie so gravierend wie gestern registriert. Sie sei es nun endgültig leid, sich laufend mit Asche „einpudern" zu lassen. Die Art, wie Herr Löwenzahn seine Ofenasche entsorge, sei eine riesengroße Schweinerei. Die Mieterin war nicht mehr gewillt, diese staubige Beeinträchtigung hinzunehmen. Sie verlange vom Vermieter, dass dieser sich schnellstens darum kümmert. Solche schmutzigen Zustände und Situationen müssten sofort unterbleiben.

Wir, als Vermieter, waren wieder einmal mehr gefragt. Uns war so ein Bericht, dem eine solch gravierende und unhygienische Idee zugrunde lag und die in die Tat umgesetzt worden war, bislang unbekannt. Wir reagierten schnell. Kurze Zeit später führten wir bei dem Herrn eine „kriminalistische Wohnungsbesichtigung" durch. Durch die nicht zu übersehenden Spuren mussten wir feststellen, dass die Mieterin die Wahrheit gesprochen hatte. Im Toilettenraum des Herrn Löwenzahn fanden wir üppigen Aschestaub vor. Die aufgefundenen Zustände lagen außerhalb jeder Norm.

Er erhielt noch am Ort eine gepfefferte mündliche Abmahnung mit der Forderung sein Fehlverhalten zu unterlassen und die Frau ab sofort nicht mehr zu beeinträchtigen. Das Verhalten war für uns unakzeptabel und konnte zur fristlosen Kündigung führen. Mit Herrn Löwenzahn wurde sehr deutlich gesprochen. Dabei „brannte die Luft", wie man so sagt. Kurz und nachdrücklich wurde dem Mann klar gemacht, dass er im Rahmen des Schadenersatzes alle Kosten zu übernehmen und die Räume unverzüglich in einen reinen Zustand zu versetzen hätte. Für die Brandasche der Kohleöfen sind ausschließlich die Müllkübel zu nutzen, die im Grundstück reichlich vorhanden waren. Nur durch die übergroße Faulheit des Herrn Löwenzahn kam es zum staubigen Ascheregen und zur herabwürdigenden Beeinträchtigung der Mieterin. Denn, wie es aus dem Gespräch mit dem Herrn L. hervorging, wollte er sich den Weg zu den Müllkübeln, die in der angebauten Scheune standen, in der kalten Jahreszeit ersparen. Aufgrund dieser Tatsache kam er auf den abwegigen Gedanken, die Asche über die Trockentoilette zu entsorgen.

Der Ideen- und Einfallsreichtum von hoffentlich wenigen Hausbewohnern scheint doch unergründlich zu sein. Der Verwalter hat, neben der ökonomischen Verwaltungsarbeit, wie man sieht, weitere Aufgaben mit zu erledigen, die man in ihrer Gesamtheit und

Vielfalt kaum erfassen und den Lesern auch nur ausnahmsweise schildern kann.

Mit diesem „aschfarbenen Fall" wird deutlich, dass man als Verwalter auch für die Mitbewohner im weitesten Sinne da sein sollte. Und, wenn es erforderlich wird, sorgt sich ein Verwalter sogar um die sehr persönlichen und delikaten Vorder- und Hinterteile seiner Mieter. Auch bei solchen Problemen muss er ihnen den notwendigen Schutz vor „falschem Pulver" verschaffen.

Episode 10

Die Wohnhöhle

Etwa um das Jahr 2008, schon geraume Zeit nach der Wende, erhielten wir von einem Handwerksmeister den Hinweis, dass er uns dringendst zu einer Wohnungsbesichtigung bei einem Mieter rät. Ich will den Bewohner hier Herrn Wicke nennen. Nach der Einschätzung des Fachmannes könnte von der Wohnung dieses Mannes eine Gefahr ausgehen. Wir wären gut beraten, wenn wir die schlimmen hygienischen Zustände vor Ort überprüfen würden. Eine so große Unordnung habe der Meister noch nie gesehen, obwohl er in vielen Wohnungen beruflich seiner Arbeit nachgeht.

Unsere Pflicht war es, solche Hinweise nicht zu ignorieren, vielmehr diesen sofort nachzugehen. Wir teilten dem Mieter einen Termin zur Wohnungsbesichtigung mit. Beim ersten Termin trafen wir Herrn Wicke nicht an oder er machte uns nicht auf. Ein weiterer Termin wurde angekündigt. Nach langem Läuten und Klopfen öffnete er meiner Kollegin und mir schließlich seine Wohnungstür. Müde, bleich und mit großen Augenringen stand ein ca. 20 Jahre alter bzw. junger Mann vor uns. Der Verdacht auf Drogenkonsum drängte sich uns ganz unabhängig voneinander auf. Nachdem wir unser Anliegen vorgebracht hatten, wurden wir in die Wohnung gebeten. Die kleine Wohnung bestand aus dem Flur, einem Duschraum, aus einem Wohnzimmer und einer kleinen Küche. Uns kam es vor, als würden wir eine Wohnhöhle betreten, denn der Flur war dunkel, ohne Licht, mit vielen Sachen belegt, aber noch begehbar. Das Wohnzimmer war schummerig und von Zigarettenrauch geschwängert. Die Gardinen waren zugezogen und das geringe, diffuse, kaum durchscheinende Tageslicht drang spärlich in das Wohnzimmer. Die Bettstatt war unordentlich und mit vielen Gegenständen chaosartig belegt. Der vorhandene Computer war eingeschaltet und lieferte ein mattes, flimmerndes Licht in den Raum. Auf dem Tisch stand ein Aschenbecher, welcher übervoll war, sodass viele Zigarettenstummel bereits auf dem textilen, dem Vermieter gehörenden Belag gelandet waren. Am Teppichboden sahen wir eine größere Anzahl von Brandflecken. Unter dem Computertisch und neben der Schlafgelegenheit lagerte ein großer Berg leerer Cola-Flaschen und anderes Leergut. Mit einem Blick in die Miniküche wurde unser „Rundgang" abrupt beendet. Ein Betreten der Küche war bei bestem Willen nicht möglich. In ihr befanden sich etliche chaotisch liegende und prall gefüllte Müllsäcke, welche mit unzähligen leeren Pfandflaschen und vielem Abfall bzw. Unrat gefüllt waren. Herr Wicke entschuldigte sich für die Unordnung. Er habe noch keine Zeit gefunden, um Ordnung zu schaffen. Auch habe er gerade großen Stress mit seinem Studium.

Die Auswertung der Zustände packten wir recht durchdacht und moderat an. Wir äußerten unsere starke Enttäuschung über die aufgefundenen und unhygienischen Zustände, zumal wir uns für die Wohnungsbegehung rechtzeitig angemeldet hatten. Der Mieter war durchaus nicht unhöflich. Ihm schien die Situation bewusst und auch peinlich zu sein. Wie schon so oft bei vergleichbaren Fällen fragten wir den Mieter, ob er sich in seiner Wohnung und bei diesen Zuständen, die besonders in der Küche und im Wohnzimmer vorhanden waren, wohlfühle. Er verneinte dies und meinte, ihm gefalle diese Situation selbst nicht. Als Verwalter mussten wir handeln. Wir waren gezwungen, das Mietverhältnis mit Auflagen unter besonderer Kontrolle zu halten, und einer Verschlimmerung der Zustände galt es rasch entgegenzuwirken. Vielmehr musste der normale Zustand - und das möglichst schnell - hergestellt werden. Wir sahen aber auch, dass dieser junge Mann Hilfe beim Wohnen und bei der Bewältigung der normalen Aufgaben bei seiner Haushaltsführung brauchte. In solchen Fällen hatten wir früher meist Hilfe über das Sozialamt erhalten. Auf Grund der sich stetig verringernden Mitarbeiterzahl des Amtes war bedauerlicherweise kaum auf Unterstützung zu hoffen. Deshalb gerieten wir bei der Verwaltertätigkeit wieder einmal auf die Ebene der Sozialarbeit.

Nach der Wende begegneten wir in wachsendem Maße solchen einschneidenden Problemen. Daher kannten wir uns bei dieser

Thematik schon etwas aus. Trotzdem suchten wir immer nach den Gründen, warum man solche Zustände beim Wohnen vorfinden. Der junge Mieter hatte, so konnte man vermuten, Ordnung zu halten, nicht richtig erlernen können oder, bedingt durch die jetzigen Umstände in der neuen Gesellschaftsordnung, bereits wieder verlernt. Durch die großen Freiheiten und Möglichkeiten unserer Spaßgesellschaft sehe ich die Gefahr, dass ganz alltägliche, aber wichtige Aufgaben, wie Ordnung zuhalten, nicht mehr so wahrgenomen werden. Sind hier Erziehungsdefizite die Ursache? Kann der Mieter seine Lebenssituation, vielleicht durch eine große Überforderung oder durch einen möglichen Drogenkonsum bedingt, nicht mehr bewältigen?

Wir überlegten, wie wir diesen jungen Mann helfen könnten. Wie müssen wir uns verhalten, damit schnell eine Änderung der unhygienischen Zustände erreicht und Beeinträchtigungen oder gar Gefahren für die Hausbewohner ausgeschlossen werden? Für uns war es ganz wichtig, den Aufbau einer stabilen Kommunikation zwischen Verwalter und Mieter herzustellen. Das persönliche Gespräch stellt meistens die notwendige und aufbauende Basis für die von uns angedachte Lösung dar. Anschuldigungen aber blockieren Gespräche und müssen, auch wenn es uns dabei nicht immer leichtfällt, ausgeblendet werden. Der Mieter als Gesprächspartner darf uns nicht verloren gehen. Wir als Verwalter können die Besserung von schlimmen Zuständen über entsprechenden Schriftverkehr mit Abmahnungen bis zur fristlosen Kündigung oder Gerichtsverfahren und unter Einbeziehung von Rechtsanwälten mit Druck durchaus erreichen. Diese Möglichkeiten sind meist zeitaufwendig und kosten vor allem sehr viel Geld. Wir versuchten zuerst, einen anderen Lösungsweg zu gehen. Daher entschieden wir uns fast immer für das Gespräch, gekoppelt mit Auflagen und den dazugehörenden Kontrollbegehungen. Unser Ziel war und bleibt die Herstellung eines vertragsgemäßen Zustandes der Wohnung. Ohne dass wir unseren Emotionen Freiraum gaben, forderten wir Herrn Wicke im sachlichen Gespräch auf, die unerträgliche Situation umgehend abzustellen. Wir stellten ihm die begrenzte Aufgabe, dass er mit der Ordnung in der

Küche beginnt. So verlangten wir von ihm, dass er uns einen Termin für die Realisierung der vereinbarten Arbeiten nennt. Er nannte uns dann einen Termin, den wir auch akzeptieren konnten. Ich kann es nicht mehr sagen, welche Zeitspanne sich der Mieter selbst einräumte, um seine „Hausaufgaben" zu erledigen. Auf jeden Fall war ein Kontrolltermin verabredet worden. Bei der Wahrnehmung des Termins stellten wir fest, dass die Küche von allen Müllsäcken geräumt und der Raum in einen ordentlichen Zustand versetzt war. Da er sein Wort gehalten hatte, versuchten wir ihn für seine weiteren Aufgaben zu motivieren. Der Mieter erhielt seine nächste Aufgabe mit einer neuen Frist. Nun hatte er sich um sein Wohnzimmer zu kümmern, damit es ein akzeptables und sauberes Aussehen erhielt. Am festgelegten Tag wurde die neue Kontrolle durchgeführt. Wir fanden ein relativ sauberes Wohnzimmer vor und nahmen dies positiv zur Kenntnis. Wir fragten den Mieter, wie ihm der Zustand seines Wohnzimmers nun gefiel und wie er sich darin fühle. Er meinte, dass er sich in seiner Wohnung jetzt wesentlich wohler fühlt. Es war so etwas wie Freude oder Stolz aus seinen Worten zu hören. Im Wesentlichen war der von uns gewünschte, geforderte und ein akzeptabler Zustand der Wohnung erreicht. Das Mietverhältnis konnte damit erhalten werden. Wir verloren nicht den Mieter und ersparten uns die Lösung über einen vielleicht längeren Rechtsstreit, zumal die freien Wohnungen infolge der Bevölkerungsentwicklung im Ansteigen waren.

Das Mietverhältnis wurde weiter unter Kontrolle gehalten. Herr Wicke spürte, dass die Verwaltung das Augenmerk verstärkt auf die Einhaltung des vereinbarten Mietverhältnisses legt und die anderen Mieter im Haus dadurch auch sicher wohnen und leben können.

Die Kontrollen waren auch weiter notwendig, da ein junger Kollege bei einer der späteren Überprüfung feststellte, dass der Mann noch eine „Leiche im Keller" hatte. Denn sein Keller war auch mit Müll und Unrat belegt. Deshalb waren weitere Haus- und Wohnungsbegehungen notwendig, um auch hier den gewünschten Erfolg zu erreichen. Wohnungsverwalter haben, neben der Werterhaltung, ebenso für

Ordnung, Sauberkeit und damit für ein sicheres Wohnen im Haus zu sorgen.

Wie gesagt, wir sahen den Sinn unserer Tätigkeit nicht zuletzt darin, Kündigungen, soweit es die Umstände halbwegs zuließen, auszuschließen. Die daraus resultierenden Maßnahmen waren manches Mal ein Gang auf Messers Schneide. Einerseits galt es, die Ökonomie bei der Vermietung zu festigen, zu verbessern und auf der anderen Seite wurden Arbeiten, die einer „sozialen Betreuung" glichen, notwendig. Wir wussten, dass diese „soziale Art der Betreuung" eigentlich nicht Aufgabe des Verwalters ist.

Unser Team sah den Sinn für das soziale Engagement mit darin, eine gute Belegung und Auslastung des Wohnungsvolumens zu sichern und den bereits vorhandenen Wohnungsleerstand nicht zu erhöhen. Eine gute Belegung der Wohnungen sichert auch Arbeitsplätze. Deshalb scheint es mitunter angeraten, einige Zugeständnisse, auch hinsichtlich dem daraus resultierenden höheren Zeitaufwand zu machen.

Mit der Verwaltertätigkeit wurde viel Zeit nicht nur in den Erhalt von Häusern investiert, nein, zugleich auch in den Menschen, in den Vertragspartner. Vielfach hat sich der eingesetzte Zeitaufwand, einschließlich der damit verbundenen Kosten, für unser Unternehmen ausgezahlt oder kam uns anderweitig zugute.

Episode 11

Eine Akte

Schildern will ich das Leben einer Person, die in einer ganz besonderen „Villa" wohnte. Um der Wahrheit die Ehre zu geben, war das Haus gar keine Villa, sondern nur ein kleines und altes Zweifamilienhaus, das in einer ehemals armen Vorstadt nach 1900 erbaut worden war.

Das Bild, welches ich von diesem Haus und von dem Bewohner skizzieren will, kann ich nur bruchstückhaft wiedergeben. Was ich da sah, war für mich viel eindrucksvoller, als ich es beschreiben kann. Dessen ungeachtet will ich versuchen, das außergewöhnliche Erlebnis ein klein wenig zu umschreiben:

Herr Adonis, so nenne ich den Mann, bewohnte in dem alten Zweifamilienhaus eine kleine Wohnung. Die obersten Geschosse, so glaubten wir, waren beräumt und standen seit langem leer.

Gerade in diesem Haus kam es eines Tages zu einem Brand. Die Feuerwehr informierte uns und bat uns in das Grundstück. Kurz darauf waren wir am Ort des Geschehens und besichtigten den Schaden. Aus unerfindlichen Gründen war die Hintertür des Hauses in Brand geraten. Durch das Ereignis bedingt, besahen wir uns das Haus näher. Dabei stockte uns der Atem, weil wir feststellen mussten, dass sich der Mieter im gesamten Grundstück ausgebreitet und das Grundstück voll vereinnahmt hatte.

Überall war das Haus mit weniger nützlichen Gegenständen, überwiegend altem Trödel, wie Schrott und allerlei Zeug - und das in großer Vielfalt - zugestellt. Seine Mietwohnung war mit Kleidern, Geschirr, Büchern und allem, was es so an Gegenständen und Sachen geben kann, schlicht gesagt „überbelegt." Diese Art der Nutzung spiegelte uns ein Bild wieder, das weit entfernt von einer normalen Haushaltsführung war. Aus unserer Sicht war kein ordentliches Bewohnen der Wohnung möglich. Hier konnte man wohl mehr von einem „Hausen" sprechen. Neben seiner Wohnungseingangstür hingen diverse elektrische Verlängerungskabel und mehrere alte Kittel sowie auch eine alte Gasmaske, die uns an den letzten Krieg erinnerte.

Das Begehen der Treppenstufen, um in die oberen Räume des Hauses zu gelangen, war sehr riskant, weil diese kaum noch sichtbar waren. Nahrungsmittel, unter anderem Gemüse, Zwiebeln und Kartoffeln waren auf den Treppenstufen reichlich vorhanden und warteten bestimmt schon lange Zeit auf ihre Verarbeitung zu Speisen. Doch das Aussehen des Gemüses ließ kaum auf eine vitaminreiche und nahrhafte Kost hoffen. Auf den Treppen befand sich noch eine Vielzahl weiterer Gegenstände, wie Flaschen, Schüsseln, Entsafter, Töpfe mit und ohne Inhalt. Ein alter Elektrokocher, ein Tauchsieder und ein Wasserkocher standen ebenfalls auf den Stufen im Hausflur, wo sich Herr Adonis seine Mahlzeit zubereitete. Diverse alte Fruchtsaftverpackungen, zum Teil voll, teils bereits angebrochen, teils leer, standen ebenfalls im Flur und alles wartete auf …. - nun, ich weiß nicht auf was, vielleicht auf eine baldige Entsorgung!

Die ehemals sichtbaren Stufen waren mit vielen weiteren Gegenständen, wie Zeitungen und Kartons belegt. Damit erhielten die Stufen, die eigentlich zum Fluchtweg zählen, eine gute Tarnkappe. Dennoch wagten wir den Aufstieg. Mit äußerster Vorsicht und mit Gespür oder einer gewissen Vorahnung, wo die Stufen sein könnten, stiegen wir mit unsicheren Schritten hinauf. Nachdem wir uns den nicht ungefährlichen Weg in die oberen Etagen gebahnt hatten, sahen wir die vom Mieter ausgiebig belegten, ehemals leere Wohnungen mit den dazugehörenden Bodenkammern. Überall lagen Sachen vom Mieter. Die Räume waren illegal und voll in Beschlag genommen. Eine kleine Räumlichkeit im oberen Bereich war als Schlafraum eingerichtet und machte einen relativ aufgeräumten Eindruck. Oberhemden, Unterwäsche, Hosen und Jacketts sowie weitere Kleidung waren neben der auf dem Boden liegenden Matratze gestapelt. Manches war ganz ordentlich, manches sehr durcheinander abgelegt. In einem weiteren Raum lagen wiederum Kartons und andere Anziehsachen, jede Menge Broschüren, Bücher, Zeitschriften, viele alte Tonbandspulen und eine stattliche Anzahl elektrischer Gegenstände, auch Verbindungskabel, Leitungen sowie alte Tonbandgeräte. Einiges war sortiert, vieles in besonderer Art durcheinander abgelegt.

Mit zusammengebissenen Zähnen versuchten wir diese Vielfalt zu verkraften und verließen den oberen Teil des Hauses. Nachdem wir - gottlob - wieder gesund im Erdgeschoss gelandet waren, wagten wir uns in den Kellerbereich. Auch hier fanden wir eine große Anzahl technischer Geräte, eine wahre „Schatzgrube". Wir sahen jede Menge alter Fernseher, Radios, Plattenspieler und allerlei andere elektrische Gegenstände. Dieses „Mietereigentum" hatte schon mehr oder weniger Grünspan angesetzt. Die vorhandene Kellerfeuchtigkeit hatte ihr Ihriges dazu beigetragen und die Geräte, wenigstens äußerlich, stärker leiden lassen.

Wir wollten nur noch an die Luft und stiegen so schnell es ging, und das war wirklich nicht schnell, nach oben. Um die Frischluft zu genießen, nahmen wir die Besichtigung des Gartens vor. Dort zuckten wir wie vom Blitz getroffen zusammen. Der Anblick war nur für ganz gesunde Menschen geeignet, um dieses Bild verkraften zu können. Wir fanden dort jede Menge abgestellter Möbel, alte Holzteile, Krempel, Trödel, Unrat sowie Müll und viele technische Geräte. Etwa in der Gartenmitte befanden sich eine Waage und mehrere größere Kühltruhen und Kühlschränke. Die größte Überraschung wartete aber in Form von über 700, teilweise in die Erde eingegrabenen großen und kleinen Batterien. Fast alle Batterien waren aufladbare alte Autobatterien. Durch den bevorstehenden Winter bestand die akute Gefahr, dass die Bleibatterien zerfrieren und den Gartenboden durch die Säure kontaminieren. Der Schaden und die damit verbundenen Folgen wären bestimmt sehr hoch. Dieser recht schlimme und für uns einmalige Vorfall war und ist ein fast unglaubliches „Erlebnis der besonderen Art."

Was konnten wir tun um die zu erwartenden Schäden zu verhindern?

Hier war die aktive Mithilfe einer zuständigen Behörde gefragt, um das Schlimmste zu verhindern. Deshalb suchte ich schleunigst ein zuständiges Amt auf und schilderte den Fall der dortigen Mitarbeiterin. Da mit Reden die Situation nicht umfassend geschildert werden konnte, bat ich um eine gemeinsame Begehung des Grundstückes. Die Antwort, die ich damals erhielt, enttäuschte mich tief, machte mich ratlos und verschlägt mir noch heute die Sprache. Sinngemäß sagte mir die Mitarbeiterin, dass ein Termin am Ort nicht in Frage komme. Sie würde nur nach der Aktenlage entscheiden. Es schmerzte mich, dass eine Entscheidung wieder einmal nur „vom grünen Tisch aus" angestrebt wurde. Durch meinen Kopf schossen viele Gedanken. Mein Blutdruck schoss augenblicklich in die Höhe und ich fragte mich, wo eigentlich die vom Amt vielgepriesene Bürgernähe bleibt? Ist die Bürgernähe etwa nur abstraktes Wunschdenken von uns Bürgern? Oder findet „Bürgernähe" nur gezielt oder als Reklame statt?

Als Verwalter konnte ich dieses umfangreiche Problem in der verbleibenden geringen Zeit nicht allein lösen. Es bedurfte wirklich einer dringenden Hilfe des Amtes. Wütend und innerlich sehr aufgeregt ging ich aus dem Zimmer. Beim Gehen versprach ich der „Frau des Amtes": „Die von Ihnen gewünschte Aktenlage sollen sie haben."

Gesagt, getan. Das randvoll belegte Haus, die Zimmer, der Keller und der Garten - alles wurde fotografiert und die große Anzahl der Bilder wurden als Akte für die Behörde exakt auf viele Papierbogen aufgeklebt. Damit wurde für die „freundliche Behörde" der Beweis, die „notwendige Akte" hergestellt.

An einem Freitag, es war für die zuständige Mitarbeiterin vielleicht ein schwarzer Freitag, legte ich ihr die Beweise aufgeregt und leider etwas unsanft auf den Schreibtisch. Ich kann diese „Amtsworte", die dann gesagt wurden, bis heute nicht vergessen. Mit Neugier, welches später im Entsetzen gipfelte, schaute sich die Dame die Bilder an, dann schaute sie mich an und sagte: „Jetzt wissen wir es, damit müssen wir ja handeln." Nun, gewusst hatte es diese Mitarbeiterin bereits seit meiner Vorsprache, als ich um Hilfe bat. War mir von der Behörde nicht geglaubt worden oder war es so, dass ein Mensch aus Fleisch und Blut, der im Gespräch um Hilfe bat, nur gering wiegt? Aber das Sammelsurium, die hier vorgelegte und starre Fotosammlung - die

Akte - verfügte über eine enorme Beweislast oder Beweiskraft. Das Schriftstück wog wohl wesentlich schwerer als ein hilfesuchender Bürger. Das Amt hatte über diese Akte soviel „geballte Energie" erhalten, dass es tätig werden musste.

Derartige Verhaltensweisen und die Art von solch einem Standpunkt verstehe ich bis heute nicht und will es auch nicht verstehen, dennoch kann ich mich darüber sehr ärgern. Ich will hoffen, dass diese Erfahrung mit dem „Amt" nur die einmalige Ausnahme war und bleibt.

Durch meine Hartnäckigkeit erhielt ich endlich die erbetene und ersehnte Hilfe. „Das Rad der Bürokratie" begann sich, wie ich spürte, unter Stöhnen langsam aber kontinuierlich zu drehen. Eine Entrümplung des von Herrn Adonis genutzten Hauses wurde eingeleitet. Die angefallenen Kosten wurden geteilt. Das Amt trug einen großen Teil der Kosten. Unser Unternehmen, als Vermieter, übernahm ebenso einen erheblichen Teil der Kosten. Bei der Entsorgung der Batterien erhielt Herr Adonis große Hilfe durch einen Bekannten. Dieser fuhr mit seinem privaten PKW die gut 700 Autobatterien zu einer weit entfernten und autorisierten Entsorgungsstelle. Es waren sehr viele Fahrten notwendig, da ein PKW durch das große Gewicht der Bleiakkus jeweils nur eine kleine Anzahl von Batterien laden konnte.

Nachdem das gesamte Grundstück ordentlich beräumt war, bat der Mieter um eine neue Chance, um eine neue Wohnung. Herr Adonis versprach uns hoch und heilig, dass er, wenn er eine neue Wohnung bekäme, in Zukunft Ordnung hielte und seine Sammelleidenschaft einstelle. Nach eingehender interner Beratung erhielt er nochmals eine Chance. Ihm wurde eine kleine Wohnung, in gutem Glauben an sein Versprechen, angeboten. Wir hatten mit Bedacht eine kleine Wohnung ausgewählt.

Sein neues Domizil wurde Herrn Adonis gezeigt. Gleichzeitig ermahnten wir ihn und forderten, dass er sein Sammelverhalten unbedingt abzustellen hat, damit er sein zukünftiges Mietverhältnis nicht gefährdet. Danach gingen wir gemeinsam von seiner bald neuen

Wohnung, zu seiner bisherigen, leergeräumten Wohnung. Da ereignete sich eine winzige Begebenheit, die ich kurz erwähnen will:

Als wir so nebeneinander gingen und miteinander sprachen, sah Herr Adonis auf dem Gehweg eine Schraube oder eine Mutter liegen. Er bückte sich danach, hob diese auf, hielt sie in der Hand, schaute mich an, überlegte und warf danach den Gegenstand mit den Worten weg: „Ich will nicht schon wieder mit dem Sammeln anfangen." Ich registrierte diesen Vorfall, schmunzelte in mich hinein, lobte ihn und sagte ihm, dass ich mich freue, wenn er weiterhin so dächte. An diesen Vorsatz hielt sich der Mieter vermutlich nur eine kurze Zeit. Beauftragte unseres Unternehmens hielten das neue Mietverhältnis unter Kontrolle. Mit der Zeit aber gewann der vorhandene Sammeltrieb wieder die Oberhand und die zwei kleinen Zimmer wurden gefüllt. Schließlich war der Trieb wieder und in voller Stärke da. Es wurde erneut und verstärkt gesammelt und gehortet. Um noch mehr in seiner Wohnung unterzubringen hatte der Mieter sogar einen Zwischenboden eingezogen. Diese „Errungenschaft" zeigte er uns voller Stolz bei einer Begehung seines Wohnraumes. Die neue Wohnung war, wie gesagt, von uns ganz bewusst so klein ausgesucht. Unsere Absicht bestand darin, dass das große Sammeln durch die geringe Wohnfläche kaum Chancen bekommt. Weit gefehlt, ein Mensch, der diese Veranlagung besitzt und sich nicht einer Therapie stellt, findet wahrscheinlich immer neue Wege, um seine Prägung, seinen Trieb auszuleben. Es begann von Neuem. Die Schuppen, die Keller und weiteres Nebengelass wurden, trotz Ermahnungen und vielen Vorsprachen weiter und weiter belegt. Im Gespräch mit dem Mieter wurde uns immer mitgeteilt, dass all das Gesammelte für ihn großen Wert habe. Er könnte die Sachen einmal gebrauchen und er könne auf diese Gegenstände nicht verzichten und sich demzufolge auch nicht davon trennen.

Letztendlich wurde das Haus infolge eines Rohrbruches, mehrerer Auszüge und durch den geringen Ausstattungsgrad der Wohnungen von der Verwaltung frei gelenkt. Herr Adonis erhielt von unserem Unternehmen aber keine neue Wohnung.

Diese Erfahrung zeigt wieder einmal mehr, dass Menschen, die eine solch ausgeprägte Zwangssammelleidenschaft besitzen, diese nur mit einer fachlichen Betreuung und Hilfe überwinden können. Voraussetzung bleibt aber auch hier, dass sich der jeweilige Mensch dieser Störung bewusst wird oder ist und er freiwillig eine fachliche Hilfe in Anspruch nehmen will.

Episode 12

Der Dominoeffekt

Mit der Wende entstanden viele Wohngemeinschaften. Ich erinnere mich dabei an eine studentische Wohngemeinschaft, mit der ich ein seltenes Erlebnis hatte. Davon will ich berichten:

Das Haus, in welchem sich die Geschichte zutrug, war ca. 100 Jahre alt und ähnelte einer Villa. Durch unterlassene Werterhaltungsmaßnahmen gab es viele Mängel. Die Studenten der obersten Etage, die wohl eine der ersten Wohngemeinschaften in unserer Stadt waren, baten um eine Besichtigung ihrer Wohnung, damit die hauptsächlichsten Mängel abgestellt werden konnten. An die Einzelheiten kann ich mich nicht mehr erinnern. Ich kam zum vereinbarten Tag in das Haus, um die Probleme aufzunehmen und nach einem Lösungsweg zu suchen. Wie gesagt, es war ein villenartiges Haus, welches lange und steile Wendeltreppen hatte. Mit Erstaunen und Überraschung stellte ich fest, dass sich auf den Treppenstufen jede Menge leere Wein-, Likör- oder Schnapsflaschen befanden. Die zugestellten Treppen spiegelten ein vergnügtes Studentenleben wider und es ließ, nebenbei gesagt, auf einen großen Durst der jungen Leuten schließen. Der Zugang zur Wohnung war durch das reichliche Leergut außerordentlich beengt. Es blieb mir kaum Platz zum Emporsteigen, da sich das Leergut, je höher ich stieg, immer mehr „ausdehnte". Ich freute mich, dass ich den schwierigen Weg gut und ohne zu fallen hinter mich gebracht hatte. Doch gerade da geschah das Unerwartete. Auf die Sekunde genau, als ich an der Wohnungstür klingelte, machte mein Aktenkoffer eine unbeabsichtigte seitliche Bewegung und blieb an einer der vielen leeren Flaschen, die auf der obersten Treppenstufe standen, hängen. Das genügte. Das Dilemma begann. Eine Flasche, wirklich nur eine einzige Flasche, fiel mit lautem Gepolter, bevor sich die Tür der Studenten - WG öffnete, um. Aber genau diese Flasche war so niederträchtig und unverschämt und legte sich rigoros mit der nächsten Flasche an. Diese wiederum war ebenfalls erschrocken und so überfordert, dass sie nicht standhalten konnte und ihr Gleichgewicht aufgab. Sie fiel, ohne sich zu besinnen, schnell um und landete auf den nächsten Flaschen der darunterliegenden Treppenstufe. Es begann eine Kettenreaktion, die mich, da ich dieses Erlebnis im Nachhinein niederschreibe, an eine bekannte TV– Show, den Domino Day, erinnert. Das große „Dominospiel" begann. Unterdessen hatte ein Student die Wohnungstür geöffnet. Noch bevor ich dem Studiosus „einen guten Tag" wünschen und ein Gespräch anfangen konnte, ging der Reihentanz mit den fallenden Flaschen weiter.

Andere Flaschen, die sich bisher ordentlich benommen hatten und bislang noch als „standfest" galten, änderten ihr Benehmen und unterstützten durch ihr aktives und beißwütiges Verhalten weiter die oberen Flaschen. Sie fielen geradewegs um und stimmten in das laute Gepolter mit ein. Durch den erhaltenen Schwung, der von den oberen Flaschen herrührte, fielen immer neue und weitere Flaschen mit lautem Gepolter auf die nächsten Stufen. Aber auch dort befand sich ebenfalls „wartendes Leergut". Dieses Gut, wiederum nicht faul, voller Tat und auch leicht „beeinflussbar für Schwankungen" verhielt sich blöderweise genauso, wie ihre Vorgänger. All die Flaschen stießen sich gegenseitig und mit lautem Gepolter die Wendeltreppen hinunter. Es war eine exorbitante und geballte Lawine von Leergut, die sich auf den Weg, in diesem Fall kann man sagen, auf die Treppen machten.

Wir, der Student und ich, nahmen den ungewollten und langanhaltenden Dominoeffekt verblüfft zur Kenntnis. Der ohrenbetäubende Lärm, den wir gut, aber mit Schaudern und

Bestürzung aushielten, machte ein Gespräch und eine Verständigung beim besten Willen unmöglich. Es war ein Scheppern, Klingeln und Klirren, was zuerst außerordentlich lautstark begann, dann ganz allmählich leiser wurde, da die Entfernung zu den unteren Treppen und unseren Ohren größer wurde. So hatte das gewundene Treppenhaus beiläufig den Vorteil, dass der Krach nach und nach gedämpfter wirkte. Dafür entstanden aber eigenartige, verblüffende und nachhaltige und nie vermutete Halleffekte. Mir war, als stände die Zeit still. Es war für mich eine unendliche Zeit. Erst nach einer gefühlten Ewigkeit konnte ich mich mit dem Studenten verständigen. Mittlerweile waren weitere Studenten an der Tür erschienen. Der große Krach hatte sie an die Wohnungstür gelockt und sie wollten doch wissen, was da passiert. Diese Situation empfand ich als sehr peinlich, obwohl ich nur indirekt die Ursache gesetzt und im wahrsten Sinn des Wortes nur „Anstoß genommen" hatte. Nachdem der Lärm und die Echos langsam abgeebbt waren, stellte ich mich kurz vor. Ich versuchte, da der Student, der sehr verblüfft und sprachlos an der Tür stand, die Situation schneller zu nutzen und selbst nicht sprachlos zu wirken. Ziemlich perplex ging ich zum Angriff über. Von dem verdatterten jungen Mann verlangte ich mit etwas derberen und tadelnden Worten, dass ich zukünftig solche belegte Treppenstufen mit den daraus resultierenden Gefahren keinesfalls mehr vorfinden wolle. Treppenstufen seien schließlich nicht für Lagerzwecke bestimmt, sondern sollten der Flucht und dem gefahrlosen Erreichen bzw. Verlassen der Wohnungen dienen. Die Wohngemeinschaft hat zukünftig die Treppenwege absolut freizuhalten. Es war ein lautstarkes Gespräch, weil der vorhandene Flaschenlärm übertönt werden musste und wir uns verständigen wollten. Außerdem fielen immer noch einzelne Flaschen, die nicht standsicher waren mit Gepolter um. Deshalb kamen die übrigen Studenten aus ihren Zimmern. Später, als der Lärm quasi verhallt war, blickten wir auf eine Treppenlandschaft, die mit Scherben reichlich übersät war. Die Flaschen waren doch nicht so fest gewesen, wie man es manchmal einschätzt.

Mit Erstaunen sahen wir auf die außerordentliche Bescherung. Oder sollte man gar von einem „Scherbengericht" sprechen? Die jungen

Leute nahmen die Situation trotz alledem äußert gelassen auf. Mit einer übergroßen Portion Humor schauten sie auf die Scherbenhaufen und auf die noch ganzen, aber tief gefallenen Flaschen.

Meinen Job erledigte ich mit enormer Geschwindigkeit, weil ich so schnell wie möglich diesen peinlichen Ort verlassen wollte. Bereits nach kurzer Zeit verabschiedeten wir uns dann voneinander.

Wie zum Hohn, oder war es ein letzter Gruß der Flaschen, fielen vor mir beim Verlassen des Hauses, trotz besonderer Vorsicht, weitere bislang sittsam gebliebene Flaschen unter neuem Gepolter um. Wieder entstand Krawall im Haus. Erst als sich die letzte Flasche zur Ruhe gelegt hatte, konnte ich die Haustür von außen, gesundheitlich unbeschadet und glücklich, schließen. Draußen angekommen, atmete ich tief durch. Dieses Getöse in Vielfalt musikalischer Klangvariationen und dem damit verbundenen, vom Schicksal beeinflussten Glasbruch, hatte ich zweifellos nicht gewollt.

Episode 13

Badegemeinschaften?

Durch den 2. Weltkrieg entstand vielfaches Leid für die Menschen. Mannigfaltige Schicksale begleiteten sie. Der unsägliche Krieg brachte weitreichende und schlimme Folgen mit sich. Massenhaft hatten Menschen durch Bombardements, Brände, Zerstörungen und letztlich durch die großen Vertreibungen aus den Ostgebieten ihre Wohnung verloren. (siehe Kapitel Wohnungsnot)

Das alles führte zu einer großen Wohnungsnotlage. Die Besatzungsmächte und die damaligen Regierungen suchten nach Lösungen, um den Obdachlosen eine Bleibe, eine Unterkunft zu geben. In den Häusern, in welchen sich große, mitunter herrschaftliche Wohnungen befanden, wurden die vorhandenen Wohnungen zerstückelt bzw. geteilt. Für zahlreiche Menschen wurde ihre Wohnung kleiner, weil sie notgedrungen zusammenrückten. Viele Flüchtlinge wurden von den Hausbesitzern und von Wohnungsmietern freiwillig aufgenommen. Oft aber wurden die obdachlosen Menschen in die Wohnungen zwangsweise einquartiert. Aus ehemals großen Wohnungen entstanden zwei, drei oder gar vier kleinere Wohnungen. Auf diese Weise entstanden viele Teil- und Untermietverhältnisse.

Diese Zustände existierten in der DDR über mehrere Jahrzehnte weiter. Den geschichtlich begründeten und gewachsenen Mietverhältnissen begegnete ich teilweise noch in den 70er Jahren, als ich die Tätigkeit als Wohnungsverwalter aufnahm.

Der enorme Wohnungsmangel war also lange Zeit spürbar und viele Menschen mussten sich über die Jahre mit Teilmietverhältnissen begnügen. Dabei teilten sich die Mieter mehrerer Wohnungen eine Toilette oder, wenn vorhanden, auch ein Bad. Diese schwierigen Wohnverhältnisse gaben auch Anlass zu Konflikten zwischen den einzelnen Mietparteien.

Ich erinnere mich noch an einen ganz speziellen Fall. Durch die gemeinsame Nutzung der sanitären Anlagen war ein heftiger Streit zwischen den Mieterparteien entbrannt. Auf einer großen Etage wohnten mehrere Mietparteien. Von einem großen gemeinsamen Flur erreichten die Mieter ihre jeweiligen Wohnungen. Außerhalb ihrer Wohnung, auf dem Flur befand sich die gemeinsame Toilette mit einem Bad, welche sich die Mietparteien teilen mussten. Das Bad war mit einem Gasgerät, einem sogenannten Gasdurchlauferhitzer ausgestattet, der die Warmwasseraufbereitung übernahm. Der Verbrauch für die Warmwasseraufbereitung wurde über den Gaszähler des Hauptmieters abgerechnet. Dieser Mieter war somit gezwungen, da er bei den Gaswerken mit dem Zähler angemeldet war, die Rechnung für den Verbrauch des Gases zu begleichen. Er verauslagte und bezahlte damit auch den Gasverbrauch für die Badnutzung der anderen Mieter. Diese hatten das wärmende Badewasser bereits vor einigen Wochen und zunächst kostenlos genossen.

Wie war die Kostenbeteiligung zwischen den Mietern damals geregelt?

Grundsätzlich schrieb sich jeder Mieter, welcher ein Bad nahm, mit dem Badedatum in das vorhandene „Badbenutzugsheft" ein. So schön und so gut, aber wie hoch waren eigentlich die Gaskosten, die der Badende zu übernehmen hatte?

Erst waren sich die Mieter untereinander einig und die nicht ganz einfache Situation wurde recht gut gehandhabt. Später trat eine nachhaltige Störung auf, die durch eine zahlungsunwillige Mitmieterin verursacht wurde, weil sie vermutlich an „chronischer Zahlungsunfähigkeit" litt. In der Folge entstand zwischen den Mietparteien ein herzhafter Streit. So stritten sie dann um die Höhe der Kosten, welches ein Wannenbad herbeiführt.

Die Kosten für den Verbrauch von kaltem Wasser waren in der damaligen Zeit meist mit in dem geringen Mietpreis enthalten. Eine Verbrauchsabrechnung auf Grundlage eines Wasserzwischenzählers, wie es heutzutage normal ist, gab es vor der Wende, zur DDR-Zeit nicht. Somit war der eigentliche Streitpunkt bei dem Gemeinschaftsbad nicht der Verbrauch für das Wasser an sich, sondern der Gasverbrauch für das erwärmte Wasser.

Mit den vorhandenen Mietverträgen hatte jede Mietpartei das Anrecht auf eine gemeinsame Bade- und Toilettennutzung, zumal sich beides, wie gesagt, auch im selben Raum befand. Die Mieter wurden sich immer uneiniger, welcher Betrag pro Wannenbad für den erforderlichen Gasverbrauch zu bezahlen und anzusetzen ist. Der Streit spitzte sich zu und man wandte sich hilfesuchend und schriftlich an den Vermieter. Der Vermieter wurde bei Mieterstreitigkeiten zu jener Zeit häufig um Hilfe angerufen. Wir versuchten dann, so gut es ging, den Streit zu schlichten, neutral zu bleiben und im Gespräch mit den Beteiligten einen Lösungsweg, eine Einigung zu erreichen. Uns lag es sehr am Herzen, den Frieden zwischen den Mietparteien zu wahren oder wieder herzustellen. Als Verwalter mit wenig Erfahrung wusste ich damals nicht recht, wie man so einen Fall lösen konnte. Im Gespräch, am Ort des Geschehens, wurde nach einer gemeinsamen Lösung mit den Mietern gesucht. Trotz verschiedener Vorschläge kam zunächst keine Einigung zustande. Die Debatte wurde immer hitziger. Darauf machte ich den Mietern den Vorschlag, eine Wanne mit warmem Wasser zu füllen und die dabei entstehenden Kosten zu erfassen. Diesen Vorschlag nahmen die Mietparteien an. Der Gaszählerstand wurde sofort abgelesen und notiert. Als die Wanne mit warmem Wasser fast randvoll gefüllt war, wurde der Gaszähler erneut abgelesen, der Verbrauch erfasst und die Kosten berechnet. Wenn ich mich richtig erinnere, lag der ermittelte und gerundete Preis für das verbrauchte Gas pro Wanne bei ca. 0,50 Mark der DDR. (Damals war 0,50 Mark relativ viel Geld. So konnte man z.B. dafür 10 kleine Brötchen erhalten). Weil die Preisermittlung am Ort mit den Beteiligten unter Mithilfe des Verwalters durchgeführt wurde, respektierten alle Mieter diese Lösung. Das Badeheft wurde weitergeführt und das notwendige Entgelt pro Wannenbad an die Hauptmieter bezahlt. Da uns keine weiteren Klagen erreichten, konnten wir daraus schließen, dass der Streit mit Hilfe dieser Lösung beigelegt war.

In der jetzigen Zeit sind solche Situationen bzw. solche Probleme eines Wohnungsverwalters kaum mehr vorstellbar. Auch unsere jungen Menschen können sich von den einstigen Wohnbedingungen bestimmt nur schwerlich ein Bild machen. Schon deswegen wollte ich von den einstigen Schwierigkeiten berichten. Verwalter mussten damals viele Mieterstreitereien mit lösen. Die Mieter kamen früher selten auf die Idee, einen Rechtsanwalt mit den Problemen zu beauftragen. Mancher Rechtsstreit wurde durch die Schiedskommissionen in den Wohngebieten oder Städten geklärt und geschlichtet. Oft wurden die Hauseigentümer oder Verwalter hinzugezogen und wirkten bei der Klärung des Sachverhaltes mit. Ich möchte behaupten, dass die Amtsgerichte seinerzeit bei den diversen Mieterstreitigkeiten und Geringfügigkeiten bei weitem nicht so in Anspruch genommen und damit ihre Geschäftsmäßigkeit nicht blockiert wurde, wie dies heutzutage oftmals geschieht. Die Befriedung eines Streites versuchte man häufig auf der unteren Ebene, zwischen den betroffenen Mietern zu finden. Meistens wurde eine Einigung erzielt. Viele Verwaltungsbetriebe wurden zu dieser Zeit um Rat, Vermittlung und um Mithilfe gebeten. Obwohl uns manche Probleme gar nichts angingen, versuchten wir trotzdem zu vermitteln und den Frieden im Haus zwischen den Bewohnern wieder herzustellen. Das war nicht immer leicht, diente letztlich aber mit zur Festigung des Hausfriedens.

Kurz ein Wort zu den „Badegemeinschaften":

Gibt es überhaupt noch Gemeinschaftsbäder in unseren Mietshäusern oder in den Wohnungen?

Früher gab es ab und zu Gemeinschaftsbäder. Diese befanden sich meist in den Kellerbereichen der Häuser. Aber durch die vielen Wohnungsmodernisierungen und mit Einführung der vorgeschriebenen Betriebskostenabrechnung erledigte sich der Bedarf schlagartig. Die recht einfachen Gemeinschaftsbäder wurden schnell stillgelegt. Sie waren einfach nicht mehr zeitgemäß.

Gemeinsam genutzte Bäder gibt es nur bei speziellen Wohnformen. Ich denke, so etwas kann nur noch für Wohngemeinschaften, z.B. in Studentenwohnungen vorkommen. Diese Wohnungen sind abgeschlossen und das Bad oder die Dusche kann nur durch die jeweilige Wohngemeinschaft genutzt werden.

Die früher recht schlimmen Wohnbedingungen wurden durch umfassende Modernisierungen zum Teil vor oder meistens nach der Wende abgestellt. Daraus können wir ersehen, dass die Wohnqualität, im Verbund mit der höheren Ausstattung, in den letzten 30 Jahren enorm gewachsen ist. Nach der Wende wurde im Hinblick auf die Wirtschaftlichkeit rund um das Wohnen sehr viel erreicht. Mit Einführung der Betriebskosten- und der Heizkostenabrechnung wuchs im erheblichen Maß die Verantwortung und Ordnung im System Wohnen. Rückblickend wage ich zu behaupten, dass sich die ökonomischen Denkweisen unserer Menschen zum Lebensbereich Wohnen außerordentlich gut entwickelt haben.

Episode 14

Die Lebensretterin

Im Januar 2000 rief eine Mieterin bei uns im Unternehmen an. Sie teilte uns ihren Verdacht mit, dass etwas mit ihrem Nachbarn geschehen ist. Er sei seit längerer Zeit nicht mehr im Haus gesehen worden. Sein Briefkasten wäre übervoll und ist bestimmt seit längerer Zeit nicht mehr geleert worden. Die Zeitungen könnten durch den überquellenden Briefkasten nicht mehr richtig zugestellt werden.

Solche Hinweise und Mitteilungen nahmen wir immer sehr ernst. Schnell begannen wir mit Nachforschungen. Mit den begrenzten Möglichkeiten, die uns zur Verfügung standen, versuchten wir herauszufinden, ob der Mieter noch existierte. Die Suche nach „Lebensspuren des Mieters" blieben ohne Ergebnis. Wir versuchten am gleichen Tag unter lauten Klingeln und Klopfen an der Wohnungstür des betreffenden Mieters vorzusprechen. Die Tür blieb uns jedoch verschlossen. Nachfragen im Umfeld des Mieters, bei anderen Mietern im Haus, ob sie Angaben über den Verbleib oder über Verwandte, Freunde oder Bekannte des Mieters machen könnten, führten zu keinem Ergebnis. All unsere Bemühungen und Initiativen blieben ohne Erfolg. Daraufhin fassten wir den Entschluss, die zuständige Polizeidienststelle zu informieren. Das hiesige Polizeirevier, mit welchem wir Rücksprache nahmen, riet uns dringend zu einer Wohnungsöffnung. Dementsprechend verständigten wir einen Schlossermeister, damit er die Wohnungsöffnung durchführte. Die Polizeidienststelle schickte ein paar Kollegen, um die Öffnung rechtlich zu begleiten. Bald darauf betraten wir die Wohnung. Für uns war das ein schlimmer Anblick. Das, was wir sehen mussten, war enttäuschend und deprimierend. Die gesamte Wohnung, welche aus Flur, Küche, Bad, Wohnzimmer und Schlafzimmer bestand, zeigte einen äußerst unhygienischen, einen ungemein schmutzigen Zustand. Kurz gesagt, wir standen in einer stark verunreinigten Wohnung.

Beim Betreten des Wohnzimmers sahen wir erst mal nur einen großen Berg, welcher aus leeren Bierbüchsen bestand. Später nahmen wir unweit des Büchsenberges eine Person wahr. Diese lag hinter dem großen Bierbüchsenberg und dem ebenfalls mit vielen Büchsen überladenen Tisch, auf einer durchgelegenen und befleckten Couch. Die Person, die ich da erblickte, kannte ich nicht, zumal das Gesicht des Mannes mit einem dichten Vollbart zugewachsen bzw. verdeckt war. Der Mieter, den ich in Erinnerung hatte, hatte früher einen anspruchsvollen Beruf gehabt und er war bei Vorsprachen in unserem Unternehmen immer höflich und korrekt. Genauso war sein Auftreten gewesen. Er war stets gut gekleidet und legte immer großen Wert auf ein gepflegtes Äußeres. In unseren Geschäftsräumen sprach er, wenn er ein Anliegen hatte, stets mit Anzug und Schlips versehen vor. Nun mussten wir so ein Bild sehen.

Um die Situation zu klären, sprachen wir den auf der Couch liegenden Menschen an, ob er der Mieter - ich will ihn Herrn Rose nennen - sei. Er bejahte dies kurz und mit sehr schwacher Stimme. Ich empfand die Zustände, welche ich in der Wohnung vorfand, als sehr schlimm. Herr Rose war aber glücklicherweise, wie es sich herausstellte, noch ansprechbar. Was wäre aber geworden, wenn uns die im Hause wohnende Mieterin nicht informiert hätte? Sehr bedenklich erschien mir der gesundheitliche Zustand, in dem sich Herr Rose augenscheinlich befand, wie er so dalag und dahinvegetierte. Anders kann ich es kaum beschreiben. Herr Rose bat mit sehr leiser Stimme um Wasser, er habe großen Durst. Er sagte uns, dass er so schwach sei, dass er nicht mehr aufstehen könne. Dadurch konnte er uns die Wohnungstür auch nicht mehr öffnen. Ich brachte ihm einen Becher, vollgefüllt mit Leitungswasser, weil sonst nichts Trinkbares in der Küche aufzufinden war. Er trank schnell, gierig und immer wieder mit vielen kleinen Schlucken. Die gesundheitliche Situation war, wie sich immer mehr herausstellte, für den Mann wohl lebensbedrohlich. Ein Polizist fragte den Mann, ob er ärztliche Hilfe benötige und diese auch möchte. Herr Rose bejahte dies leise, kaum wahrnehmbar.

Wir wollten von ihm wissen, wann er das letzte Mal feste Nahrung zu sich genommen habe. Er meinte, dass es wohl vor ca. 14 Tagen gewesen war. Mit dieser Äußerung bestätigte sich unsere Vermutung, dass sich der Mann in einem sehr bedenklichen und schlimmen Gesundheitszustand befand. Seiner Bitte um ärztliche Hilfe wurde sofort nachgekommen und der Rettungsdienst über Polizeifunk herbeigerufen. Der Dienst war schnell und traf nach wenigen Minuten in der Wohnung ein. Die erste Aufmerksamkeit aber galt nicht dem Menschen als solchem und dass er dringendst Hilfe benötigte, nein, bei weitem nicht. Als erstes wurde die Versichertenkarte von Herrn Rose verlangt! Mich berührte diese Art und Weise, wie in solch einer Situation umgegangen wurde, sehr stark. Ich fand diesen Stil, wie ich ihn bei dieser Notlage erlebte, wirklich nicht angemessen. Emotionen schossen in mir hoch. Ich fragte mich, ob allein die Krankenversichertenkarte der Schlüssel zur Hilfe war? Der Hilfsbedürftige kam, so empfand ich es, erst an zweiter Stelle. Noch heute habe ich ein drückendes Gefühl in der Magengegend, wenn ich daran zurückdenke. Die Karte des Versicherten war glücklicherweise schnell gefunden, da sie offen und griffbereit in einer Schrankwand lag.

Nach einer kurzen Untersuchung wurde der Herr R. durch den Rettungsdienst abtransportiert und in ein Krankenhaus eingeliefert. Als nächstes wurden die Wohnräume besichtigt und mir wurde klar, dass die Zimmer gründlich durch ein Hygieneunternehmen zu reinigen und zu beräumen waren. Eine Seuchengefahr, die durchaus entstehen konnte, musste schnell abgewendet werden. Der vorgefundene und geruchsintensive Zustand, der durch die reichlich vorhandenen Exkremente bedingt war, machten ein schnelles Handeln notwendig. Auch war das alte Bett, in dem der Mann noch vor kurzer Zeit gelegen hatte, zu entsorgen. Die Körperflüssigkeiten hatten die Matratzen so durchnässt und angegriffen, dass die darunter befindliche Metallkonstruktion stark mit Grünspan überzogen war.

Um die Gefahren, die von der Wohnung ausgehen konnten, beseitigen zu können, wurde der Mieter im Krankenhaus aufgesucht. Es wurde mit dem Mieter vereinbart, dass unser Unternehmen eine Ersatzvornahme durchführen konnte und unser Unternehmen berechtigt war, seine Wohnung zu beräumen. Der Müll, das Bett und der durchtränkte Teppichboden konnten deshalb bald entsorgt werden. Weiterhin durfte der Vermieter alle notwendigen Maßnahmen zur Herstellung einer ordentlichen und desinfizierten Wohnung einleiten. Der Mann teilte mir im Gespräch mit, dass ihm dieser Alkoholabsturz sehr peinlich sei und er sich dafür entschuldige. Er sei früher einmal in einer Einrichtung für Alkoholkranke gewesen. Seine Ehe sei auch gescheitert. Nach einer Therapie sei er aber mit guten Erfolgsaussichten aus dieser Einrichtung entlassen worden. Auf meine Frage über den Grund, warum er diesen Absturz erlitten habe, äußerte er sich: „Ich habe Weihnachten allein erleben müssen. Meine Kinder haben sich nicht gemeldet. Ich habe immer auf Post gehofft. Ich war so verzweifelt, weil sie nicht an mich gedacht und mir nicht geschrieben haben. Dann ist es passiert."

War das die Ursache des Absturzes oder sollte es nur eine Rechtfertigung sein? Ich kann und will es nicht beurteilen. Eine Bewertung steht mir nicht zu. Letztlich war es wohl die Alkoholkrankheit, die aus Gründen, die wir nicht kennen, durchgebrochen war und die wieder zum „Leben erweckt" wurde. Alle erforderlichen Maßnahmen wurden vom Vermieter eingeleitet und die Arbeiten von einem Fachbetrieb ordnungsgemäß ausgeführt.

Bei nochmaliger Vorsprache im Krankenhaus, bei der über den Stand der eingeleiteten Maßnahmen informiert wurde, sagte mir Herr Rose abermals, dass ihm alles so peinlich ist. Er schämte sich und entschuldigte sich wiederum für den angerichteten Schaden, den er wiedergutmachen wollte. Auch bat er inständig darum, dass das Mietverhältnis nicht gekündigt wird und er seine Wohnung behalten darf. Er möchte, wenn es ihm gesundheitlich besser ginge, wieder in seine Wohnung ziehen. Eine Rücksprache mit dem behandelnden Arzt im Krankenhaus erfolgte unter dem Gesichtspunkt, ob er Chancen sieht, dass Herr R. nach der Genesung eine Wohnung ordnungsgemäß bewohnen kann. Ich wies beim Gespräch mit dem Arzt darauf hin, dass ein weiteres Bewohnen der Wohnung durch den Patienten wohl nur Sinn macht, wenn der Mieter bei seiner Lebensführung eine bestimmte Betreuung erfährt. Mir war, dass ich Gehör und Verständnis bei diesem Arzt fand. Der Arzt hatte, wie ich später feststellte, die entsprechenden Hilfsmaßnahmen für den Patienten eingeleitet. Damit konnte der Mieter, als er entlassen wurde, wieder in seine Wohnung ziehen, welche inzwischen desinfiziert und teilweise renoviert worden war. Alle angefallenen Kosten übernahm vereinbarungsgemäß der Mieter. Doch die frühere Alkoholsucht war wieder erwacht. Mit Hilfe der notwendigen Betreuungsmaßnahmen und mit der Sicherung einer täglichen warmen Mahlzeit sowie eines kontrollierten Alkoholkonsums lebte der Mieter noch viele Jahre in seiner Wohnung, in ordentlichen und einfachen Verhältnissen. Einen weiteren Alkoholabsturz habe ich bei ihm glücklicherweise nicht mehr erlebt.

Es gibt bestimmt viele Gefahren oder Möglichkeiten, die zur Sucht bzw. zu einem Rückfall führen können. In diesem Fall war es wohl die bereits vorhandene Alkoholkrankheit, gepaart mit der Einsamkeit, losgelöst von seiner Familie, von Mitmenschen. Alkoholkonsum ist letzten Endes keine Alternative, um sich den Schmerz von der Seele zu nehmen oder gar vorhandene Probleme zu „ertränken". Es ist sicher kein Ausweg für Menschen mit Problemen, sondern es ist eine Scheinwelt mit schlimmen, vielleicht auch tödlichen Folgen für die Süchtigen. In diesem Fall ist eine Mieterin des Hauses zur Lebensretterin geworden. Nicht immer achten Menschen so bedacht auf ihre Mitmenschen, ihre Nachbarn. Unser Unternehmen, das Rettungsteam und die Polizeibediensteten, wir waren nur Mithelfende bei dieser Lebensrettung.

Die Mieterin die uns informiert hatte, war die eigentliche Retterin. Sie hat keinen Ehrenpreis, keine Auszeichnung durch die Stadt, das Land oder den Bund erhalten. Man hat bisher nichts über sie berichtet. Sie besaß keine Schlagzeilen in irgendeiner Zeitung. Sie hat getan, was sie als Pflicht ansah und hat einfach geholfen. Sie verdient unseren Respekt, da durch ihr Verhalten, durch sie, ein Mensch gerettet werden konnte. Sie hat große Achtung und Ehre durch ihre Vorbildwirkung verdient. Wie viele solcher vorbildlichen Menschen gibt es, deren Geschichten nicht erzählt werden, die unbekannt bleiben? Viel zu oft lassen wir uns von den negativen Schlagzeilen der Medien, großer und kleiner Zeitungen beeindrucken oder fesseln und vergessen dabei allzu häufig die stillen Geschichten, die durch Zivilcourage, durch helfende Menschen, uneigennützig und täglich geschehen.

Episode 15

Ein Holzlager

Ich will von einem Haus berichten, in welchem ich ein besonderes Erlebnis hatte.

Dieses Haus war ein altes Haus mit einem schlichten Ausstattungsgrad. Alle Wohnungen wurden auf die herkömmliche alte Art mit Kohleöfen beheizt. Die Hausbewohner mussten ihren Bedarf an Brennstoff, wenn sie eine warme Wohnung haben wollten, täglich in ihre Wohnung tragen. Als Brennstoff fanden Kohlebriketts, aber auch Holz Anwendung.

Bei einer Kontrolle im Haus und in den leeren Wohnungen machten wir eine verblüffende Feststellung. Eine der Wohnungen wurde offensichtlich unbefugt genutzt, obwohl alle Schlüssel für diese Wohnung in der Hand unserer Verwaltung waren.

Welches Bild bot sich meinen Augen dar? Nun, ich sah ein wunderliches, ein buntes Bild. Die ehemals geräumte, leere Wohnung wurde, wie mir schien, als Holzlager genutzt. Alle Zimmer waren über und über mit Brennholz gefüllt. Aber es war kein herkömmliches Lager, wie man es sich mitunter vorstellt, weit gefehlt, es war ein ganz ordentliches Lager. Das Brennmaterial lag nicht durcheinander oder wild umher, nein, das Gegenteil war hier der Fall. Das Holz war in unzähligen Einkaufstüten akkurat abgepackt. Zwischen den überaus ordentlich, ja penibel abgestellten Tüten gab es Pfade, die eine besonders gute Entnahme der Beutel, je nach Bedarf, ermöglichten. Die Wege zwischen den abgestellten Tüten waren gekehrt und es herrschte in den Zimmern, die jetzt als Lagerräume dienten, eine geradezu pedantische Ordnung. Vorsichtig schätzte ich die Zahl der vorhandenen Tüten, die mit zurechtgeschnittenem oder gebrochenem Holz gefüllt waren. Die Einkaufstüten konnte man im Handel käuflich erwerben. Die Zahl der Plastiktüten lies auf eine hohe Investition schließen. Schnell errechnete ich den Wert, den ich hier vorfand. Bei einem angenommenen Preis von 0,20 € je Tüte und den aufgefundenen über 500 Einkaufstüten lag der geschätzte Wert bei 100,00 € oder höher. Für manchen Menschen ist der Wert, der sich in den Tüten und in den Räumen verbarg, schon recht beeindruckend. Es war im wahrsten Sinne des Wortes ein besonderes Stillleben, was sich mir da offenbarte. Dieses Stillleben wirkte auf mich so, dass ich mir ein Schmunzeln und ein Lachen nicht verkneifen konnte. Diese Emotion war beim besten Willen nicht zu verkneifen.

Nun begann das Rätselraten. Wer war der Herr des unerlaubten Lagers?

Immer wieder auf die recht komische Situation blickend überlegte ich, wer als vermeintlicher Nutzer in Frage kommen könnte. Welchem Mieter könnte man das vorhandene Holz zuordnen? Was sagte mir das Gesamtbild mit der extrem ordentlichen Lagerung und mit der akribischen Art und Weise, wie die Tüten gefüllt und die Räume genutzt wurden? Da im Haus nur wenige Mieter wohnten, war die Suche nicht ganz so schwer, wie ich es erst erwartet hatte. Gezielt versuchte ich die Eigenarten und die Charaktere der einzelnen Mieter etwas unter die Lupe zu nehmen. Schließlich ergab sich, da ich meine Mieter über Jahre kannte, eine Vorahnung, welche Person dafür infrage kommen könnte. Gesichert, mit dem Einsatz des Ausschlussprinzips, fand ich letztendlich heraus, dass dafür nur ein „Übeltäter" infrage kommen könnte. Der Bewohner wohnte dazu noch auf der gleichen Etage. Ich will ihm hier den Namen Wegerich verleihen. Für mich ist es im Nachhinein gesehen immer wieder verblüffend, was man aus einer Wohnungseinrichtung und auch, wie in diesem Falle, aus der Art und Weise, wie die Lagerung stattfand, herauslesen kann. Durch Tätigkeiten werden anderen Menschen sichtbare und reichhaltige Botschaften übermittelt. Viel können wir aus diesen Zeichen erkennen, wenn wir uns dessen bewusst sind. Unser inneres Auge öffnet sich und wir können dann weiter sehen, vieles besser erkennen und verstehen.

Ich fragte mich, worin die Ursachen und Motive für sein Handeln lagen. Da er über viele Jahre unser Hausbewohner war, kannte ich ihn.

Ich hatte mir aber zu seiner Person keine Gedanken gemacht. Warum auch? Aber, weil ich den Mieter besser verstehen wollte, blätterte ich in meinen Gedanken nach und versuchte mir daraus ein kleines Bild zu machen. Nach und nach erschloss sich für mich manche Eigenschaft.

Seine Mutter, mit der er vorher gemeinsam in der Wohnung gelebt hatte, war seit geraumer Zeit verstorben. So lebte er allein, einsam und zurückgezogen. Diese Situation bedingte wohl, dass er keine Partnerin an seiner Seite hatte. Er führte ein in sich gekehrtes, halt ein stilles Leben. Nach der Wende verlor er, vermutlich nicht aus eigenem Verschulden, seine Arbeit. Durch seinen zu stillen Charakter oder vielleicht wegen fehlender Qualifikation war es für ihn bestimmt schwer, eine neue Arbeit zu finden. Er war nicht der, der Ämtern laufend auf den Geist geht und mit Druck eine Arbeit erkämpfen kann. Resigniert fand er sich wohl damit ab, dass man ihn nicht mehr brauchte. Er bestritt sein Leben auf der Basis des Arbeitslosengeldes oder auf Hartz IV. So schlug sich Herr Wegerich schlecht und recht durchs Leben. Mit seinem geringen Einkommen hatte er das Sparen wohl recht gut erlernt und so sammelte er Holz, um sich eine warme Wohnung zu sichern.

Aber es galt, unabhängig vom sozialen Blickwinkel auf unsere Mieter, die täglichen Arbeitsaufgaben für meinen Arbeitgeber zu erfüllen. Mehr zunächst nicht. Deshalb wollte ich eine unkomplizierte Klärung an Ort und Stelle erreichen. Ich klingelte an der Tür des mutmaßlichen „Übeltäters". Der Mieter öffnete nicht. Er war bestimmt nicht zu Hause. Ein klärendes Gespräch konnte dadurch nicht sofort erfolgen und ich schrieb den vermeintlichen Mieter an. Herr W. wurde zu uns ins Unternehmen eingeladen. Wie war seine Reaktion? Nun, als pünktlicher und genauer Mensch erschien er überpünktlich zum Termin. Die Sachlage wurde kurz erläutert. Auf meine Frage hin gab er etwas aufgeregt zu, dass er die Wohnung als Holzdepot nutzte. Ihm war es peinlich und er schämte sich, weil er so gehandelt hatte und da er als sehr genauer Mieter galt, dabei auch noch ertappt wurde. Nachdem wir besprochen hatten, was zu besprechen war und damit, was sich gehört und was nicht, und was das Vertrauen nachhaltig stören kann, entschuldigte sich der Mieter mehrmals. Wir verdeutlichten ihm, dass, wenn er bestimmte Wünsche oder Anliegen hätte, er sich gern beim Vermieter melden könne. Nach vorhandener Möglichkeit würden wir ihm jederzeit helfen. Aber eigene Aktionen, wie die Nutzung und die Beschlagnahme einer fremden Wohnung sowie dazu noch die Anfertigung oder Nutzung von weiteren Schlüsseln, verbaten wir uns mit Nachdruck. Herr Wegerich wurde diesbezüglich ermahnt. Außerdem erhielt er die Auflage, die widerrechtlich belegten Räume bis zu einem genannten Termin zu räumen. Er bat um einen zusätzlichen Raum, wo er das viele Holz einlagern könne. Da es in diesem Haus, durch Wohnungsleerstand mehrere leere Keller gab, wurde ihm ein Keller zugewiesen. Dorthin konnte er sein Feuerholz transportieren und einlagern. Die unberechtigt belegte Wohnung wurde geräumt und die Schlüssel für seinen bisherigen „Lagerplatz" eingezogen. Die Ordnung, für die der Verwalter zu sorgen hat, wurde damit wieder hergestellt. Ich denke, dass Herr Wegerich allerhand dazu gelernt hat.

Mir ging es bei dieser Erzählung weniger darum, eigenwilliges Handeln eines Mieters zu beschreiben. Vielmehr ist es mir wichtig aufzuzeigen, was man aus bestimmten Verhaltensweisen und Taten herauslesen kann. Auch finde ich es immer wieder spannend, welche Charakter- bzw. Persönlichkeitseigenschaften man aus dem Umfeld eines Menschen durch sein aktives, vergegenständlichtes Wirken und die damit verbundene „Rückspiegelung" zuordnen kann. Wesentlich ist es wohl, dass man solche Schlussfolgerungen äußerst vorsichtig nutzt. Ich möchte nicht, dass man Menschen, vielleicht auch unbewusst, mit einem „Schubladendenken" begegnet. Die Vielfalt unserer Menschen, die Buntheit der Persönlichkeiten, denen wir im Leben begegnen, sprengt jeden denkbaren Rahmen. Mit einem „Schubladendenken" kommt man nicht weit, vielmehr kann es unsere zwischenmenschlichen Beziehungen stark und nachhaltig stören. Auch besteht die Gefahr, dass man mit solchen Denkweisen vielen Menschen großes Unrecht zufügt.

Episode 16

Ein falsches Dach

Diese wahre Geschichte konnte sich wohl so nur auf dem Boden der DDR zutragen. Die Erzählung gewährt einen weiteren Einblick in das damalige, in das sozialistische Wirtschaftssystem. Natürlich gilt dies auch für die daraus resultierenden Folgen.

Nahezu alle Altbauten unserer Stadt, die wir verwalteten, wiesen einen enormen Rückstand im Bereich der Instandhaltung auf. Im übergroßen Ausmaß waren die Dachflächen der meisten Häuser defekt und mehr als verschlissen. Die Menschen sehnten sich nach einem Dach, was dicht war und dem Wetter die Stirn bieten konnte. Trotz der hohen Wartezeit für Reparaturen geduldeten sich die Mieter und hofften immer wieder auf die lange ersehnte Instandsetzung ihres Hausdaches, mindestens aber auf eine kleine Notreparatur. Komplette Dacherneuerungen waren damals kaum möglich. Die vorhandenen Kapazitäten waren äußerst rar und wir als Verwalter der Häuser waren froh, wenn mal wieder eine Dachhaut abgedichtet, d.h. zum Teil repariert wurde. Die Verärgerung unserer Mieter konnte damit, wenigstens zeitweise, gebremst werden.

Eines Tages, ich kann mich daran noch gut erinnern, wurde die Tür zu meinem Arbeitszimmer stürmisch aufgerissen und ein Dachdeckermeister, stark von Statur, stand mit hochrotem Kopf, verlegen und sehr aufgeregt vor mir. Er begann das Gespräch stockend und wie bereits gesagt, überaus aufgeregt. Es war wie ein Geständnis, eine Beichte. Als wenn er eine fürchterliche Tat begangen hätte, schilderte mir der Meister sein Vergehen. Ich schätzte seinen systolischen Blutdruckwert, bedingt durch den feuerroten Kopf, auf weit über 200 mmHg. Schleppend erzählte er mir, dass er den vorliegenden Auftrag, den er von uns erhalten hatte, nicht erfüllt habe und dass ihm dabei ein großes und peinliches Malheur passiert sei. Er entschuldigte sich immer wieder für diese Sache. Was war denn eigentlich so schlimm und was war passiert?

Langsam und bei seiner immer wieder stockender Erzählung erfuhr ich, dass sein Missgeschick darin bestand, dass er aus Versehen das Dach eines anderen Hauses, auf einer ganz anderen Straße, repariert habe. Dafür hatte er aber gar keinen Auftrag. Er wusste selbst nicht, wie ihm der große Fehler passieren konnte. Da das reparierte Dach auch in einem sehr schlechten Zustand gewesen war, habe er viel Material und Arbeitskraft in die Reparatur des Daches investiert. Nun stand er vor dem Problem zu seinem Geld zu kommen.

Im Zimmer wurde es ganz still. Ich war überrascht, verblüfft und sprachlos. Die Situation war sehr außergewöhnlich. Der Gesundheitszustand des Meisters, so empfand ich, war nach wie vor bedenklich. Bedingt durch die große Aufregung konnte er nur die Straße, in der das Dach repariert wurde, nennen, nicht aber die Nummer des Hauses. Schrittweise und nach und nach konnten wir etwas Licht in das Dunkel bringen und klären, welche Hausnummer das Haus besitzt und um welches Grundstück es sich eigentlich handelte.

In Gedanken versuchte ich die unklare Lage zu ordnen. Langsam wurde mir das peinliche Ereignis immer bewusster. Nun, was war zu tun? Wie konnte man die fatale Situation entschärfen oder lösen? Auf diesen Betrieb konnte ich, bei den wenigen Handwerkern, die uns zur Verfügung standen, beim besten Willen nicht verzichten. Ich brauchte den Handwerksmeister, brauchte unbedingt und dringend seinen Betrieb, auch weil er uns in der Vergangenheit immer eine gute Qualität geliefert hatte. Wir waren auf ihn angewiesen, wollten und durften ihn nicht verlieren.

Wie konnte das Problem aber gelöst werden?

Die unangenehme Angelegenheit ging letztlich leichter zu lösen, als ich es mir anfänglich vorstellen konnte.

Wie es sich im Laufe des Gespräches langsam herausstellte war das Haus, dessen Dach der Meister versehentlich repariert hatte, ebenfalls, wie so viele Häuser unserer Stadt im Besitz des Volkes. Das heißt, es war sogenanntes Volkseigentum und damit hatten wir dieses Haus auch in unserer Verwaltung. Der schlimme Zustand dieses Daches war offensichtlich und uns gut bekannt. Ich versuchte die pikante Situation etwas zu entschärfen. „Regen Sie sich bitte nicht auf und machen Sie sich bitte keine Gedanken mehr", sagte ich zum Meister. Mit den Worten: „Wir werden die Sache schon regeln", versuchte ich den Dachdeckermeister weiter zu beruhigen. Doch noch wusste ich nicht, wie ich die Sache lösen und in Ordnung bringen konnte.

Der Zustand des Daches, welches er versehentlich repariert hatte, war genau so schadhaft, wie das Dach des anderen Hauses, für welches er den Auftrag besaß. Doch schlagartig kam ich zu einer wunderbaren Lösung. Warum sieht man zunächst alles zu kompliziert und mit Schrecken?

Kurzerhand schrieb ich dem Dachdeckermeister für die Reparatur des bereits reparierten Daches den erforderlichen Auftrag einfach im Nachhinein aus. Auf das Vorhandensein der notwendigen Finanzen legte man damals nicht den großen Wert. Weit wichtiger war es, notwendige Reparaturen durchzuführen. Wir kämpften wirklich um jede einzelne Dachreparatur. Nun, ich war froh, dass uns wenigstens ein Dach, wenn auch nicht das vorgesehene Dach, repariert worden war.

Als der Dachdeckermeister den Auftrag für seine bereits durchgeführte Arbeit in der Hand hielt, fiel ihm eine zentnerschwere Last von seiner Handwerkerseele. Er atmete auf und war sehr erleichtert. Zur selben Zeit versprach er mir per Handschlag, dass er das andere Dach ebenfalls und recht schnell reparieren wird.

Als der beim Eintritt ins Zimmer robuste aber fassungslose Handwerker mein Dienstzimmer beruhigt verließ, war ich auch froh gestimmt. Ja, ich freute mich für die Mieter, die schon lange auf die Reparaturen gewartet hatten. Unser Unternehmen erhielt unverhofft, bedingt durch dieses Missgeschick, gleich zwei reparierte Dächer.

Das Versprechen wurde vom Handwerker selbstverständlich eingehalten. Die Arbeiten an sogar zwei Dächern waren somit in kurzer Zeit und zu unserer Zufriedenheit ausgeführt worden. Verständlicherweise freuten sich auch die betroffenen Mieter. Sie waren wirklich überrascht, dass ihre Hausdächer so schnell repariert wurden. Den Grund für die schnelle Reparatur erfuhren sie natürlich nicht. Aus diesem Beispiel kann man auch ersehen, dass ein Schaden nie ohne irgendeinen Nutzen ist!

Die Problematik wurde unbürokratisch und heilend geklärt. Aber diese Art und Weise der Heilung war damals nur in der DDR möglich, wo viele Handwerkerkapazitäten fehlten oder stark begrenzt waren. Für den Verwalter sowie für die Mieter war dieses Vorkommnis ein großer Gewinn und glich fasst einem 5er, mindestens aber einem 4er im Lotto.

Heutzutage wären lange Rechtsstreite oder heftige Auseinandersetzungen denkbar. Zank und nochmals Zank, Forderungen für Material und Leistungen, mit eventuell weitergehenden Konsequenzen, wären nicht auszuschließen.

Wie man daraus ersehen kann, kann oder muss man in den Gesellschaftsordnungen und deren eigenen Wirtschaftssystemen wohl recht unterschiedlich handeln?

Episode 17

Einsam verstorben

Die folgende Geschichte hat mich sehr beeindruckt und handelt von einem Mann. Ich schätze, dass er damals um die dreißig Jahre alt war und sich damit, wie man sagt, im besten Alter befand. Als Kind einer großen Familie war er mir seit längerem bekannt. Er wohnte über viele Jahre in unterschiedlichen Häusern, die meist von unserem Unternehmen verwaltet wurden. Ich will ihm den Namen Eisenhut verleihen.

Er hatte, soweit ich es einzuschätzen vermag, ein recht rustikales, sehr strenges Elternhaus, um das er nicht zu beneiden war. Möglicherweise hatte er durch diese Kindheitserfahrungen eine außergewöhnliche Entwicklung genommen. Wiederholt war es zu heiklen, mir nur teilweise bekannten und wie behauptet wurde, schwierigen Lebenssituationen gekommen. In deren Folge sollte Herr Eisenhut über die örtliche Betreuungsbehörde Hilfe bei dieser komplizierten Lage erhalten. Dafür brauchte er aber auch eine neue Wohnmöglichkeit. Über einen Wohnberechtigungsschein, wie es damals üblich war, sollte ihm eine Wohnung zugewiesen werden. Unser Unternehmen hatte, in Abstimmung mit dem zuständigen Amt, eine schlichte Wohnung in einem Mehrfamilienhaus ausgesucht. Der Mann entschied sich für diese Wohnung und bezog sie auch.

Da mir der Mieter bekannt war, wusste ich auch, dass er eine große Sympathie für alkoholische Getränke besaß. Aus diesem Grunde hatten wir ihm eine beherrschbare Dachwohnung in einem Haus, in dem nur wenige Mieter wohnten, ausgesucht und angeboten. Es war eine kleine und einfache Wohnung. Die einzige Aufwertung seines Heimes bestand in einem WC, was zur damaligen Zeit bei älteren Häusern noch relativ selten war. Der Mann lebte von Sozialleistungen, die er in Form eines Taschengeldes erhielt. Deswegen sprach der

Mann wöchentlich oder in geringen Abständen bei dem Amt vor, wo er sich dann die finanzielle Unterstützung selbst abholte.

Im Haus, in dem Herr Eisenhut wohnte, lebten auch drei liebenswürdige, ältere und überwiegend alleinstehende Frauen. Der Mieter lebte ein einfaches und schlichtes Leben. Es war von einer starken, zumindest aber von einer besonderen, eigenwilligen Art geprägt. Anfangs gab es keine Beschwerden, er fiel kaum auf und war hilfsbereit zu seinen Mitbewohnern. Damit zeigte er den Hausbewohnern bisweilen seine gute Seite. Leider hatte er zum Alkohol, wie bereits gesagt, weiterhin ein ausgeprägtes Verhältnis, welches mehr zu als abnahm. In angetrunkenem Zustand störte er die Nachbarn mit überlauter Radiomusik. Diese war oft bis weit nach Mitternacht im Haus zu hören. Manchmal wurde er sogar gewalttätig und zerschlug Teile seiner kargen Wohnungseinrichtung. Natürlich entstand bei diesen Tätigkeiten ein erheblicher Lärm. Die älteren und friedfertigen Damen aus dem 2. und 3. Geschoss beschwerten sich deshalb wiederholt über sein Verhalten. Diverse Aussprachen wurden zwischen Vermieter und Herrn Eisenhut mehrfach und sachlich, auch im Beisein der älteren Damen geführt.

Theoretisch sah er ja vieles ein. Durch die Gespräche sollten bei Herrn Eisenhut Verständnis und Einsicht in Hinsicht auf das Alter und das erhöhte und ganz normale Ruhebedürfnis der Damen geweckt werden. Außerdem ging es darum, dass ein gutes Miteinanderwohnen erfolgen soll, dass die Ruhestörungen zukünftig unterbleiben und die Damen beim nächtlichen Schlaf nicht mehr gestört werden. Kurz gesagt, der Hausfrieden durfte nicht weiter gefährdet, vielmehr sollte dieser wieder hergestellt werden. Herr E. gab sein überlautes Verhalten auch zu und meinte, dass er manchmal, trotz lauter Musik, dann und wann eingeschlafen sei. Er versprach sein störendes Verhalten zu ändern. Doch was nützte das alles, wenn derjenige sein Verhalten kaum änderte oder gar nicht ändern konnte? Vielleicht lag der Grund in seiner Krankheit, der bestehenden Alkoholsucht mit den daraus resultierenden Folgen. Letztendlich wurde die Situation immer schwieriger. Zum einen war die Belästigung der Mieterinnen, die direkt unter ihm wohnten, sehr real und andererseits, wenn wir den

Mann kündigten, was durch die nachhaltigen Ruhestörungen rechtlich durchaus möglich war, hätte der Mann keine Unterkunft mehr. Diese Situation war auch den älteren Mieterinnen voll bewusst. Deshalb wollten sie ihm eine nochmalige Chance einräumen und die Forderung nach einer Wohnungskündigung für den Störenfried überdenken. In ihrer Mitmenschlichkeit sahen die Damen wohl die prekäre Lage, in welcher sich der alkoholabhängige Mieter befand. Im Gespräch entschlossen sich die Damen dazu, Herrn Eisenhut diese allerletzte Gunst einzuräumen. Mit ihrem großen Vertrauen hofften sie trotz allem noch auf eine Besserung seines Verhaltens. Dadurch konnte der Vermieter erst einmal von einer fristlosen Kündigung absehen.

Wie entwickelte sich die Lage im Haus?

Wir beobachteten ständig die Entwicklung. Rückfragen bei den älteren Damen ergaben, dass Herr Eisenhut sein Verhalten nun endlich geändert habe. Es drang kein Lärm mehr aus der Wohnung, kein Lärm mehr nach außen. Die Mieter wurden nicht mehr belästigt. Es wurde im Haus ruhiger, ja es wurde sehr ruhig, es wurde zu ruhig.

Bald rief uns seine Betreuerin vom zuständigen Amt an und fragte uns, ob wir etwas über den Verbleib von Herrn Eisenhut wüssten. Er habe sein wöchentliches Taschengeld nicht mehr abgeholt, was die Mitarbeiterin stutzig machte. Das war ganz gegen sein Verhalten, denn sonst sprach er regelmäßig bei ihr vor, um sich sein Geld abzuholen.

Für uns bedeutete das Alarm. Wir als Hauswirt und das Amt, mit dem eine sehr gute Zusammenarbeit bestand, wollten die Sachlage gemeinsam klären. Sogleich stimmten wir einen Termin ab, um nach dem Mieter zu sehen. Unmittelbar danach suchten wir Herrn Eisenhut in seiner Wohnung auf. Doch trotz wiederholtem langem, starkem Klingeln und Klopfen an seiner Wohnungstür erreichten wir nichts. Er meldete sich nicht. Die Bewohner des Hauses, so ging aus einem Gespräch hervor, hatten seit einigen Tagen keine Bewegung in der Wohnung des Mieters mehr wahrgenommen oder ihn im Haus gesehen. Diese Mitteilung wirkte beklemmend auf uns. Deshalb entschlossen wir uns, die Wohnung öffnen zu lassen. Der beauftragte

Schlosser, welcher inzwischen eingetroffen war, teilte uns mit, dass die Tür verschlossen sei und der Schlüssel innen im Schloss steckte. Schnell wurde die Tür durch den Fachmann geöffnet und wir betraten die Wohnung. Der Mann lag bewegungslos auf dem Sofa, welches als Bettstatt diente. Zahlreiche Blutspuren waren auf dem Bettzeug und den Fußbodenbelägen vorhanden. Darüber hinaus sahen wir auch viel Blut in einem Eimer. Es erweckte den Anschein, als hätte der Mann jede Menge Blut erbrochen. Augenblicklich wurde eine Ärztin angefordert, die auch schnell eintraf. Leider konnte sie nur noch den Tod des Mannes feststellen. Danach wurde der Verstorbene von einem Beerdigungsdienst abgeholt und einer Obduktion zugeführt, bei der die Fragen geklärt wurden, wie und woran der Mieter verstorben war.

Solche schlimmen Erlebnisse und das gesehene Leid haben mich immer sehr tief berührt und traurig gestimmt. Ich empfinde heute noch, dass solche schwierige Situationen seelisch sehr schwer zu verarbeiten sind. Wie enttäuschend ist es, wenn ein Mensch in unserer hochentwickelten Zeit auf diese Art und Weise so verstirbt. Ich kenne zu wenig aus seinem Leben, seiner Kindheit, seiner früheren Arbeitswelt, von den großen Schwierigkeiten, die er hatte, um sein Leben mit diesem traurigen Ende zu verstehen.

Dürftig war die Einrichtung in seiner Wohnung, in der wir den Mieter liegen sahen. In seiner Wohnung sah ich auch nichts, was auf Geborgenheit, auf eine feste Beziehung, auf Freude und Lust am Leben hinwies. Vermutlich war der Tod des Mannes die Folge seines Verhaltens zum Alkohol. Trotz allem, er war ein Mensch und ich finde es immer wieder sehr bedauerlich, wenn ein Mensch so von dieser Welt scheidet.

Von Mitleid geprägt erlebte ich ein Bruchstück seines Lebens und den tragischen Ausgang mit. Allein durch seinen tragischen Tod waren alle Probleme, die ganzen Unannehmlichkeiten der Mitmieter und die, die wir mit ihm hatten, wie weggeblasen, weggeweht und gegenstandslos. So ging ein kurzes, karges, aber dennoch wertvolles Menschenleben still zu Ende.

Wie ich anschließend erfuhr, hatte er seine Mutter zu seinen Lebzeiten sehr umsichtig und aufopfernd bis zu ihrem Ableben gepflegt. Ihm hatte diese Aufgabe wohl unbewusst etwas Halt und Lebenssinn gegeben. Nach ihrem Tod entstand für ihn sicher eine große Leere, weil er vermutlich keine Aufgaben mehr hatte. Dafür nahmen seine Probleme verstärkt zu und überschatteten ihn immer mehr, bis zur völligen Dunkelheit.

Zu einem späteren Zeitpunkt sagte man mir, dass seine Geschwister eine einfache Bestattung ihres Bruders, entsprechend ihren finanziellen Möglichkeiten, vorgenommen und sich die Kosten dafür geteilt hätten. Herr Eisenhut hatte damit einen letzten Liebesdienst seiner großen Familie erhalten, was mich auf Grund seines einsamen und dramatischen Todes im Nachhinein wiederum freudig berührte.

Episode 18

Peinlichkeit

Dieses Vorkommnis geschah in den 70er Jahren, also in der DDR-Zeit. Die genaue Jahreszahl ist mir leider entfallen. Damals gab es einen strengen Winter und die Menschen in unserer Stadt waren über mehrere Tage dem starken Frost ausgesetzt. Die Temperaturen lagen über einen besonders langen Zeitraum im tiefen Frostbereich. Die Wärme aus den Häusern ging mehr und mehr verloren. Der Frost kroch unaufhaltsam und immer tiefer in die alten Bausubstanzen. So erging es auch einem großen und alten Haus, welches sich heute noch an einem historisch wichtigen Platz unserer Stadt befindet. Unter dem Dach des ehrwürdigen Hauses wohnten mehrere Mietparteien. Es gab junge Leute mit kleinen Kindern, aber auch ältere, allein lebende Menschen.

Es ist zwar eine peinliche Geschichte, über die ich berichte, aber das Leben bietet nicht nur Freude. Auch bei unerfreulichen Erlebnissen kann man im Nachhinein noch zum Nachdenken oder Schmunzeln kommen.

Eine junge Familie aus dem Haus sprach bei uns vor und teilte uns ihren Ärger mit. Sie habe seit ein paar Tagen kein Trinkwasser mehr in ihrer Wohnung. Vermutlich sei die Wasserleitung eingefroren, deshalb beauftragten wir einen Installateur, der die Wasserleitungen bei der Familie und in den anderen Wohnungen überprüfen und den Mangel beheben sollte. Kurz darauf erhielten wir die Rückmeldung, dass die Leitung in der darunterliegenden Wohnung bestimmt eingefroren ist. Die Familie, die darüber wohnte, hatte jedenfalls kein Wasser mehr. Somit konnte die Ursache nur in der darunterliegenden Wohnung, in der eine ältere Mieterin wohnte, liegen. Doch die alte Dame war, wie sich herausstellte, verreist. Bei uns, als der Vermieter, hatte die Frau keine Information hinterlassen, dass sie über einen längeren Zeitraum abwesend sei und wer den Schlüssel für die Wohnung besaß. Die anderen Hausleute konnten auch nicht weiterhelfen. Die Mieterin hatte nirgends Schlüssel oder Hinweise hinterlassen, obwohl in den damaligen Mietverträgen bereits feste Regelungen für solche Situationen festgeschrieben waren. Vermutlich hatte das die alte Dame nicht beachtet. Die junge Familie mit den kleinen Kindern hoffte darauf, dass die Mieterin der besagten Wohnung schnell heimkommen würde.

Eine gründlichere Befragung von Personen in der Nachbarschaft blieb ebenfalls ohne Erfolg. Niemand war im Besitz eines Wohnungsschlüssels oder einer Adresse von Angehörigen, an die wir uns hätten wenden können. So erhielten wir keinerlei Hilfe.

Die Hausleute wussten auch nicht, wie lange Frau Iris, so will ich die alte Dame hier nennen, fortbleiben würde. Alles was wir erfahren hatten, war, dass die Frau zu Besuch in Westdeutschland bei Verwandten ist.

Wir konnten die Mieterin also nicht erreichen. Selbst wenn uns eine Telefonnummer von Verwandten in Westdeutschland bekannt gewesen wäre, hätte uns das kaum geholfen, denn ein Telefonat aus der DDR nach Westdeutschland war zur damaligen Zeit, auch für solche Fälle, kaum vorstellbar. Die Telefongespräche mussten angemeldet werden und irgendwann einmal, meist nach vielen Stunden Wartezeit, wäre vielleicht eine Verbindung, wenn wir absolutes Glück hatten, zustande gekommen. Ein Verwalter wäre dann kaum noch im Unternehmen gewesen. Hilfe für die Familie über diese Möglichkeit war also kaum denkbar. Einige Tage vergingen. Die Familie hatte weiterhin kein Trinkwasser. Die Leute besorgten sich das notwendige Wasser anderweitig. Aber diese Einschränkung war nur über einen kleinen Zeitraum akzeptabel. Eine Abänderung wurde immer dringender, da mit dem wenigen Wasser, was hinaufgetragen wurde, der Bedarf für das Kochen und der Trinkbedarf kaum gestillt werden konnte. Auch die hygienischen Grundbedürfnisse, wie das Baden der Kinder, konnten durch den Wassermangel nicht mehr durchgeführt werden.

Was war nun zu tun? Der Rechtsweg wurde durch die lange Bearbeitungszeit beim Gericht ausgeschlossen. Unter Abwägung aller Möglichkeiten entschloss sich unser Betrieb, die Wohnung im Beisein von Zeugen zu öffnen und die Wasserleitung zu überprüfen sowie alle notwendigen Maßnahmen durchzuführen. Die Leitung sollte auch isoliert werden, damit die Wasserversorgung für die obere Familie gesichert bleibt und ein möglicher Rohrbruch ausgeschlossen wird. Es galt das Gebäude und die Wohnungen vor Schäden zu schützen.

Am Tag vor der geplanten Öffnung war ich nochmals im Haus, um zu erkunden, ob Frau Iris inzwischen heimgekommen ist. Ich klingelte wieder mehrmals und langanhaltend an ihrer Wohnungstür. Alles vergebens, es öffnete niemand. Die Wohnungsöffnung wurde damit für den kommenden Tag vorgesehen. Verschiedene Zeugen sowie ein bekannter Schlossermeister wurden kurz über die bevorstehenden Wohnungsöffnung informiert und ein entsprechende Auftrag erteilt.

Alle Beteiligten standen zum Öffnungstermin erwartungsvoll im Haus. Das war ein ungewohnter Auflauf im Hausflur. Ich war sehr aufgeregt, weil es meine erste Wohnungsöffnung war, denn in der DDR - Zeit wurden Wohnungen, zumindest durch Betriebe, als heilig betrachtet. Es war damals nicht oder kaum üblich, Wohnungsöffnungen durchzuführen. Selbstverständlich durfte die geplante Öffnung der Wohnung nur in Rücksprache und mit Genehmigung der Vorgesetzten erfolgen. Diese Erlaubnis hatte ich bereits erhalten. Nun galt es, die verwaiste Wohnung der abwesenden Mieterin im Beisein von Zeugen zu öffnen. Der Schlossermeister, welcher auf alte Türen spezialisiert war, konnte die Tür nicht so leicht öffnen. Die große, massive Wohnungstür widerstand beharrlich all seinen Anstrengungen. Der kräftige Meister versuchte die zweiflüglige Tür mittels Hebelwirkung aufzubiegen. Diese Tätigkeit verursachte entsprechenden Lärm. Durch den Halleffekt des großen Hausflures war der Krach erheblich. Der alte Schlossermeister schwitzte, keuchte und schnaufte bei der anstrengenden Arbeit. Die anwesenden Personen warteten erwartungsvoll und voller Spannung auf die Öffnung. Da - auf einmal - wie durch Geisterhand, öffnete sich nahezu lautlos die große, schwere Wohnungstür. Alle Anwesenden schauten gebannt, verdutzt und mehr als überrascht auf die Gestalt, welche plötzlich im Türrahmen erschien. Es war die mir bislang unbekannte alte Dame, die Mieterin Frau Iris. Sie stand wie ein Gespenst da, mit einem langen, weißen Nachthemd bekleidet, erschrocken und äußerst blass in der Wohnungstür. Doch nicht nur die Mieterin, wir alle, Handwerker, Verwalter und Zeugen, waren mehr als erschrocken. Nachdem das Erschrecken bei allen Beteiligten nachließ, entwickelte sich stockend und langsam ein Gespräch. Was war passiert, was war geschehen?

Frau Iris ergriff die bewundernswerte Initiative und begann das Gespräch, wenngleich auch ziemlich verschlafen. Sie fragte uns, was denn los sei und was wir alle und so zahlreich wollten. Ich erklärte ihr den Sachverhalt und sagte, dass die junge Familie, welche über ihr wohnt, seit etlichen Tagen ohne Wasser ist. Auf Grund ihrer längeren Abwesenheit wäre wohl die Wasserleitung in ihrer Wohnung eingefroren. Schlaftrunken, wie sie so vor uns stand, sagte sie: „Ich bin noch ganz verschlafen und wurde durch den großen Lärm aus dem Schlaf gerissen und bin nahezu kopflos aus dem Bett gesprungen. Vor ein paar Stunden bin ich müde aus Westdeutschland heimgekommen und bin gleich schlafen gegangen. Zum Heizen bin ich noch nicht gekommen." Na toll, aber mir wurde sofort klar, da hatte ich einen großen Fehler gemacht. Bevor wir zur „Türöffnung" schritten, hatte ich es versäumt, nochmals laut und stürmisch zu klingeln und zu prüfen, ob Frau Iris inzwischen wieder daheim ist. Es war eine recht peinliche Situation, die alle Umstehenden augenblicklich mit erfasste. Auf der einen Seite, in der Tür stehend, Frau Iris, ein altes Mütterchen im langem Nachthemd und nicht nur durch die Kälte zitternd. Und auf der anderen Seite, der ratlos dreinblickende Handwerker mit dem Verwalter und die vielen Zeugen, die durch ihr Beisein für einen ordentlichen Ablauf sorgen wollten.

Schnelle Reaktion war gefordert. Ich dankte blitzartig dem Handwerker und allen Zeugen für ihren kräftigen Einsatz. Nun hatte sich ja alles geklärt. Die „Versammlung" löste sich im Handumdrehen auf.

Aber nicht nur ich, nein, auch das alte Mütterchen im Nachthemd, wir beide hatten ein schlechtes Gewissen durch diesen Vorfall.

Wie Frau Iris mir dann erklärte, hatte sie für ihre Abwesenheit niemandem den Schlüssel für ihre Wohnung anvertraut und ebenso keinerlei Vorkehrungen in Hinsicht für eine Frostvorsorge getroffen. Über eine Entschuldigung der Frau an die obere Familie sowie an mich als Verwalter hätte ich mich sehr gefreut. Ich kann mich aber beim besten Willen nicht daran erinnern.

Doch ich denke, dass alle Anwesenden aus diesem fatalen Ereignis gelernt haben. Es war doch eine außerordentliche Lehre, gepaart mit Schrecken, Aufwand und letztendlich großer Peinlichkeit für alle Beteiligten.

Episode 19

Bizarrer Kriminalfall

Mein ehemaliger Kollege hatte diese böse Geschichte erlebt und sie mir berichtet. Ich will diese kurz wiedergeben:

Es war im März 2006, an einem Freitagmittag, kurz vor dem Arbeitsschluss. Ein Wohnhaus unseres Unternehmens sollte zum Kauf angeboten werden. Zu diesem Zweck wurde mit dem Kaufinteressenten die von ihm gewünschte Besichtigung des Grundstückes durchgeführt. Das noch gut anzuschauende Haus war seit längerer Zeit leer und ohne Mieter. Die Tür des Hauses war gesichert und verschlossen. Die Zähleinrichtungen für Wasser, Gas und Strom waren mit dem Auszug der letzten Mieter fachgerecht zurückgebaut und entfernt worden. Das Grundstück und das Wohnhaus wurden in regelmäßigen Abständen kontrolliert. Besonders war darauf geachtet worden, dass Unbefugte das Haus nicht betreten können. Das Augenmerk wurde bei den Begehungen immer auch auf den baulichen Zustand des Objektes gelenkt, denn Gefahren für Anwohner sollten nicht entstehen.

Doch an diesem Tag, als mein Kollege und der Käufer das Haus besichtigten, stellte man ein ganz merkwürdiges Vorkommnis fest. Irgendjemand hatte das Haus widerrechtlich betreten und sich in einer Wohnung zu schaffen gemacht. Mein umsichtiger Kollege sah ganz wundersame Veränderungen in der Erdgeschosswohnung. Was er dort erblickte und feststellte, gab ihm sehr zu denken. Die vorgefundenen Gegenstände und Apparaturen ließen sogar eine Straftat vermuten. Die „Alarmglocken" schrillten und er sah sich gezwungen, die zuständige Polizeidienststelle zu informieren.

Später schilderte mir mein Kollege den Sachverhalt in etwa so:

„Ich bemerkte, dass der verplombte Stromverteilerkasten unbefugt geöffnet worden war. Von diesem Verteiler verlief eine provisorisch und unsachgemäß verlegte Elektroleitung in die Erdgeschosswohnung.

In der Wohnung befand sich ein Elektrokocher mit einer entsprechenden Apparatur und Gasflaschen. Von dieser Apparatur verlief ein Schlauch, der über eine Wanddurchbohrung in das angrenzende Zimmer eines Privathauses, geleitet wurde."

Die herbeigerufenen Polizisten waren schnell am Ort. Weil auch sie nach der Besichtigung eine Straftat vermuteten, wurden Kriminalisten aus einer entfernten Stadt zur Untersuchung des Falles angefordert. Es vergingen einige Stunden, bis die Experten im Haus eintrafen, den Sachverhalt aufnahmen und die Spurensicherung sowie weitere Maßnahmen einleiteten. Dieser Tag wurde für meinen Kollegen ein aufregender und ein besonders langer Freitag.

Durch das im Haus Miterlebte und aus dem Ergebnis der umfangreichen Ermittlungen ergab sich, im Nachhinein gesehen, folgendes Bild:

Ein 39 jähriger Mann hatte sich auf eigene Faust Zugang zu unserem Haus verschafft und sich illegal an die Stromverteilung angeklemmt. Danach versteckte, baute und installierte er eine Vergiftungsanlage. Man rekonstruierte den Fall und kam zu folgendem Ergebnis. Mit Hilfe eines Elektrokochers wurde Quecksilber erwärmt und verdampft. Die sehr giftigen Quecksilberdämpfe wurden von unserem Haus aus durch ein Loch in der Wand in das Nebenhaus, in die Nachbarwohnung, in ein Zimmer geblasen. Das angrenzende Zimmer war aber ein Schlafzimmer in dem seine ehemalige Lebensgefährtin, das gemeinsame Kind und der neue Freund schliefen. Sie alle sollten wohl mit den giftigen Quecksilberdämpfen vergiftet oder gesundheitlich geschädigt werden. Ich finde, dass sich der Täter mit dieser Idee einen bösen, ja höllischen Plan ausgedacht hatte. Dabei entwickelte er eine große kriminelle Energie und dies mit reichlicher Tatkraft.

Glücklicherweise konnte diese Vergiftungsvorrichtung nur kurze Zeit funktionieren und der Anschlag auf Menschenleben wurde beizeiten durch einen Mitarbeiter unseres Unternehmens bemerkt und gestoppt. Dadurch wurden bestimmt größere gesundheitliche Schäden für die betroffenen Personen verhindert.

Wie aus der Sächsischen Zeitung, Bericht von Jenny Ebert vom 15./16.03.2008*, aber auch von Beteiligten zu erfahren war, soll die kriminelle Handlung des Angeklagten aus einem Beziehungskonflikt resultieren. Insbesondere die Trennung seiner Gefährtin habe der Täter nicht verarbeiten können. Die Sächsische Zeitung berichtete ausführlich über den Fall bzw. über den Prozess. Das Gerichtsverfahren wurde sehr spät, erst ca. zwei Jahre nach der Tat, im Jahr 2008, durchgeführt. Nun, wie es auch sei, gut war es, dass das Leben der Familie durch eine Hausbegehung gerettet oder zumindest größere gesundheitliche Schäden abgewendet werden konnten. Auch dem beherzten, schnellen Eingreifen meines Kollegen sind heute noch Dank und Anerkennung zu zollen.

Besonders schlimm wäre es wohl gewesen, wenn die Sache nicht rechtzeitig entdeckt worden wäre. Die Quecksilberwerte bei den Betroffenen waren in Blut und Urin bereits erhöht, aber Gott sei Dank wohl noch zu gering, um von größeren Schäden sprechen zu können. Über eine Kontaminierung der Bausubstanz in der betroffenen Wohnung wurde wenig berichtet.

Der Täter hatte sich in psychologische Behandlung begeben. Auf Grund des zeitigen Geständnisses, der seelischen Verfassung sowie des leeren Vorstrafenregisters des Angeklagten wurde ein mildes Urteil gesprochen. „Zwei Jahre Freiheitsstrafe auf Bewährung …. dazu mehrere Auflagen, wie 150 Stunden gemeinnützige Arbeit, Zahlung von 2000 Euro an die Geschädigte…., Tragen aller Gerichtskosten sowie Fortsetzung der begonnenen Therapie bei einer Psychologin"**. (s. Quellenangabe)

Mit dem genannten Urteil möchte ich mich aus diesem Prozess „entfernen". Ich weiß nicht, ob es weitere Verfahren mit geänderten Urteilen gab, da dies für meine Erzählung letztlich nicht von Bedeutung sein soll.

Die Geschichte soll die Vielfältigkeit aufzeigen, die der Beruf eines Verwalters mit sich bringen kann. Oft bietet diese Tätigkeit ungewollten Zugang zu den recht verschiedenen Ebenen des Lebens. Häufig wird nach einer zivilen Courage und nach einem Einmischen verlangt. Aber Zivilcourage wird nicht nur bei dieser Tätigkeit verlangt. Nein, zunehmend wird von jedem Bürger Zivilcourage und verstärkter Einsatz für die Mitmenschen verlangt und erwartet. Sei es, dass der Nächste dringende Hilfe oder gar Schutz für sein Leben oder für seine Gesundheit benötigt. Auch der Einzelne von uns kann manchmal in schwierige Situationen kommen, dass er selbst der Hilfe bedarf und da ist es gut, wenn eine helfende Hand, ein couragierter und liebevoller Mensch aktiv für ihn da ist.

Episode 20

Frau Haselwurz und ihr Nachbar

In einem Neubaugebiet lebte, eine mir schon seit vielen Jahren bekannte resolute, ältere und liebe Dame. Äußerlich wirkte sie sehr korpulent, leicht quadratisch und war nicht groß. Sie war eher arm als reich. Da ich sie bereits länger kannte, kann ich sagen, dass sie eine gute Seele hatte und ein goldenes Herz besaß. Das galt nicht nur für ihre Familie. Auch für ihre Mitbewohner hatte sie stets ein gutes Wort, einen feinen Blick, gepaart mit viel Humor.

Das Verhältnis zwischen Mieter und Vermieter war recht gut. Wir verstanden uns über eine herzhafte, aber stets unkomplizierte Art und Weise, die der Mieterin eigen war. Sie sprach mich immer mit meinem Familiennahmen an und verzichtete auf Schnörkelhaftes, auf Anreden, zum Beispiel wie „Herr" oder „Sie". Im Stillen gab ich ihr den Namen „Mutter Haselwurz" und suchte, um mit ihr auf gleicher Wellenlänge zu sein, auch immer nach einer besonders schlichten Anrede.

Eines Tages rief mich die Frau an und berichtete mir, dass ihr Nachbar, der mit auf der gleichen Etage wohnte, sein Mittagessen, dass immer von einem Unternehmen angeliefert wurde, nicht mehr annahm. So sagte sie mir etwa folgendes: „Guckt doch mal bei meinem Nachbarn nach, hoffentlich ist ihm nichts passiert. Er nimmt sein geliefertes Mittagessen nicht an und aufs Klingeln meldet er sich auch nicht. Ich habe ihn auch längere Zeit nicht mehr gesehen."

Selbstverständlich nahmen wir solche Mitteilungen ernst und klärten diese Fragen immer recht schnell. Zu diesem Zweck versuchte ich, kurz nach der Information mit dem Mieter Kontakt aufzunehmen. Starkes und langanhaltendes Klingeln und Pochen an der Wohnungstür des Mieters blieben ohne Erfolg. Wie bei ähnlichen Fällen, auch hier reagierte der Mieter nicht. Er meldete sich einfach nicht. Da sich die Wohnung im Hochparterre befand, wollte ich immerhin von außen einen Blick in die Wohnung des Mieters wagen. Dazu borgte mir

Mutter Haselwurz ihre Stehleiter, denn die Einsicht in die Wohnung war nur mittels einer Leiter und von der Straßenseite aus möglich. Vielleicht konnte ich mit einem Blick durchs Fenster die Lage besser beurteilen und weitere Erkenntnisse gewinnen. Nun, mithilfe der Leiter versuchte ich, in die Zimmer des Mieters zu schauen. Aber die langen Fenstervorhänge, die bis zum Fensterbrett hinunter hingen, versperrten mir die Sicht. Deshalb versuchte ich mich beim Mieter bemerkbar zu machen und klopfte mehrmals an die Fensterscheiben. Es geschah nichts. - Doch dann sah ich eine Vielzahl von kleinen Fliegen, die ich zunächst gar nicht wahrgenommen hatte. Diese „tummelten" sich, wahrscheinlich durch das Klopfen aufgeschreckt, recht zahlreich innen an den Fensterscheiben. Damit wurde mir bewusst, dass die Lage doch ernst war. Was war mit dem Mieter geschehen? Warum meldete er sich nicht, war er krank und brauchte Hilfe? Wir mussten der Sache weiter nachgehen und deshalb hielten wir Rücksprache mit der örtlichen Polizeidienststelle. Es wurde uns wieder einmal geraten, die Wohnung zu öffnen.

Die erforderlichen Maßnahmen zu der Wohnungsöffnung wurden eingeleitet. Gegen Mittag war es, als die Wohnung des Mieters, ich will ihn Herrn Augentrost nennen, von einem Schlossermeister geöffnet wurde. Die Korridortür, so stellte sich die Lage da, war von innen verschlossen und auch der Schlüssel steckte von innen. Die Sorge um das Leben unseres Mieters wurde größer. Die Wohnungsöffnung dauerte länger als gewohnt. Als Zeugen waren Polizisten vom Polizeirevier, eine engagierte, energische Mitarbeiterin aus unserem Unternehmen und ich als zuständiger Verwalter anwesend. Schließlich erhielten wir Zutritt zur Wohnung. Die vorgefundene Situation war wieder einmal sehr ergreifend. Die Fenster der Wohnung waren, wie bereits erwähnt, mittels dichter Vorhänge verhangen. Aus diesem Grund drang das Tageslicht nur spärlich in den Wohnraum. Bedingt durch die Düsterheit wirkte alles farblos, fade und recht gespenstisch. Herrn Augentrost fanden wir leblos in seinem Wohnzimmer auf. Der Mann lehnte sitzend auf dem Sofa. Er lag einerseits an der Rückenlehne seines Sofas über die Sitzfläche bis fast zum Teppichboden. Andererseits berührten seine

Füße nicht den Teppich, weil seine Oberschenkel auf einem Eimer lagen und sein Körper damit einen gewissen Halt hatte. Herr Augentrost war kaum bekleidet und vermutlich schon seit mehreren Tagen tot. Der bereits angetrocknete Leichnam wurde, wohl bedingt durch die eingetretene Leichenstarre, in dieser Position gehalten. Durch eine längere Liegezeit in der zentralbeheizten und recht warmen Wohnung, so vermuteten wir, hatte die Verwesung des Körpers bereits begonnen. Im Zimmer war ein eigenartiger, ein süßlicher Geruch vorhanden. Offensichtlich und leider auch dieses Mal waren wir zu spät gekommen und konnten nicht mehr helfen.

Die das Tageslicht behindernden Vorhänge wurden aufgezogen und die Fenster geöffnet. Die dringend benötigte Frischluft strömte ungehindert ins Zimmer und wir konnten endlich besser atmen. Nun konnten wir uns in der Wohnung etwas umschauen. Wir sahen etliche Stapel mit angelieferten Essportionen. Diese standen teils geöffnet, meist aber ungeöffnet in der Wohnung. Manche Portionen waren vom Mieter zwar angenommen, aber wie wir ersehen konnten, kaum oder gar nicht mehr gegessen worden. Warum konnte er die Nahrung nicht mehr zu sich nehmen und warum hatte er nicht Hilfe gesucht? Viele Fragen schossen uns durch den Kopf. Doch in solchen Situationen kann man mit den Anwesenden nicht darüber sprechen. Was nützt es auch, denn die vorgefundene Situation war leider unumkehrbar.

In der kleinen Küche war es, schlicht gesagt, sehr unordentlich und wir fanden reichlich Müll vor. Auf dem Herd befand sich in offenen Töpfen weiteres Essen. Es roch stark säuerlich und der Blick in den Küchenraum war für uns sehr ekelig.

Was konnten wir, was mussten wir noch tun?

Bevor der Verstorbene durch einen Bestattungsdienst abgeholt werden kann, ist ein Totenschein erforderlich. Diesen kann aber nur ein Arzt ausstellen. Ein Polizist rief deshalb im Krankenhaus an und bat um einen Arzt, der diese Formalitäten erledigen sollte. Wir erhielten eine sehr befremdliche Antwort. Ein Arzt sei erst abends gegen 19.00 Uhr verfügbar. Sollten wir bis dahin etwa bei dem Verstorbenen warten, Wache halten oder gar die Wohnung offenstehen lassen? Das war für uns keine Lösung. Ja, wir empfanden die Situation als sehr unangenehm und als unzumutbar. Aus diesem Grunde leisteten wir wieder einmal detektivische Arbeit, damit eine schnellere und bessere Lösung für alle Beteiligten gefunden werden konnte. Natürlich befragten wir auch einige Hausleute, sehr bedeckt und vorsichtig. Aber keiner konnte uns weiterhelfen. Niemand konnte uns Angehörige, Bekannte oder Freunde nennen. In Gesprächen mit den Nachbarn versuchten wir auch, den Hausarzt des Mieters zu ermitteln. Es war sehr schwierig, aber schließlich klappte es doch noch. Meine Kollegin und ich riefen die Ärztin an und fragten, ob sie Herrn Augentrost als Hausärztin behandelt habe. Als sie dies bejahte, schilderten wir die Situation und baten um die vorgeschrieben Feststellung der Todesursache, zumal sie ihren Patienten und seine Krankengeschichte ganz bestimmt am besten kannte. Diese Ärztin reagierte schnell und unserer Meinung nach sehr lobenswert. In kaum einer Stunde war sie in der Wohnung des Verstorbenen, führte die Leichenschau durch und stellte das notwendige Dokument aus. Über die anwesenden Polizisten und unter Einbeziehung des Ordnungsamtes konnte danach ein Bestattungsdienst tätig werden.

Um einer Seuchengefahr vorzubeugen hatten wir die Speisen vom Herd, die bereits „lebten", aus der Küche geschafft und entsorgt. Ebenso wurden die über viele Tage gelagerten und gestapelten Essportionen aus der Wohnung entfernt. Den Eimer für die Notdurft, der einen beißenden und süßlichen Geruch im Zimmer verströmte, entsorgten wir ebenfalls. Nun waren wohl die notwendigsten Maßnahmen getroffen, damit Beeinträchtigungen für die Mieter im Haus unterblieben und weitere Schäden in der Wohnung verhindert wurden. Wir wussten, dass wir als Vermieter bis zur Klärung der erbrechtlichen Belange kaum Zutritt zur Wohnung erhalten und unsere Fähigkeit zum Handeln für unsere Verwaltung damit eingeschränkt wird.

Nachdem der Verstorbene eingeholt und die Wohnung verlassen hatte, wurde das Wohnungsöffnungsprotokoll unterzeichnet und die Wohnung durch Mitarbeiter des Ordnungsamtes vorschriftsmäßig abgeschlossen. Das Amt war in diesem Fall für die Ermittlung der

Angehörigen zuständig. Die Schlüssel verblieben bis zur endgültigen Klärung und Ermittlung der Angehörigen im Ordnungsamt. Später wurde ein Nachlassverwalter eingesetzt. Durch ihn erfuhren wir, dass keine Erben vorhanden waren bzw. das Erbe ausgeschlagen wurde. Wertgegenstände und Guthaben seien nicht vorhanden. Deshalb stand wieder einmal unser Unternehmen als Vermieter in der Pflicht, die Wohnung zu räumen und sie für den nächsten Vermietungsprozess, zu Lasten des Vermieters, vorzurichten. Alle erforderlichen Arbeiten wurden bald darauf erledigt.

Ein neuer Mieter, unwissend der traurigen Vorgeschichte, zog in die Wohnung ein und fühlte sich in den neu renovierten Räumen sehr wohl.

Bevor ich die Episode beende, will ich mich bei Frau Haselwurz für ihre Mithilfe bedanken. Auch wenn diese leider zu spät kam und wir dem Mieter nicht mehr helfen konnten, so wurde doch der traurige Fall in Grenzen gehalten. Denkbar schlimmere Folgen, die ich hier nicht weiter aufzeigen möchte, konnten dadurch vermieden werden.

Es schadet dem Zusammenleben im Haus bestimmt nicht, wenn man beim Nachbarn mal klingelt und nachfragt, ob alles in Ordnung ist. Besonders gilt das, wenn man den Nachbarn einige Tage nicht gesehen hat, er krank ist oder man das intuitive Gefühl hat, dass etwas nicht stimmt oder dem Nachbarn etwas passiert sein könnte. Ich finde es für die zwischenmenschlichen Beziehungen sehr förderlich, dass das Gespräch zwischen Hausbewohnern gepflegt wird und damit Vertrauen aufgebaut und erhalten werden kann. Kurz gesagt, es ist wohl auch ein Stück Zivilcourage, wenn man sich füreinander in einer gesunden Art und Weise interessiert, damit man sich gegenseitig und rechtzeitig helfen kann.

Episode 21

Gefährliche Handlung

Kurz nach der Wende wurden über soziale Einrichtungen bedürftige, mittellose oder durch persönliches Schicksal gebeutelte Menschen aufgefangen und in freien Wohnungen oder Häusern untergebracht. Meist wurden die betroffenen Personen beim Wohnen begleitet und von Sozialarbeitern eines Amtes betreut. Später übernahmen Vereine oder einzelne Personen die Hilfe und eine Mitverantwortung für die Betroffenen.

Vielen Menschen wurde damit ein Dach über dem Kopf garantiert und sie erhielten ein sicheres Zuhause. Die Wohnbedingungen waren zur damaligen Zeit noch sehr einfach und schlicht. Unser Unternehmen war häufig für die Verwaltung dieser Häuser und Wohnungen verantwortlich, in welchen die bedürftigen Menschen wohnten. Wir standen, was die Betreuung dieser Menschen in den Wohnungen betrifft, mit Sozialarbeitern in Kontakt. Die meist gute Partnerschaft wirkte sich wiederum positiv auf die Lösung bei bestehenden Problemen aus. Für die Mieter, aber auch für den Vermieter wurde dadurch eine größere Sicherheit geschaffen, um eine störungsfreie und ordentliche Nutzung der Wohnung zu garantieren. Ab und zu verlief nicht immer alles so gut, wie wir es uns wünschten. Manchmal wurden wir vor schlimme und nicht zu akzeptierende Tatsachen gestellt.

Ich erinnere mich an einen besonderen Fall. Es war wieder einmal Freitagmittag. Nicht selten erhielten wir solche Mitteilungen, weiß der Teufel warum, gerade an diesem Wochentag und oft kurz vor dem Feierabend.

Das Telefon klingelte und wir bekamen die Information, dass ein Bewohner eines Hauses eine unbedachte und wohl auch strafbare Handlung begangen habe. Das, was geschehen war, wurde uns jedenfalls sehr aufgeregt mitgeteilt.

Ein Bewohner hatte, vermutlich unter starker Alkoholeinwirkung, die irre und gefährliche Idee gehabt, einen Behälter mit Benzin in ein Trockenklosett zu schütten. Das Motiv war nicht bekannt und blieb unklar. Wir sahen mit der Handlung ein schlimmes Szenario vor uns. Was konnte daraus entstehen? Vor unseren geistigen Augen spürten wir die Gefahr einer Explosion. Ein Bewohner könnte zum Beispiel das Klosett aufsuchen, um seine Notdurft zu verrichten. Wenn der Mieter dazu noch Raucher ist, war es durchaus nicht abwegig, dass er sich bei dieser Gelegenheit eine seiner geliebten Zigaretten anzündete, diese rauchte und den Rest der noch glimmenden Zigarette in das Trockenklosett bzw. in das Rohr warf. Es könnte seine letzte Zigarette gewesen sein und im schlimmsten Fall auch seine „Himmelfahrt" werden. Durch die Benzindämpfe in Verbindung mit den glühenden Zigarettenresten wäre eine Explosion nicht auszuschließen. Damit kann eine Gefährdung des Lebens für die Mieter vorhanden sein. Selbstverständlich könnte auch die Bausubstanz stark beschädigt werden. Nur gut, dass die Meldung rechtzeitig bei uns einging und unser Unternehmen sofort mit Maßnahmen zur Beseitigung des gefährlichen Zustandes beginnen konnte.

Die Feuerwehr wurde verständigt und die Gefahrenabwehr wurde eingeleitet.

Das Ereignis sorgte allgemein für große Aufregung. Glücklicherweise konnte die Bedrohung schnell und gut beseitigt werden. Alles Andere wurde im Nachhinein auf einer anderen Ebene geklärt, über die ich hier nicht berichte.

Schlimm empfinde ich es immer, wenn Menschen durch ihre Süchte, durch ihre Krankheiten das Leben von Menschen gefährden. Mitunter wird dabei auch die Bausubstanz in Mitleidenschaft gezogen oder riskiert. Besonders arg wird es dann, wenn Menschen solche Handlungen noch mit Vorsatz ausführen. Dabei kann das Spektrum dieser Taten sehr breitgefächert sein. Einige dieser schlimmen Fälle habe ich leider miterleben müssen.

Episode 22

Die Seniorin im Bad

Im Dezember 2002 erfuhren wir, dass eine ältere Mieterin nach einem tragischen Unglücksfall verstorben war.

Das Haus, in dem sich das Ereignis zugetragen hatte, wurde seit geraumer Zeit zum Zweck des Rückbaus leer gelenkt. Aus diesem Grunde wohnten nur noch zwei Mietparteien, zwei alleinstehende Damen in dem Haus. Die ältere Frau war eine liebe und gutmütige Person. Sie lebte für sich allein, still und zurückgezogen und war um die achtzig Jahre alt. Ihre Nachbarin hingegen war jünger und ca. um die 50 Jahre alt. Sie war stark gehbehindert. Auch sie lebte allein in ihrer Wohnung. Sie war sehr gutmütig, aber auch genauso resolut. Große Freude fand sie bei ihren vielen Bastelaktivitäten, bei denen sie ihre Behinderung etwas vergessen konnte. Deshalb pflegte sie mit Begeisterung ihre Hobbys. Beide Frauen lebten auf der gleichen Etage und sie unterhielten sich gern miteinander, wenn sie sich im Haus oder im Garten trafen. Auch gab die jüngere Frau, da sie immer mit Vergnügen kochte und wenn dabei ihre Mittagsmahlzeit zu reichlich geraten war, gern mal Essen an ihre Nachbarin ab. Diese freute sich immer sehr, wenn sie einen leckeren Teller mit Eintopf oder andere Speisen erhielt. Gegenseitige Besuche in den Wohnungen wollten sie nicht, dass war einfach nicht ihr Ding, also vermieden sie diese Visiten. Ein Verwandter der jüngeren Mieterin nahm den beiden Frauen oft die schweren Arbeiten ab. So versorgte er sie mit Kohlen oder Holz, die notwendigen Brennstoffe für ihre Wohnung, damit sie heizen konnten. Die einzelnen Wohnungen waren damals mit je einem großen Kohlekessel, der auch die Warmwasserversorgung für die einzelne Wohnung absicherte, ausgestattet. Der Kohlekessel der Zentralheizung war von der Küche aus zu befeuern. Die schweren Brennstoffe mussten vom Keller bis zur Wohnung herauf geschleppt werden. Das war sowohl für die ältere, als auch für die behinderte Frau nur schwer möglich. Der Verwandte half und engagierte sich für die zwei Bewohner. So wurde manch gefüllter Kohleneimer auch vor die Korridortür der älteren Dame gestellt. Man half sich und die beiden Frauen lebten im Haus friedlich zusammen, ohne sich gegenseitig zu nahe zu treten.

An einem Montag, im Dezember 2002 holte der Verwandte wieder einmal mehrere Kohleneimer für die beiden Damen aus dem Keller und stellte einen Teil davon wie so oft auch vor die Tür der Frau Eibisch, so will ich die Frau in dieser Geschichte nennen. Am darauffolgenden Tag und auch am Mittwoch standen keine leeren Kohleneimer zum Befüllen vor ihrer Tür. Deshalb klingelte am Mittwoch die jüngere Nachbarin, welche ich Frau Dahlie nenne, an der Wohnungstür der fast 80-jährigen. Sie reagierte und rief der Nachbarin wohl durch zwei Türen zu, dass sie in der Badewanne sei. Nun, Frau Dahlie wollte die Dame nicht weiter stören und fragte deshalb nicht weiter nach. Es war auch nicht ungewöhnlich, dass an mehreren Tagen keine leeren Kohleneimer vor der Tür der Frau Eibisch standen. Die ältere Dame teilte sich die Kohlen immer gut ein. Mitunter begegneten sich die Frauen mehrere Tage lang nicht.

Am Donnerstag früh, als die jüngere Nachbarin die Post holte, rief sie an der Wohnungstür wieder nach der Nachbarin. Sie erhielt keine Antwort. Im Laufe des Donnerstags, um die Mittagszeit, telefonierte eine Frau aus dem Nachbarhaus mit Frau Dahlie und teilte ihr mit, dass bei ihrer Nachbarin die ganze Nacht das Licht im Bad gebrannt habe. Sie solle doch mal nach Frau Eibisch sehen. Daraufhin klingelte Frau Dahlie erneut und lange an der Korridortür der Nachbarin. Endlich meldete sich Frau Eibisch, aber in einer Art und Weise, die mehr einem Hilferuf glich, etwa so: „Ich bin immer noch in der Wanne." Frau Dahlie kam es vor, als hätte die Nachbarin geschlafen und wäre gerade munter geworden. Die jüngere Frau spürte, dass hier wohl etwas nicht stimmte und Hilfe angebracht sei. Sie teilte den Vorfall der hiesigen Polizei mit. Kurz danach war die Polizei vor Ort und mit Verstärkung der Feuerwehr wurde die Wohnungstür geöffnet.

Die Männer fanden die 80 jährige Frau in der Badewanne vor. Warmes Wasser für die Badewanne war nicht mehr vorhanden, da das Feuer im Kohlekessel in der Zwischenzeit wegen fehlenden Brennstoffnachschubs ausgegangen sein musste.

Die Frau war zwar ansprechbar, aber bläulich aussehend, sehr erschöpft und verstört. Wie es sich immer mehr herausstellte, war die Dame durch ihr Alter bzw. ihren Gesundheitszustand oder durch ein plötzliches Ereignis nicht mehr in der Lage gewesen, ihre Badewanne aus eigener Kraft zu verlassen. Sie war wohl über sehr viele Stunden und qualvoll in der Wanne gefangen. Die Männer der Feuerwehr bzw. der Polizei brachten Rettung und halfen ihr endlich aus der Wanne. In ihrem Wohnzimmer hüllte man sie erst einmal in warme Decken. Frau Dahlie kochte auf Anraten der Männer gleich heißen Tee. Frau Eibisch, welche offensichtlich sehr durstig und ausgelaugt war, trank schnell, fast gierig den sehr heißen Tee, so wie er ihr gereicht wurde.

Nach den Aussagen des Arztes bzw. von Frau Dahlie könne die Mieterin durchaus zwei Tage in der Badewanne gelegen haben, ehe sie endlich die langersehnte Hilfe erhielt. Der Notarzt wies sie sofort in ein Krankenhaus ein, weil er eine weitere ärztliche Betreuung für notwendig erachtete.

Leider konnte man ihr nicht mehr helfen. Frau Eibisch verstarb nach fast einer Woche im Krankenhaus. Die Ursache für ihren Tod soll eine Lungenentzündung gewesen sein.

Immer wieder sehen und erleben wir es, dass es gut ist, wenn die Nachbarn einander mit im Blick haben und aufeinander achten, damit Hilfe, wenn sie notwendig wird, nicht zu spät kommt. Leider kommt nicht jede Hilfe immer rechtzeitig. Gerade ältere Menschen sind es, die betroffen und gefährdet sind. Häufig leben diese Menschen einsam und allein in ihrer Wohnung. Nicht jeden Tag können die Angehörigen nach ihnen schauen. Es steht uns gut zu Gesicht, wenn wir einen Blick, ein Gespür für solche Situationen bekommen, ohne den Menschen, die man „von der Ferne aus begleitet," zu nahe treten zu wollen. Wir sollten uns doch in der kommenden Zeit, in der es immer mehr ältere Menschen geben wird, für diese Mitmenschen interessieren. Vielleicht könnte man vielen Menschen eher helfen und damit Leben erhalten. Darüber hinaus ließen sich viel menschliches Leid und hohe Behandlungskosten vermeiden.

Episode 23

Sozial relevanter Lärm?

Die Geschichte, die ich erzählen will, war weit umfangreicher, als ich sie hier beschreiben kann. Deshalb werde ich hier nur das Wesentlichste schildern.

In einem Wohnblock, welcher in bekannter Plattenbauweise errichtet worden war, ergab sich nach der Wende eine sehr gemischte Altersstruktur. Viele Mieter standen im jungen bis mittleren Lebensalter, aber meistens wohnten wohl ältere und teilweise schon recht betagte Menschen in dem Haus.

Eines Tages zog ein junger Mann, ich will ihn Herrn Malus nennen, als neuer Mieter in eine kleine Wohnung ein. Mit der Zeit wurden Beschwerden zu dem Mieter, zu seinem Verhalten angezeigt. So führte er die vereinbarte Hausordnung nur mangelhaft durch. Der Mieter wurde auf seine Pflichten mehrfach hingewiesen. Die Gespräche verliefen letztendlich immer sachlich. Dabei sah er vieles ein. Manchmal erlebte ich ihn unwirsch, aber nicht unfreundlich, mitunter etwas eigensinnig. Durch seine Jugend bedingt, nahm er das Problem recht locker, manchmal zu locker. Mittlerweile lernte ich den jungen Mann immer besser kennen. So sah ich, dass er manchmal leichtfertig oder auch recht kindlich auf die zu besprechenden Probleme reagierte. Bestimmt wohnte er in seiner ersten eigenen Wohnung. Dabei wollte er seine Freiheit und seine Selbständigkeit voll auskosten. Nicht mehr seine Eltern bestimmten seinen Tagesablauf, sondern jetzt bestimmte er selbst, wie er seinen Tag gestaltete.

Eines Tages bat uns eine ältere Dame des Hauses fast weinend um Hilfe. Nennen wir die Dame Frau Goldlack. Sie druckste lange herum, ehe sie zur Sache kam. Sie beschwerte sich über den jungen Mann. Stockend beschrieb sie ein delikates Anliegen und teilte uns mit, dass sie nicht mehr zur Ruhe kommen könnte. Der Grund des Lärms sei mit darin begründet, dass der Nachbar nun eine Freundin habe. Die alte

Dame würde durch die jungen Leute im Wohnen erheblich gestört. Der Lärm, der aus der Wohnung des Mannes dringe, sei so laut und anhaltend und wiederhole sich mehrmals am Tage und auch zur Nachtzeit. Frau Goldlack behauptete, dass die jungen Leute ihr Liebesspiel geräuschvoll, überlaut und so intensiv trieben, dass sie auch keine Mittagsruhe mehr finden könnte. Ihr Wohnzimmer grenze doch direkt an das Wohnzimmer des Nachbarn. Auf meine Nachfrage, warum sie gerade zu dieser Vermutung komme, dass der Lärm durch Liebesspiele bedingt sei, meinte sie, das Wimmern und Stöhnen ließe eindeutig darauf schließen. Eine derartige Beschwerde hatten wir in den vielen Jahren unserer Tätigkeit noch nie erlebt. Manchmal gab es Beschwerden über lautstark feiernde Mieter, über kläffende Hunde, über Kindergeschrei oder sogar über Regulatoren, die mit zu lautem Gong schlugen, weil sie direkt an der Wand zum Nachbarn hingen. Doch die Möglichkeiten für Ruhestörungen sind wohl schier unbegrenzt. Ich hörte der Frau einfach zu, dann versuchte ich die aufgelöste und inzwischen weinende Frau zu beruhigen. Ich bat darum, wie es zum Nachweis für Ruhestörungen allgemein üblich ist, ein Lärmprotokoll zu erstellen. Sie erklärte, dass sich andere Nachbarn ebenfalls beeinträchtigt fühlen. Durch diese delikate, aber offene Aussprache erhoffte ich mir, dass ich die peinliche Situation etwas abbremsen konnte. Vielleicht war die Störung für die anderen Mieter gar nicht so schlimm oder wurde nur von Frau Goldlack besonders stark empfunden. Weckte das ruhelose Verhalten der jungen Leute bei der älteren Dame negative Gefühle oder ungute Lebenserinnerungen? Fühlten sich die anderen Bewohner auch gestört? Vielleicht verzichteten sie gar auf solche brisanten und peinlichen Beschwerden.

Doch es kam ganz anders.

Entgegen meiner stillen Hoffnung, dass sich die Sache in Wohlgefallen auflöst, traf eine weitere Beschwerde mit ausführlichem Lärmprotokoll sowie detaillierten Beschreibungen der diskreten Vorgänge mit weiteren Mieterunterschriften ein. Meine Kollegin scheute sich, obwohl sie im Job auch schon sehr viel erlebt hatte, vor der Bearbeitung dieses konfliktgeladenen Vorgangs. Als junge Frau war ihr diese Art der Beschwerde zu peinlich. Sie bat mich lächelnd und sehr charmant: „Bitte, sei so lieb und bearbeite du die Sache. Du bist älter und die Klärung liegt dir mehr." Im Stillen dachte ich, na schönen Dank auch, ich reiße mich wirklich nicht danach, solche brisanten Probleme zu klären, deshalb musste mir etwas einfallen. Aber was?

Bald sprach Frau Goldlack ein weiteres Mal bei uns vor. Sie klagte uns ihr Leid von neuem und teilte uns mit, dass die außergewöhnliche Ruhestörung immer mehr zunimmt. Ich versprach der Dame, dass ich mit Herrn Malus nochmals sprechen werde. Kaum hatte ich den Satz beendet, trat Herr Malus mit seiner Freundin in unser Zimmer ein. So ein Zufall! Die Startsituation war gut. Sofort sah ich die Chance, das Gespräch mit allen Betroffenen gemeinsam und sofort durchzuführen und die Beschwerden diskret und unbürokratisch zu klären. Diese Gelegenheit musste genutzt werden. Deshalb bat ich das junge Pärchen und Frau Goldlack, mir in ein separates Zimmer zu folgen. Der Schutzraum verschaffte allen die notwendige Geborgenheit und Atmosphäre, um die leidige Angelegenheit ungestört zu besprechen.

Im Anhören und im Gespräch mit den Parteien könnte vielleicht alles relativiert und hoffentlich schnell geklärt werden. Besonders gut war es, dass die Freundin des jungen Mannes mit anwesend war. Die Beschwerden, welche in schriftlicher Form bei uns vorlagen, gab ich den jungen Leuten, ohne die einzelnen Namen zu nennen, zur Kenntnis. Ja, auch weitere Mieter, die angrenzend an der Wohnung des jungen Mannes wohnten fühlten sich nachhaltig und wiederholt in ihrer Ruhe gestört. Die recht pikante Beschwerde, in der vom überlauten Quietschen, Schreien, Brüllen, Stöhnen und Wimmern die Rede war, musste sich das junge Paar schon anhören. Natürlich wurde auch der Zeitraum benannt und dass sich der Lärm mehrere Male an einem Tag wiederholte. Manchmal war die Ruhestörung dermaßen stark und weil sich dieser Zustand über längere Zeiträume hinzog. Grundsätzlich darf ja jeder Bewohner in seiner Wohnung tun und lassen was er will. Dies gilt aber nur, solange er seine Mitmenschen nicht beeinträchtigt. Vom Vermieter wird störendes Verhalten und eine Beeinträchtigung der anderen Mieter keinesfalls geduldet. Im

Gespräch teilte die ältere Dame, als vorrangig betroffene Frau, den jungen Leuten mit, dass sie oft keine Mittagsruhe finden kann und die Flucht in Spaziergängen sucht. Aber abends getraute sie sich nicht mehr auf die Straße, deshalb muss sie ihren Fernseher immer sehr laut stellen. Auch habe das mahnende Klopfen oder Pochen an der Wand der jungen Nachbarn bislang nicht geholfen.

Die jungen Leute gaben ihr Verhalten im Gespräch zu und baten Frau Goldlack um Entschuldigung. Sie werden ihr Benehmen ändern und sich bessern. Herr Malus wurde informiert, dass wir bei weiteren Klagen gezwungen sind, ihn abzumahnen. In weiterer Folge könnte er durchaus mit dem Verlust seiner Wohnung rechnen. Nach der harten und bei weitem nicht eingeplanten, doch offenen Aussprache reichten die jungen Leute Frau Goldlack versöhnlich die Hände und versprachen nochmals Besserung. Ich war erleichtert und sehr froh, den unüblichen Sachverhalt auf diese Art und Weise lösen zu können.

Eine Zeit lang ging alles gut und ich dachte schon, der Frieden im Haus sei wieder eingezogen und das junge Pärchen sei inzwischen ruhiger geworden. Doch zulange durfte ich mich darüber nicht freuen. Bald ging es wieder los und eine weitere Beschwerde mit dem üblichen Inhalt landete auf dem Schreibtisch.

Um ein aktuelles und objektives Bild zu gewinnen, ging ich in das Wohnhaus. Ich wollte nochmals mit einem betroffenen Mieter reden, der über Herrn Malus wohnte und welcher die Beschwerde mit unterschrieben hatte. Ich wusste, dass ich durch den Mann infolge seines Alters und seiner großen Toleranz für die Jugend eine verlässliche Einschätzung zur Ruhestörungsproblematik, erhalten kann. Leider musste mir der Mann erneut die lauten, ruhestörenden Lustgeräusche bestätigen, die nun wiederum aus der Wohnung des Herrn Malus drangen und welche auch er als sehr belastend empfand. Nach einer Zeit der Besserung und der erholsamen Ruhe herrsche nun wieder voll Action durch reichhaltige, sexuell geprägte Lärmintervalle mit voller Lautstärke. Er stünde zu seiner Beschwerde und wünsche schnellstens nur Ruhe. Er selbst habe mit dem jungen Mann mal so von Mann zu Mann gesprochen. Die angestrebte Verhaltensänderung habe er bislang aber auch nicht erreicht. Als ich danach bei Herrn Malus wegen der neuen Beschwerden vorsprach, sah ich, dass er seine Wohnzimmertür, warum auch immer, entfernt hatte. Kein Wunder, dass dadurch viel mehr zu hören war. Ich forderte von ihm, dass er die Tür wieder einhängt, damit die Geräusche aus der Wohnung minimiert werden. Doch der junge Mann wurde langsam bockig. Er sah nun die Ursache der Ruhestörung, weniger in seinem Verhalten bzw. im Verhalten seiner Freundin, sondern vielmehr darin, dass seine Wohnung wohl mit „Baufehlern" behaftet und deshalb besonders „hellhörig" sei. Über die Jahre bewohnten bereits viele Mieter diese Wohnung. Nie hatten wir Klagen dieser Art erhalten. Bedauerlicherweise änderte er sein Verhalten trotz unserer vielen Bemühungen nicht. Die Ruhephasen waren nur kurz. Sobald sein weiblicher Besuch eintraf, begannen die Probleme von neuem.

Jetzt war das Maß voll. Nach anwaltlicher Rücksprache erhielt der Mieter eine sehr ernste Abmahnung. Sein Verhalten konnten wir nicht mehr tolerieren. Wir forderten, dass das laute und störende Verhalten durch Herrn Malus bzw. durch seinen Besuch unverzüglich einzustellen ist. Er solle bedenken, dass er die betroffenen Mieter nachhaltig und wiederholt beim Wohnen beeinträchtigt. Die Nachbarn seien nicht nur physisch gestört, nein, in diesem Fall auch psychisch verletzt worden. Ihm solle klarwerden, dass er mit seinem egoistischen Verhalten die Gefühle der anderen Mieter nachhaltig verletzten kann. Wenn er und sein Besuch diese Belästigungen für die Bewohner nicht einstellt, muss er nun mit dem Verlust seiner Wohnung rechnen.

Endlich, wie von uns gewünscht, trat nun Ruhe ein. Wir atmeten wieder einmal befreit durch. Doch bald ging der sozial relevante Lärm, das störende Spiel von Neuem los. Doch kurz bevor unsere sehr ernste Reaktion erfolgen sollte, erhielten wir die Information, dass nunmehr wohltuende Stille im Haus herrscht.

Was war passiert? Nun, die Freundin von Herrn Malus war aus- und davongezogen. Die jungen Leute hatten sich getrennt, warum auch immer. Ich will es gar nicht wissen, zumal ich sowieso schon mehr wusste, als mir lieb war.

Durch diese „interne" Lösung waren alle Beteiligten, zufrieden und sehr erleichtert.

Hinzufügen möchte ich noch, dass das Haus keinesfalls als ein „ehrenwertes Haus", so wie wir es aus einem bekannten Schlager kennen, bezeichnet werden kann. Es war vielmehr ein Haus, in dem die Bewohner große Toleranz zeigten und auch den jungen Menschen gegenüber längere Zeit Verständnis entgegenbrachten. Wieder einmal waren wir als Vertreter des Vermieters Sozialarbeiter und vielleicht auch Friedensrichter. Die Grenzen der Arbeit waren mitunter recht fließend. Auf jeden Fall versuchte man immer, teure Rechtsstreite zu vermeiden. Insoweit waren wir für unsere Mieter, man kann sagen, auf recht vielfältige Art und Weise da. Mein, sowie das Bestreben meiner Kollegen bestand darin, unsere Mieter bei Fragen und Problemen rund um das Wohnen im Rahmen unserer Möglichkeiten helfend zu begleiten, sie zu unterstützen und gegebenenfalls zu (be-)schützen.

Episode 24

Die Explosion

Wie so oft geschah es wieder einmal an einem Freitag, am 10. Februar im frostigem Winter 2006. Eine folgenschwere Mitteilung ereilte uns - nämlich, dass „die Rückwand eines Hauses mit lautem Knall herausgefallen sei".

Personen des Grundstückseigentümers begaben sich schnellstens an den Ort des Geschehens. Der Anblick des sanierungsbedürftigen, einst sehr schönen Bürgerhauses war für sie mehr als besorgniserregend, ja schockierend. Die Gardinen der bewohnten Wohnung hingen nicht mehr an den dafür vorgesehenen Stellen an den Fenstern, sondern hingen zerrissen, wild, eigensinnig und durcheinander in den angrenzenden Bäumen, im Freien. Von dem „Herausfallen" einer Wand konnte man wirklich nicht mehr sprechen. Hier mussten größere Kräfte gewirkt haben, die so einen Zustand geschaffen hatten. Mit Wahrscheinlichkeit handelte es sich hier um die Auswirkungen einer größeren Explosion, denn das Wohnhaus war regelrecht zerborsten und zerstört. Die Verantwortlichen für das Haus waren über den Zustand mehr als betroffen, ja fassungslos. Das Haus war, wie man ersehen konnte, vermutlich durch eine Druckwelle, die sich in Richtung Garten ausgebreitet hatte, stark zerstört. Aber auch die straßenseitige Fassade des Grundstückes zeigte starke Schäden. Einige Fenster fehlten gänzlich und bei weiteren Fenstern fehlten die Scheiben. Sie waren zerstört, zersplittert und zu Bruch gegangen. Die straßenseitige Front war glücklicherweise nicht eingestürzt und stand noch. Durch die große Druckwelle waren nicht nur dieses Haus, sondern auch die angrenzenden Häuser beschädigt. Auch ein geparktes Auto hatte durch die umherfliegenden Trümmer Schaden genommen.

Nach eingehender Besichtigung erkannte man, dass der angerichtete Schaden immens war. Unterdessen war es zu einem Menschenauflauf gekommen und die Aufregung bei den herbeigeeilten Personen war sehr groß. Doch die Leute standen im respektvollen Abstand hinter den inzwischen eingerichteten Absperrungen unweit des zerstörten Hauses. Auch geschädigte Eigentümer der angrenzenden Grundstücke befanden sich unter den Personen.

Gegenüber dem demolierten Haus befand sich eine Schule. Zum Glück war die Explosion nicht in der Schulpause erfolgt, so dass Schüler und Lehrer zwar einen gewaltigen Schock verkraften mussten, aber nicht zu Schaden gekommen waren.

Einsatzkräfte der Feuerwehr und der Polizei verschafften sich den notwendigen Überblick für weitere Maßnahmen. Vertreter des Bauamtes der Stadt, samt Bürgermeister, waren mittlerweile am Ort des Geschehens eingetroffen. Mitarbeiter der Stadtwerke leiteten, wie es in solchen Fällen üblich ist, in Absprache mit den Polizei und Feuerwehr schnellstens notwendige Sicherungsmaßnahmen ein. Die anliegenden Medien für Gas, Wasser und Strom wurden abgeschaltet. Im Haus suchte man nach Unfallverletzten. Es war bekannt, dass im Haus noch eine ältere Frau wohnte. War dringende ärztliche Hilfe notwendig? Rastlos wurde geprüft, ob sie oder weitere Personen im eingestürzten Haus zu Schaden gekommen waren. Bei der Durchsuchung des Hauses wurden aber keine Personen gefunden. Wo war die ca. 84 Jahre alte Dame? Wer kennt oder weiß etwas über Angehörige? Diese Frage galt es schnell zu klären. Mittlerweile stellte sich heraus, dass die alte Dame zum Zeitpunkt der Explosion nicht im Haus war. Die Frau, welche die obere Wohnung bewohnte, hatte einen Sohn. Er war um das Wohlergehen seiner Mutter offenbar sehr besorgt gewesen, weil sie allein, und das bei dem intensiven Frost, im Haus wohnen musste. Deshalb hatte er sie, im Hinblick auf die kalte Jahreszeit und zum großen Glück, vorübergehend in einem Heim untergebracht. Wie bereits erwähnt war die alte Dame recht betagt und das Wohnen im Haus musste ihr sehr schwergefallen sein, zumal die Wohnung noch mit Öfen ausgestattet war und diese mit Kohle beheizt wurden. Schließlich war ihre Unterbringung in einem Heim ihre Rettung, denn die Explosion wäre für sie, wenn sie in der Wohnung gewesen wäre, bestimmt tödlich gewesen.

Trotzdem blieb die Frage, warum es zu dieser Explosion kam, zunächst ungeklärt. Waren die Ursachen in einer defekten Gasleitung oder durch feuergefährliche Mittel, Selbstentzündung oder gar in einer Bombe zu suchen? War der Grund der Explosion durch technisches oder menschlichen Versagen bedingt? Liegt hier Vorsatz oder Fahrlässigkeit vor? Auf all die Fragen waren keine schnellen Antworten möglich. Nun, es ist bei solchen Fällen üblich, dass die Kriminalpolizei die entsprechenden Ermittlungen aufnimmt, um all diese Fragen zu klären.

Wie es sich nach und nach herausstellte hatte der Sohn die Wohnung überprüft und immer mal nach dem Rechten geschaut. Bei der letzten Wohnungskontrolle habe er dann festgestellt, dass die Wasserleitungen eingefroren waren. Aus diesem Grund habe der Mann den vorhandenen Gasherd genutzt und betrieben. Er wollte dadurch etwas Wärme in die Wohnung bringen oder die gefährdeten Leitungen auftauen. Weil er aber noch bestimmte Arbeiten zu erledigen hatte, habe er die eingeschalteten Flammen am Gasherd vergessen. Damit begann das Unheil. Der Sauerstoffanteil im Raum nahm kontinuierlich ab und es bildete sich eine wachsende und sehr gefährliche Mischung, bedingt durch den steigenden Anteil des Kohlenstoffgehaltes. Wenn dann ein bestimmtes Mischungsverhältnis zwischen den Elementen, zwischen Kohlenstoff- und dem Sauerstoffgehalt erreicht wird, kann ein kleiner Funke oder eine noch brennende Flamme eine starke Explosion auslösen. Der Auslöser kann aber auch durch ein elektrisches Gerät, sei es ein Kühlschrank, ein Elektroboiler oder auch über ein anderes elektrisches Gerät erfolgen. Genau das muss hier geschehen sein. Durch unvorsichtiges oder versehentliches Verhalten hatte der Sohn dazu beigetragen, dass es zu dieser Explosion gekommen ist. In der Tat war das unbeabsichtigt und keinesfalls gewollt, aber die Folgen für alle Beteiligten waren sehr schlimm. Nach weitgehender Klärung der Umstände und nach längerer Zeit kam es zu einem Gerichtsverfahren gegen den Sohn. Natürlich wurden die notwendigen Gutachten, die für solch ein Verfahren notwendig sind, berücksichtigt und einbezogen. Schadenersatzforderungen waren zu klären und Forderungen von

Versicherungsgesellschaften zu bewerten. Der Schaden belief sich schätzungsweise auf fast 300 000 €. Auch regionale und überregionale Zeitungen berichteten über das Geschehen. (siehe Quellennachweise)

Das gab viel Arbeit für Richter und Verteidigung, für alle Beteiligten. Die Klärung der Sachlage wurde, wie es bei Großschäden mit diesem Umfang allgemein üblich ist, über das zuständige Gericht durchgeführt. Zwar besaß der Sohn von der Mieterin eine Versicherung, doch ihm blieb ein Schaden von ca. 23 000 €. Diese gewaltige Summe, die er zu bedienen hatte, würde für ihn schwer werden. Der Richter verurteilte ihn zu 18 Monaten Haft, die aber auf eine Bewährungszeit von 2 Jahren ausgesetzt wurden. Außerdem hatte er bestimmte Auflagen des Gerichtes zu erfüllen.

Das gesamte Haus wurde später auf Grund der großen Zerstörung und unter Berücksichtigung der Wirtschaftlichkeit abgerissen. Heutzutage ist vom explodierten Haus nichts mehr zu sehen. Die Nachbarhäuser sind repariert und instandgesetzt. Jetzt ist nur noch ein abgegrenztes Wiesengrundstück sichtbar. Glücklicherweise war und ist dieses Erlebnis ein Einzelfall und so soll es auch bleiben.

Wir sollten aus diesem Fall lernen, nämlich, dass man anstehende Arbeiten in Wohnungen stets mit Bedacht durchführt. Ganz besonders gilt das bei Arbeiten an der Elektroinstallation sowie beim Umgang und Betreiben von Elektro- und Gasgeräten. Wie schnell können durch Gedankenlosigkeit oder Hektik ungewollt Menschenleben und Sachwerte gefährdet werden.

Literatur- und Quellennachweis der Episoden:

Episode 7

Sammelleidenschaft:

- Ausführungen zum Messi-Syndrom:
  Duden Band 1 / Die deutsche Rechtschreibung 24. völlig neu
  bearbeitete und erweiterte Auflage, Dudenverlag Mannheim
  Leipzig Wien Zürich.

- Wikipedia die freie Internet-Enzyklopädie, Erläuterungen zum
  Messie-Syndrom Symptome, Symptomatiken,
  Begriffserläuterung und Wortschöpfung. Recht ausführliche
  Beschreibung des Messi-Syndroms (Stand Dezember 2011)

Episode 19

Bizarrer Kriminalfall:

- Absatz: **Wie aus einer Zeitung …. und „Zwei Jahre
  Freiheitsstrafe … bis … bei einer Psychologin".
  Quellen: *Sächsische Zeitung vom 15./16. 03. 2008, Artikel:
  „Vergifter muss nicht in Haft", Autor Jenny Ebert und auch
  Bericht in der Sächsische Zeitung 10.-13. März 2008, Artikel:
  Aus dem Gerichtssaal „Giftige Dämpfe aus Rache", Autor
  Daniela Pfeiffer.

Episode 24

Die Explosion:

- Morgenpost: Ausgabe Dresden und Umgebung
  vom 14.03.2008 Artikel „Sohn vergaß Muttis Gasherd: Rums –
  300.000 Euro Schaden",Sächsische Zeitung vom Freitag
  14.03.2008, Artikel von Matthias Klaus: „Gas-Explosion:
  Z***** muss nicht in Haft".

Buch der Kapitel

Kapitel 1

Der Beginn

Im Jahre 1977, nach einem schweren Unfall, der mit anhaltender Arbeitsunfähigkeit einherging und einen großen Verdienstausfall zur Folge hatte, war ich gezwungen eine andere, besser bezahlte Tätigkeit aufzunehmen.

Die Arbeitssuche in der DDR beruhte auf viel Eigeninitiative. Arbeitsangebote der Firmen, welche Mitarbeiter einstellen wollten, waren meist nur für Schwerpunktbetriebe zugelassen und oft durch staatliche Stellen zu genehmigen.

Ich verfasste ein Arbeitsgesuch und inserierte in der hiesigen Lokalzeitung. Auf diese Annonce meldeten sich einige volkseigene Betriebe, die mir Arbeit anboten. Ein Betrieb, bei dem mich die Tätigkeit sowie die Entlohnung sehr neugierig machte, befand sich unweit meines Wohnortes. Dieser Gebäudewirtschaftsbetrieb suchte einen Außendienstmitarbeiter. Bislang hatte ich als Meister in der Metallbranche gearbeitet und darum sagte mir die neue Tätigkeit sehr wenig. Trotzdem bewarb ich mich. Der technische Direktor des Betriebes sollte mir das Berufsfeld erklären, doch er übertrug diese Aufgabe einem sehr sachlichen und freundlichen Mitarbeiter, der dann das notwendige und für mich wichtige Gespräch durchführte. Die erläuterte Tätigkeit weckte mein Interesse an dieser Arbeit und ich wurde für die Stelle erst einmal vorgemerkt.

Der Arbeitsvertrag konnte ohne Prüfzeit, wie es damals üblich war, abgeschlossen werden. Natürlich wurden vorher meine Kaderakten (Unterlagen zur persönlichen, fachlichen und damals auch der politischen Entwicklung) angefordert und von der Personalchefin, die damals den Namen Kaderleiter hatte, eingesehen.

Nach Prüfung der Unterlagen auf „Nieren, Herz und Seele" wurde der Arbeitsvertrag abgeschlossen. Im Herbst 1977 nahm ich die neue Arbeit in dem volkseigenen Betrieb auf.

Bereits am 2. Dienstag nach meinem Arbeitsbeginn - Dienstag war immer Sprechtag - musste ich den Sprechtag allein bewältigen und tauchte damit in die unbekannte Welt des Bürowesens ein. Ein älterer Kollege, welcher mich anlernen sollte, war genau an diesem Dienstagnachmittag, über viele Stunden einfach unauffindbar und blieb spurlos verschwunden. Vor dem Sprechzimmer befand sich eine lange Schlange von Menschen. Sie alle warteten darauf, angehört zu werden, damit die vielfältigen Mängel und Beschwerden zu ihren Mietverhältnissen bald abgeändert würden. Zahllose Mieter suchten Hilfe und forderten nachdrücklich die Abstellung der Mängel, da sie diese bereits mehrmals und vor langer Zeit gemeldet hatten. Sehr oft waren die wiederholt gemeldeten und berechtigten Reparaturen in den Wohnungen oder am Haus immer noch nicht erledigt worden. Undichte Fäkaliengruben (Trockengruben), defekte Dächer, schadhafte Fenster, zu reparierende Kohleöfen und die Reparaturen an Sanitäreinrichtungen waren wohl die dringendsten Anliegen.

Viele Mieter waren frustriert, weil sie zu ihren Anliegen immer wieder vorsprechen mussten und wenig realisiert wurde. So manches Reparaturanliegen hatte daher eine lange Vorgeschichte. Trotz allem waren die meisten Mieter bei den Nachfragen sachlich und freundlich. Andere Menschen hingegen waren über die schleppende Abarbeitung ihrer Anliegen verständlicherweise sehr verärgert und entsprechend unwirsch verliefen diese Gespräche. Da ihnen nichts weiter übrigblieb, sprachen sie oft vor und versuchten mit einem gewissen Nachdruck die Abstellung der dringenden Reparaturen in ihrer Wohnung oder am Haus zu erwirken.

Die damaligen Mietpreise waren staatlich vorgegeben. Für eine 2- oder 3- Zimmerwohnung im Altbau, mit Ofenheizung, konnte der Vermieter in kleinen Städten Mietpreise von ca. 18 bis 48 DDR-Mark, selten darüber, erreichen. Eine Basis für eine normale und vernünftige Bewirtschaftung der Wohnungen war damit nicht gegeben. Viele der ehemals privaten Häuser waren von ihren Eigentümern infolge dieses ökonomischen Zwanges an den Staat abgegeben, „verschenkt" worden. Die „Schenkung" kam fasst immer durch den großen finanziellen Druck, der auf dem jeweiligen, oft schon betagten privaten Eigentümer lastete, zu Stande. Außerdem fehlten wesentliche Reparaturkapazitäten. Die Häuser verfielen und die Aufwendungen für erforderliche Reparaturen an der Bausubstanz stiegen weiter. Durch die Wohnungspolitik des DDR-Staates waren die privaten Eigentümer, wie bereits gesagt, mehr oder weniger gezwungen ihr Eigentum, ihr Mehrfamilienhaus an den Staat zu „verschenken" oder mindestens einer Treuhandverwaltung zu übergeben. Ein Mehrfamilienhaus als Besitz war zu dieser Zeit eine große Last. Es war nicht die Regel, dass ein privater Eigentümer große Geldreserven oder so ein Vermögen besaß, dass er sein Mehrfamilienhaus und sein Grundstück erhalten konnte. Ganz zu schweigen von erforderlichen Modernisierungen, die es vorzunehmen galt. Private Hausbesitzer von Mehrfamilienhäusern, die ihr Haus trotz der wirtschaftlichen Zwänge behalten hatten, quälten sich mehr schlecht als recht durch diese sozialistische Zeit.

Ich kam nun als neuer Mitarbeiter zu ungeahnten Problemen und stand vor vielen harten Nüssen bei dieser Tätigkeit. Auf was hatte ich mich da eingelassen? Dieser erste Sprechtag war für mich ein harter Schlag. Bei Antritt der neuen Arbeitsstelle war mir nicht klar, auf welche Problematik ich mich da einlasse. Das wurde mir erst allmählich, später und nach und nach, immer bewusster. Als DDR-Bürger war mir die Mangelwirtschaft wohl bekannt, doch, sie dann so nah an den Menschen zu erleben, das war für mich schon sehr übel. In den kommenden Jahren musste ich zwangsläufig lernen, mit dieser Problematik umzugehen.

Wie bereits gesagt, standen oder saßen viele Mieter am ersten Sprechtag vor dem Sprechzimmer. Mir musste laufend etwas einfallen, um mit den Mietern im Gespräch zu bleiben. Letztendlich versuchte ich den Sprechtag nach den gegebenen Möglichkeiten, und das waren damals verdammt wenige, durchzuführen und den Menschen bei ihren berechtigten Anliegen Hilfe zu geben. Mein Arbeitskollege hatte wohl die Idee, mich voll ins Wasser zu werfen. Ich hatte die Wahl unterzugehen oder das Schwimmen zu erlernen. Ich habe mich dann für das Letztere entschieden.

Viele Reparaturaufträge wurden an volkseigene oder genossenschaftliche Betriebe vergeben. Doch eine Realisierung der Aufträge konnte sehr lange dauern. Nicht selten waren die Aufträge durch die offensichtliche Mangelwirtschaft ohne Chance. Etwa mit meiner Arbeitsaufnahme wurde das DDR-Gesetzblatt Teil I Nr. 35 beschlossen und angewandt. Das genannte Gesetzblatt schaffte die Möglichkeit, mit leistungsbereiten Menschen Vereinbarungen abzuschließen. Eine Genehmigung der Arbeitsstelle des Leistenden für diese zusätzliche Tätigkeit musste vorliegen. Die Vereinbarungen zur freiwillig bezahlten Tätigkeit wurden als Feierabendtätigkeit bekannt. Das Gesetzblatt hatte den Zweck, zusätzliche Kapazitäten zu schaffen.

Wir durchlebten die Zeit der Bilanzvorgaben, welche vom Staat vorgegeben und genehmigt wurden. Es war die Zeit der staatlichen Planwirtschaft. Das genannte Gesetzblatt half minimal, konnte aber die Mängel des Systems in keiner Weise beseitigen. Über den Sinn des Gesetzblattes kann man streiten. Es wurde aus der Not heraus geboren. Damit sollten dringendste und notwendige Arbeiten erledigt, Ärgernisse und Spannungen zwischen dem Staat und den Menschen abgebaut werden. Die Menschen wurden bei der Beseitigung des Reparaturstaus aktiviert und einbezogen. Der politische Wert war wohl darin zu suchen, dass man teilweise den Eingaben der Bürger mit den damit verbundenen Forderungen zu Reparaturanliegen im kleinen Rahmen nachkommen wollte. Viele Eingaben und Forderungen der Mieter mussten leider ohne befriedigende Antwort bearbeitet werden. Auch die Qualität der Arbeiten, die im Rahmen der Feierabendtätigkeit durchgeführt wurden, sehe ich sehr kritisch. Eine der Folgen von Feierabendtätigkeit war, dass sich einige Bürger für diese Nische spezialisierten. Es kann auch die Frage gestellt werden, ob und wie die Arbeit der Werktätigen, die der zusätzlichen Tätigkeit nachgingen, in den Betrieben darunter gelitten hat. Mitunter verschob sich die wahre Leistungszeit durch das Gesetzblatt in die Freizeit des Werktätigen. Hier wurde eine Möglichkeit eines zusätzlichen Verdienstes über den Bereich der freiwillig bezahlten Tätigkeit geschaffen. Der Vorteil für die Werktätigen, die ein Entgelt für erbrachte Leistungen gemäß Gesetzblatt erhielten, bestand darin, dass sich die Tätigen Extrawünsche erfüllen konnten. So half das Geld mitunter beim Ansparen für einen PKW. In der Regel handelte sich um das lang ersehnte Auto, Typ Trabant oder man konnte sich kleine Wünsche erfüllen und vielleicht mal in einem Delikatessengeschäft einkaufen. Eine Büchse Ananas oder Pfirsich, ein Glas Honig oder andere kleine Leckereien konnten gekauft werden, wofür sonst das Geld einfach nicht vorhanden war.

Nun, an diesem denkwürdigen ersten Sprechtag begann für mich das wahre Leben. Meine Erkenntnisse wurden immer größer, besonders im Hinblick auf die reale DDR-Politik, aber auch in Hinsicht auf die vielen schönen und interessanten Erlebnisse mit den Menschen. Manchmal waren es leider auch tragische Ereignisse, die ich mit der Arbeit, nah am Menschen, miterlebte. Kurz gesagt, ich lernte viele Menschen kennen. Aber auch manche Behörde erlebte ich und lernte dabei viel. Ich lernte die Menschen so zu nehmen, zu verstehen, zu akzeptieren, wie sie sind und ich sah meine Aufgabe darin, das Beste aus der jeweiligen Situation zu machen. Das bedeutete für mich, meine Emotionen im Griff zu haben und Sachverhalte und Situationen sachlich abzuklären. Für die Beteiligten waren Lösungen anzustreben und zu erreichen, mit denen die Betroffenen auch leben konnten. Dabei lernte ich mit Versprechungen sehr vorsichtig umzugehen, einfach um ein Vertrauen nicht zu gefährden, vielmehr zu wahren oder herzustellen. Nicht nur in der DDR-Zeit war dies sehr angebracht. Als Verwalter war es uns kaum möglich, größere Realisierungen mit den notwendigen Erhaltungs- oder Reparaturarbeiten zu versprechen, da wir nicht wussten, ob die Absicherung der unterschiedlichen Arbeiten garantiert werden könnten. Mir war es wichtig, die Mieter mit Instandsetzungsarbeiten, welche zu dieser Zeit rar waren, einfach mal positiv zu überraschen. Damit wurde, so denke ich, ein besseres zwischenmenschliches Vertrauen aufgebaut und den Enttäuschungen, die durch das DDR-System vorprogrammiert waren, personenbezogen etwas entgegengewirkt. Besonders schön empfand ich es, wenn sich die Mieter dann meldeten. Und im Gespräch mitteilten, dass sie mit dieser oder jener Reparatur gar nicht mehr gerechnet hätten. Trotzdem sei der Handwerker gekommen und habe alles erledigt. Sie freuten sich sehr darüber, dass ihr Anliegen, mitunter auch nach einer Wartezeit, nicht vergessen wurde.

Es ist nicht leicht, Vertrauen zu Menschen aufzubauen, doch es lohnt sich zu jeder Zeit. Egal, ob es in einer Mangelwirtschaft oder in der jetzigen Überflussgesellschaft ist. Der gesellschaftliche Rahmen mit der jeweiligen Gesellschaftsordnung scheint dabei nicht der ausschlaggebende Faktor zu sein.

Kapitel 2

Das Hausbuch

In der DDR bestand eine strenge Meldepflicht. Dieser Pflicht mussten fast alle Personen nachkommen. Nur ein stark begrenzter Personenkreis war davon befreit (wie Diplomaten, Konsule usw.).

Wenn ein Bürger der DDR eine neue Wohnung erhielt, so erfolgte dies mittels einer Wohnungszuweisung. Die Wohnungszuweisung begründete das Recht, eine andere Wohnung zu beziehen. Die Zuweisung wurde durch das örtliche Wohnungsamt ausgestellt. Die Wartezeit auf eine Wohnungszuteilung war sehr lang, sie betrug viele Monate, in der Regel meist mehrere Jahre.

Abgesehen von der staatlich gelenkten Wohnungsvergabe war ein Wohnungswechsel mit vielen weiteren Vorschriften, Verordnungen und mit der Meldepflicht verbunden, die man unbedingt einzuhalten hatte.

So musste in jedem Haus ein sogenanntes Hausbuch vorhanden sein. Eine ordnungsgemäße Führung war Bedingung. Zuständig dafür waren die Verantwortlichen für das Haus, wie Hausbesitzer, Verwalter oder Leiter des Hauses (dies galt auch für Barackenlager).

Die Inhalte der Meldeordnung, in Verbindung mit der Hausbuchführung, will ich kurz aufzeigen. Vielleicht gelingt es damit, einen kleinen Einblick in das einstige System und in die damaligen Vorschriften zu geben.

Die Punkte 1. bis 4. und die folgenden Abschnitte fand ich in einem Hausbuch, welches ab 1952 bis 1989 geführt wurde. Die Hausbücher erhielten der Hausbesitzer bzw. der Verwalter oder der Hausbuchbeauftragte zur exakten Führung. Im Buch wurden Fragen zu Hausbuchführung aufgezeigt und gleich beantwortet. Ich will hier einige Fragen mit den Antworten, die im Hausbuch auf Seite 2 standen, aufzeigen:

„Wer muss sich polizeilich melden und wann erfolgt die Eintragung in das Hausbuch?

- Wer eine Wohnung bezieht, muss sich innerhalb von drei Tagen polizeilich anmelden. Als Wohnung gilt auch die Schlafstelle oder das Mitbenutzen einer Wohnung.
- Wer aus einer Wohnung auszieht, um eine neue Wohnung zu beziehen, muss sich innerhalb von drei Tagen polizeilich abmelden.
- Wer an einem anderen Ort arbeitet und dort eine Wohnung bezieht, muss sich innerhalb von drei Tagen bei der Meldestelle seines bisherigen Wohnsitzes polizeilich abmelden (auch wenn die bisherige Wohnung beibehalten wird).
- Wer sich länger als drei Tage zu Besuch aufhält, muss sich im Hausbuch eintragen lassen und unter Vorlage seines Personalausweises polizeilich an- und abmelden. (Die Vorlage des Hausbuches ist nicht erforderlich.)

Wo muss man sich polizeilich melden?

Die Meldung ist bei der örtlich zuständigen Meldestelle der Volkspolizei vorzunehmen, nachdem die Eintragung im Hausbuch erfolgte.

Wo ist die polizeiliche Meldung vorzunehmen?

Bei jeder An- und Abmeldung ist von der zu- oder verziehenden Person neben dem Personalausweis stets das Hausbuch vorzulegen.

Bei Umzug innerhalb einer Gemeinde (auch einer Stadt) entfällt die polizeiliche Anmeldung. Es genügt für die umziehende Person die polizeiliche Anmeldung bei der für die neue Wohnung zuständigen Meldestelle der Volkspolizei. Dabei ist der Personalausweis und das Hausbuch der neuen Wohnung vorzulegen. In diesen Fällen muss das Hausbuch der bisherigen Wohnung durch den Hausbesitzer (verwalter) selbst bei der für diese Wohnung zuständigen Meldestelle der Volkspolizei vorgelegt werden.

Was ist bei Namensänderungen zu beachten?

Bei Namensänderungen (Eheschließungen, Scheidungen, Geburten, Adoptionen u.ä.) ist das Hausbuch mit dem Personalausweis durch die betreffende Person oder durch ein anderes ausweispflichtiges Familienmitglied vorzulegen.

Bei einem Sterbefall ist die Vorlage des Hausbuches nicht erforderlich. Der Sterbefall ist durch den Hausbesitzer in der Spalte „Abgemeldet" zu vermerken.

Die Aufgaben der Hausbesitzer bzw. Wohnungsinhaber!

Der Hausbesitzer (-verwalter) ist verpflichtet, alle Personen (auch Kinder), die sich länger als 3 Tage im Hause aufhalten, in das Hausbuch einzutragen und zu prüfen, ob der Meldepflicht bei der Volkspolizei nachgekommen wurde. Bei Untermietern oder anderen in seiner Wohnung befindlichen Personen ist neben dem Hausbesitzer auch der Hauptmieter verpflichtet, den Personalausweis einzusehen. Wird die polizeiliche Meldung unterlassen, der Eintrag in das Hausbuch verweigert oder unterlassen oder die Einsicht in den Personalausweis verweigert, so muss der Hausbesitzer (-verwalter) dies innerhalb von 24 Stunden der zuständigen Meldestelle der Volkspolizei melden und das Hausbuch vorlegen. Der Wohnungsgeber ist verpflichtet, solche Wahrnehmungen dem Hausbesitzer mitzuteilen.

Erfolgt bei besuchsweisem Aufenthalt die Anreise nicht unmittelbar vom ständigen Wohnort, so ist in der Spalte „Ständige Wohnanschrift" des Hausbuches auch der Ort des Zwischenaufenthaltes einzutragen, wenn dieser über 3 Tage dauerte. Von einem besuchsweisen Aufenthalt hat der Hausbesitzer der Meldestelle der VP außerdem stets schriftlich oder persönlich Mitteilung zu machen.

Wer muss das Hausbuch führen?

Das Hausbuch ist von den Hausbesitzern oder -verwaltern, getrennt für jedes Hausgrundstück, Hinter- oder Nebengebäude, zu führen. Es genügt ein Hausbuch, wenn im Vorder- und Hintergebäude nicht mehr als 15 Familien wohnen.

Die Hausbesitzer oder -verwalter können auch andere im Hause wohnende Personen damit beauftragen, jedoch nur dann, wenn sie nicht selbst in diesem Hause wohnen. Die Verantwortlichkeit liegt in solchen Fällen weiter bei den Hausbesitzern (siehe § 8 der Meldeordnung und § 4 der 3. Durchführungsbestimmung zur Meldeordnung).

Die mit der Führung des Hausbuches beauftragten Personen können sich bei der Meldung an die Meldestelle der Volkspolizei durch andere nächste ausweispflichtige Familienangehörige vertreten lassen.

Wem darf in das Hausbuch Einsicht gewährt werden?

Einsicht in das Hausbuch darf nur Angehörigen der Sicherheitsorgane des Staates sowie den Straßen- und Hausvertrauensleuten gewährt werden, wenn sie sich entsprechend ausweisen können.

Die Verletzung der Meldepflicht ist eine strafbare Handlung!

Die zuziehende oder verziehende Person sowie die Hausbesitzer und Wohnungsgeber können mit Geldstrafe bis zu 150,- DM oder mit Haft bis zu sechs Wochen bestraft werden, wenn sie die ihnen auferlegte Meldepflicht nicht erfüllen.

Jeder Bürger sollte in seinem Hause mit dazu beitragen, dass jeder Mitbewohner die Meldepflicht kennt und beachtet."

Gemäß den damaligen gesetzlichen Bestimmungen waren die Hausbesitzer, Verwalter eines Hauses oder Leiter von Barackenlagern in Gemeinden über 5000 Einwohner gezwungen, die Verordnung zur

Meldepflicht einzuhalten und ein Hausbuch zu führen. Zu der Meldeordnung der Deutschen Demokratischen Republik, vom 06. September 1951 gab es weitere Bestimmungen und Erläuterungen zur Meldeordnung. So wurde zum Beispiel die 3.Durchführungsbestimmung zur Meldeordnung vom Ministerium des Inneren mit Unterschrift des Ministers Stoph am 06. November 1952 verordnet. Die Durchführungsbestimmung trat dann mit ihrer Veröffentlichung in Kraft.

Zur „Verinnerlichung" will ich kurz zusammenfassen:

In jedem Haus gab es damals einen Hausbuchbeauftragten. Das konnte der private Hauswirt, ein Mieter oder ein Hausvertrauensmann bzw. eine Hausvertrauensfrau sein. Dieser Person oblag die Pflicht, dass sie die im Hausbuch vorhandenen Spalten ausfüllte und alle im Haus wohnenden Mieter mit Namen, Vornamen, Geburtsdatum, Geburtsort, zur Zeit ausgeübter Tätigkeit, Personalausweisnummer und Staatsangehörigkeit erfasste und eintrug. Im Hausbuch wurden sogar das Stockwerk und die Lage der Wohnung vermerkt, in welchem der Mieter wohnte. Ein Hauptmieter, welcher einen Untermieter beherbergte, war ebenfalls in das Hausbuch einzutragen. Alle angemeldeten Personen mussten in das Buch eingetragen werden und hatten darin zu unterschreiben. Ebenso wurde der Auszug aus dem Haus mit Datum der Austragung, neuer Anschrift und mit Unterschrift festgehalten. Auch Geburten mussten die Eltern oder andere Erziehungsberechtigte in das Hausbuch eintragen.

Durch die Sicherheitsorgane, den ABV (Abschnittsbevollmächtigten) und andere ermächtigte Personen oder Dienststellen wurden Kontrollen des Buches vorgenommen. Nach der Kontrolle wurden die Hausbücher in der Regel mit dem Stempel des zuständigen Volkspolizei-Kreisamtes versehen.

Am 15./16. Juli 1965 aktualisierte der Ministerrat der DDR die Meldeordnung und beschloss eine neue erweiterte „Verordnung über das Meldewesen der Deutschen Demokratischen Republik - Meldeordnung - (MO)".

Diese Meldeordnung wurde vom Ministerium des Inneren erarbeitet und trat am 01. Januar 1966 in Kraft. In der Erläuterung zur Meldeordnung machte sich die Verordnung aufgrund der „neuen gesellschaftlichen Verhältnisse" und des „Aufbaues des Sozialismus" erforderlich. In einer Broschüre des Ministeriums wurde die Anordnung entsprechend erläutert. Die Anordnung war vom Minister des Inneren und Chef der Deutschen Volkspolizei, „Dickel, Generaloberst" unterzeichnet.

Mit den Erläuterungen zur Verordnung zum Meldewesen der DDR - Meldeordnung- (MO), wurde die Meldepflicht der damaligen Situation angepasst. Sie wurde zum Teil gelockert aber auch verschärft. Die Vorlage des Hausbuches war bei der Meldestelle bei Erfüllung aller Meldepflichten einerseits nicht mehr erforderlich. Auch bei Bürgern der Bundesrepublik, die sich mit einer Tagesaufenthaltsgenehmigung in der Hauptstadt der DDR aufhielten, entfiel z. B. die Meldepflicht. Die Meldefristen im Grenzgebiet der DDR zur Bundesrepublik und Westberlin waren andererseits auf Grund der Grenzordnung (Gesetzblatt Teil II S. 257 vom 19.3.1964) sehr kurz. Die Meldepflicht in der Sperrzone musste innerhalb 12 Stunden und im Schutzstreifen der Grenzgebiete sofort nach der Einreise erfolgen.

Personen, die in die DDR einreisten und in dieser nicht gemeldet waren, hatten sich binnen 24 Stunden persönlich bei dem für den Aufenthalt zuständigen Volkspolizeikreisamt anzumelden und vor der Abreise ebenso wieder abzumelden (s. § 10 Erläuterung zur Verordnung über das Meldewesen der DDR vom 15.07.65). Das traf besonders die Verwandten, die aus Westdeutschland zu Besuch in die DDR einreisten, sehr hart und erschwerte deren Besuchswilligkeit.

Unabhängig von der An- oder Abmeldung beim Polizeikreisamt hatte sich der Besuch ordnungsgemäß in das Hausbuch einzutragen.

Die politischen Entwicklungen schlugen sich auch in der Meldeordnung nieder. So hatten sich Binnenschiffer, Personen für Gemeinschaftsunterkünfte (Fachschulen, Universitäten usw.) ebenso an- und abzumelden.

Besonderes Augenmerk wurde auch auf Beherbergungsstätten wie Hotels und auf deren Gästeverzeichnisse, sowie beim Aufenthalt auf Zeltplätzen und auf Personen, die mit Wohnwagen von Ort zu Ort zogen, gelegt. Auch das Gesundheitswesen wurde von der Meldepflicht nicht ausgenommen. Damit erreichten die Sicherheitsorgane eine zeitnahe Kontrolle mit einem relativ dichten Überwachungsnetz. Es liegt die Vermutung nahe, dass in diesen Jahren das Ministerium für Staatssicherheit forciert ein dichtes Netz über die Bürger bzw. Mieter aufbaute. Später, so denke ich, standen „willige" Bürger in fast jedem größeren Haus als Ansprechpartner für „Meldefragen" zur Verfügung. Das heißt nicht, dass jeder Informant inoffizieller Mitarbeiter dieser „Einrichtung" war. Vielmehr, so ist meine Erfahrung, wurde bei Menschen, die im Staatsapparat beschäftigt oder diesem nahe standen oder in der Einheitspartei gebunden waren, entsprechend nachgefragt.

Auf weitergehende Ausführungen zur Meldepflicht möchte ich verzichten, da dies zu weit führt und den Rahmen um das Thema sprengt.

Wer sich über die Meldeordnung (MO) und die Erläuterungen zu den Verordnungen und Anordnungen zum Meldewesen in der Deutschen Demokratischen Republik informieren möchte, kann sich in den Archiven bestimmt gut weiterbilden.

Hausbuch

für die

Deutsche Demokratische Republik

**An alle Bürger
der Deutschen Demokratischen Republik!**

Die Deutsche Volkspolizei weist darauf hin, daß es
nach der Verordnung über die Einführung Deutscher
Personalausweise vom 18. November 1948 (§ 19,
Ziff. 3) verboten ist, widerrechtlich seinen Deutschen
Personalausweis anderen Personen zur Benutzung zu
übergeben. Bürger, die gegen diese Bestimmung ver-
stoßen, können mit Gefängnis oder Geldstrafe bis
zu 10 000,— DM bestraft werden.

Kapitel 3

Vom Wohnungsmangel zum Wohnungsüberfluss

Wo lagen mit die Wurzeln des Wohnungsnotstandes, so wie ich ihn in der DDR und besonders hier in der Region, miterlebte?

Um die Ursachen der Not etwas zu durchleuchten, sollte man einen Blick in die Geschichte der vergangenen Jahrzehnte wagen. Mit dem Ende und durch die Nachwirkungen des 2. Weltkrieges begann für viele Menschen eine lange Leidenszeit. Städte und Häuser waren durch Bombardements, Brand und Plünderungen stark zerstört, beschädigt oder nicht mehr bewohnbar. Viele Menschen hatten durch den Krieg ihre Unterkunft, ihre Wohnung, ihr Heim, ihr Hab und Gut verloren. Sie suchten bei Verwandten oder Bekannten nach einer Bleibe, einer Unterkunft, einer Wohnmöglichkeit. Überdies wurden viele Menschen gezwungen, ihre ehemalige Heimat, die im Sudetenland, Schlesien und in anderen deutschen Ostgebieten lag, zu verlassen. Bedingt durch die Vertreibungen und die großen Flüchtlingsbewegungen musste massiv Wohnraum in dem von den Alliierten besetzten Deutschland geschaffen werden.

Die Bereitstellung von Wohnungen wurde, je nach den örtlichen Gegebenheiten in den Städten und Dörfern, recht streng gehandhabt. Staatliche Gebäude, wie ehemalige Finanzämter, Zollämter, Kasernen oder große alte historische Gebäude sollten nun Wohnzwecken dienen. Diese Gebäude mit den ehemals recht großen und unterschiedlich genutzten Räumen wurden nun zu Wohnungen umfunktioniert. Dementsprechend einfach und bescheiden war die Ausstattung dieser Notunterkünfte. Die meisten Menschen waren froh, erst einmal ein Dach über dem Kopf zu haben. Wasser- und Abwasserstellen befanden sich nicht selten im Hausflur. Auch die Toiletten mussten gemeinsam mit den anderen Mietern genutzt werden. Die Toiletten befanden sich, wie es damals häufig üblich war, vielfach außerhalb der Wohnungen. Die Bewohner suchten dazu einem besonderen Trakt des Hauses auf. Diese Zustände hielten über viele Jahre oder Jahrzehnte an. Nicht alle Menschen konnten durch die Kriegsfolgen in Häusern untergebracht werden. Deshalb suchten die Kommunen nach weiteren Wegen. Sie stellten den wohnungssuchenden und vertriebenen Menschen Land zur Verfügung. Auf diesen Flächen entstanden dann Wohnbaracken. Umgangssprachlich wurden diese schlichten Baracken als Behelfsheime bezeichnet. Die Menschen sahen dies als Chance für ein neues Zuhause. Sie bauten an den Unterkünften aktiv mit, mit dem wenigen Material, was damals noch vorhanden war und begrenzt zur Verfügung stand. Um sich diese Behelfsheime vorzustellen, kann man an einfache Gartenlauben denken, die hauptsächlich aus Holz errichtet wurden. Diese provisorischen Heime wurden in der späteren Zeit teilweise massiv ausgebaut oder abgerissen.

Häufig wurden die Menschen aber in umgenutzten Gebäuden untergebracht. Zahllose Bürger nahmen die Flüchtlinge und Vertriebenen aus eigenem Antrieb in ihrem Haus, in ihrer eigenen Wohnung auf. Eine große Anzahl von Hauseigentümern gaben den Vertriebenen Obdach in Nebenräumen. Große Wohnungen wurden recht schnell zu Notwohnungen umfunktioniert. Aber die Wohnungsnot war nach dem Krieg zu gewaltig und kaum schnell zu lindern. Zusätzlich wurden durch die Besatzungsbehörden, auch in unserer Region, in mehr oder minderer Zusammenarbeit mit den örtlichen Kommunen, ganze Herrschaftshäuser, Schlösser, Villen oder Mietshäuser beschlagnahmt. Zwangsweise wies man die obdachlosen Menschen in diese Häuser oder Wohnungen ein. Viele Hauseigentümer wurden durch die Beschlag- oder Teilbeschlagnahme ihres Eigentums gezwungen, die obdachlosen Menschen und die Vertriebenen in ihr Haus aufzunehmen. Dazu wurden große Wohnungen, welche eine ganze Etage umfasste, schlicht und einfach geteilt. Damit entstanden aus einer größeren Wohnung mehrere kleine Teilwohnungen. Oft gab es auf einer Etage dann neben dem gemeinsamen Flur auch eine gemeinsame Küchennutzung. Selbst die Toilette, und wenn vorhanden auch das Bad, mussten gemeinsam genutzt werden.

In dieser harten Nachkriegszeit wurden Gesetze, Verfügungen und Regelungen beschlossen, welche die Kriegsfolgen und die daraus resultierende Wohnungsnot mindern sollten. Wichtig war es, dass den Flüchtlingen, die ihr Hab und Gut durch den 2. Weltkrieg verloren hatten, geholfen wurde. Den Besatzungsmächten und den regierenden Politikern blieb keine andere Wahl, als auf dieser Weise und so streng zu handeln. Die Folgen des Krieges sollten für die Menschen so schnell wie möglich minimiert werden. Ost- und Westdeutschland gingen dabei recht unterschiedliche Wege. In Ostdeutschland, durch den neuen politischen und kommunistischen Kurs bedingt, kam es massenweise zu Enteignungen von auch wenig wertvollem Privateigentum. Ich möchte die unterschiedliche Eigentumspolitik im damaligen Deutschland nicht weiter beschreiben. Für mich sind nur die Wohnverhältnisse wichtig, die sich aus der Geschichte entwickelten. Das Resultat konnte ich bei meiner täglichen Arbeit über einen langen Zeitraum mit ansehen. Deshalb versuche ich diese Gegebenheiten, so gut ich es vermag, zu beschreiben. Wie gesagt, viele Wohnungen wurden damals zerteilt. Damit entstanden viele Teilmietverhältnisse mit kleinen Wohnungen.

Die Zustände im Gebiet der südlichen Oberlausitz änderten sich nur sehr langsam. Günstiger mag später die Lösung der Wohnungsprobleme in Großstädten oder Industrieballungszentren mit staatlich gewollter Industrieentwicklung gewesen sein.

Die Wohnungsknappheit bestand in der DDR, in unserer Region über viele Jahrzehnte bis etwa Anfang der 90er Jahre.

Schauen wir auf die Wohnungssituation in der DDR-Zeit und wie entwickelte sie sich? Die Menschen in der DDR erhielten ihre Wohnungen durch das Wohnungsamt. Wohnraum wurde durch die staatlichen Stellen vergeben und zugeteilt. Es war eine mangelhafte und schleppende Versorgung. Gründe dafür gab es viele. So waren nur geringe Wohnungskapazitäten vorhanden und der Bedarf an Wohnungen war viel zu hoch. Deshalb blieb die Masse der Wohnungsanträge mehrere Jahre lang in der „Bearbeitung". Verzweifelte Hilferufe der Menschen an die staatlichen Organe hörte man wohl, doch die Voraussetzungen für eine schnelle Abhilfe waren sehr begrenzt. In Verbindung mit bevorstehenden Wahlen baten die Menschen massenhaft die politischen Organe um Unterstützung und

Hilfe für die Lösung ihrer persönlichen, mitunter haarsträubenden und schlimmen Wohnungsprobleme. Selbst Eingaben der Bürger, die an den Staatsratsvorsitzenden der DDR oder an andere politischen Organe gingen, brachten nur wenig Besserung oder blieben gänzlich ohne Erfolg. Hier und da half man, doch alles war sprichwörtlich nur „ein Tropfen auf den heißen Stein". Die vorhandenen Wohnungen reichten vorn und hinten nicht und viele Menschen mussten mit diesen schlimmen Zuständen weiterleben. Junge Leute erhielten zur DDR-Zeit meist erst nach jahrelanger Wartezeit eine Wohnung zugewiesen. Eine Heiratsurkunde versprach zwar größere Chancen zum Erhalt einer Wohnung. In den seltensten Fällen erhielt das junge Paar aber eine angemessene und vielleicht noch abgeschlossene Wohnung. Der spätere Neubau von Wohnblöcken mit modernem Ausstattungsgrad konnte die Probleme nicht lösen. Auch die sogenannten Ausbauwohnungen, die mit Hilfe von Betrieben, den Kommunen und durch die Bürger mit Aus- und Umbauverträgen dem Wohnungsmarkt wieder zugeführt wurden, lösten die Wohnungsfrage nicht.

Die begonnene Rekonstruktion und teilweise Modernisierung der Häuser in den 70er Jahren brachte nur eine geringe Wohnverbesserung für die Menschen. Der Bedarf war einfach zu groß. Durch die vergangenen Jahrzehnte mit den unterlassenen oder mangelhaft durchgeführten Instandhaltungen, waren viele Häuser oder Wohnungen abgewohnt und nicht mehr vermietbar. Nicht selten mussten Wohnungen infolge der großen Baumängel, da Gefahr für Leib und Leben der Menschen nicht ausgeschlossen werden konnte, für die Vermietung durch die Bauaufsicht gesperrt werden. Gar manche Wohnung wurde wegen Unbewohnbarkeit freigelenkt. Die Unzufriedenheit der Menschen, nicht nur im Bereich der Wohnungspolitik, wuchs ständig. Viele Menschen zogen die schmerzliche Konsequenz und verließen die DDR, ihre angestammte Heimat. Es gab viele Rentner, welche ganz offiziell die Ausreise beantragten und durch den Staat die Genehmigung zur Ausreise erhielten. Der Nutzen für die DDR war dabei offensichtlich. Renten- und Gesundheitskosten wurden damit eingespart. Des Weiteren erhielt man zusätzliche Wohnungen für die Wohnungssuchenden und der Vergabeplan wurde etwas reicher. Daraus ergab sich auch eine indirekte Stärkung der Wirtschaft. Trotzdem wuchs die Zahl der unzufriedenen Menschen ständig. Nicht nur das Wohnen war damals ein großes Thema, als viele Menschen unzufrieden waren. Nein, die gesamten politischen Gegebenheiten, wie sie bestanden, wollten die meisten Menschen nicht mehr akzeptieren. Sie griffen zur letzten Möglichkeit und entschieden sich für die Ausreise in die Bundesrepublik, wobei das ein gefährlicher, schwieriger und nervenaufreibender Weg war. Nicht wenige Menschen gab es, die es infolge ihrer politischen Anschauung und vielleicht auch auf Grund ihres Ausreiseantrages mit den Sicherheitsorganen zu tun bekamen. Die geäußerte Unzufriedenheit führte manchen Bürger in den Knast. Viele politischen Gefangenen wurden durch die Bundesrepublik mit Hilfe der harten Währung freigekauft und konnten die DDR verlassen. Auch in diesem Zusammenhang wurde manche Wohnung für einen „neuen Vermietungsprozess" frei. Trotz dieser „zusätzlich gewonnenen Kapazitäten" war eine Besserung auf dem Wohnungsmarkt kaum spürbar.

Nach der Wende begann man mit einer schnellen Umstrukturierung der Wirtschaft mit all ihren Folgen. Ein Großteil der Menschen wurde, nicht nur hier in der Oberlausitz, arbeitslos. Große Industriestandorte, wie die der Textilbranche, Phonotechnik, Automobilbranche, Metallbranche und Chemiebranche brachen zusammen.

Massenweise waren die Menschen gezwungen, sich beruflich neu zu orientieren. Mit der Suche nach anderen Arbeitsplätzen und Arbeitsmöglichkeiten verlor unsere Region weitere Menschen. Nicht wenige Menschen verdienten ihren Lebensunterhalt in den alten Bundesländern. Eine ehemalige freiwillige Entscheidung zur Flucht oder Ausreise aus der DDR wandelte sich später in eine „notgedrungene Abwanderung" aus der Heimat in ein westlich gelegenes, altes Bundesland. Diesen „Entwurzelungsprozess" mussten aus der Not heraus zahlreiche Menschen gehen. Sie flohen diesmal wegen der Arbeitslosigkeit oder dem geringen Verdienst. Sie wollten sich den notwendigen Lebensunterhalt durch ihr Können anderswo verdienen. Unzählige Menschen pendelten und pendeln noch heute zwischen Ost- und Westdeutschland hin und her. Sie fanden ihre

Arbeit, ihren Verdienst in einem alten Bundesland, später oft in der sogenannten Leiharbeit. Aber zum Wochenende, da geht oder ging es mit Vollgas nach Hause, heim zur Familie, um für wenige Stunden bei Frau und Kind oder Freunden zu sein. Sind solche Umstände für eine Familie oder für eine Partnerschaft förderlich?

Ich gehe davon aus, dass es diesbezüglich bereits statistische Erhebungen gibt und auch die Folgen untersucht wurden.

In der DDR waren, wenn auch regional differenziert, viele Menschen von dem Wohnungsdilemma und dessen Folgen stark betroffen. Mancher Bürger hatte durch diese Not sehr schlimme Erfahrungen gemacht. Nicht nur unsere Familie, sondern weitere Menschen können aus ihrer Erinnerung heraus ein gar trauriges Lied singen.

Die Wohnungsnot war nur ein negativer, aber nicht unerheblicher Faktor, der die Unzufriedenheit der Bürger verfestigte. Zuletzt, so meine ich, gipfelte die stetig wachsende politische und wirtschaftliche Unzufriedenheit in der friedlichen Revolution 1989. Das Maß war voll und der Höhepunkt erreicht. Das alte System wurde verlassen. Der Weg in eine neue Gesellschaftsordnung begann.

Mit der neuen Gesellschaftsordnung wurden gravierende Änderungen auf dem Wohnungsmarkt durchgeführt.

Dennoch gab es weitere Anlässe, die den Wohnungsmarkt nachhaltig veränderten. Ich versuche hier ein paar Auslöser aufzuzeigen:

- Wie bereits erwähnt, verließen viele Menschen ihre Region der Arbeit wegen und fanden in den alten Bundesländern oder in angrenzenden westlichen Staaten eine Wohnung mit einer neuen Heimat.
- Die Geburtenrate sank drastisch. Viele Unsicherheiten resultierten aus den Wirtschaftswandel. Für die erwerbsfähigen Menschen begann der Kampf um den Arbeitsplatz. Jeder wollte sich seinen Lebensunterhalt sichern und unbedingt die Arbeit behalten. Die Menschen mussten ständig verfügbar und mobil sein. Der Wunsch, Nachwuchs zu zeugen und zu bekommen, kam durch die neuen Bedingungen

ins Hintertreffen. Die Geburtenrate kam ins Stocken und sank stark. Viele jungen Paare verzichteten durch diese Umstände auf Kinder. Die Abwanderung der arbeitsfähigen Menschen spürt man in der Oberlausitz deutlich. Damit ist auch ein Defizit an jungen und gebärfähigen Frauen festzustellen. So sind mir ganze Straßenzüge bekannt, in deren Häusern kaum noch junge Familien mit Kindern wohnten.

- Ein weiterer Grund besteht wohl darin, dass viele Menschen, die lange Zeit in standardisierten DDR-Neubaublöcken, in Schlafstädten wohnten, eine erhöhte Sehnsucht nach individuellen Wohnraum hatten und deswegen aus ihrer bisherigen Wohnung auszogen.
- Besonders minderwertige Wohnungen wurden verlassen. Der Wunsch und die Sehnsucht nach besseren Wohnbedingungen war sehr hoch und der Nachholbedarf war riesig.
- Die sozialen Strukturen in den großen Wohnvierteln änderten sich im Laufe der vergangenen Jahre zunehmend. Eine der Ursachen ist bestimmt in der hohen Arbeitslosigkeit begründet und ihren nachhaltigen sozialen Auswirkungen. Auch das Belegungsrecht für Wohnungen, damit bedürftige Menschen eine Bleibe erhielten, hatte nicht nur positive Auswirkungen.
- Manche Familie erfüllte sich nach der Wende, wenn es finanziell möglich war, ihren Wunschtraum und zog in ein eigenes Haus. Viele Eigenheime wurden in stadtnaher Gegend gebaut. Hier spricht man schon von sogenannten „Speckgürteln" der Städte.
- Die demografische Entwicklung ist ein weiterer Schwerpunkt, der den Wohnungsmarkt stark beeinflusste. Durch die Überalterung verstarben viele Menschen. Dies führte ebenfalls zu einen wachsenden Leerstand von Wohnungen. Eine größere Zahl von alten Menschen zogen in Häuser mit altersgerechten Wohnungen und verließen deshalb ihre bisherige Wohnung. Sie sehnten sich nach sicherem Wohnen und nach einer Betreuung. Es entstand auch die Wohnform des „Betreuten Wohnens". Die meisten Menschen, die eine

Pflegestufe oder einen Pflegegrad zuerkannt bekamen, verbringen ihren Lebensabend inzwischen in neugebauten oder modernisierten Pflegeheimen.

Wie war die Wirkung auf den Wohnungsmarkt?

Durch all die aufgeführten und weitere Gründe entspannte sich der Wohnungsmarkt zusehends. Unsere Stadt verlor in den vergangenen Jahren durch Abwanderung und Tod Tausende von Menschen. Es wuchs die Anzahl der freien Wohnungen weiter. Mit dem Fortgehen vieler Menschen entstanden politische Probleme. Daher versuchte die Politik entsprechend gegenzusteuern. So wurde das Programm Stadtumbau-Ost um 2002 ermöglicht. Tausende von Wohnungen in kleineren Städten wurden wegen Unterbelegung zurückgebaut. Mit anderen Worten, alte Bausubstanz, ganze Wohnblöcke oder einzelne Häuser wurden umgebaut oder abgerissen. Fördergelder des Staates trugen wesentlich dazu bei, den Markt etwas zu bereinigen und die Kosten für die Unternehmen zu minimieren. Dadurch verloren die Wohnungsunternehmen und andere Eigentümer zwar viele Wohnungen, doch was nutzt den Unternehmen leerstehender Wohnraum? Allein die Kosten für den Erhalt, die Vorhaltung und die Sicherung der leeren Bauwerke wären mit enormen finanziellen Belastungen für die Wohnungsunternehmen verbunden. Es musste zwangsläufig gehandelt werden. Die gering belegten Wohnungen wurden gezielt leergelenkt. Mieter bekamen Angebote für neue Wohnungen mit besserem Ausstattungsgrad. Es galt einerseits, den massiven Rückbau durchzuführen, andererseits ging es aber auch darum, die Städte aufzuwerten, indem die innerstädtischen und erhaltungswürdigen Häuser modernisiert und aufgewertet wurden. Die Zusammenarbeit mit den Kommunen und der Stadtplanung wurde forciert. Den Rückbau, so kann ich es aus eigenem Erleben sagen, versuchte man in Einklang mit der Bevölkerungsentwicklung zu bringen. Wenn wir zurückschauen können wir feststellen, dass die Bevölkerungsentwicklung hier in der Oberlausitz, vom Jahr 1970 ausgehend, kontinuierlich zurückging. Zum Glück wird der Bevölkerungsschwund nun langsamer. Dennoch wird die Anzahl der Einwohner in den nächsten Jahren weiter sinken, wenn nicht andere

Faktoren diesen Rückgang bremsen. Der freiwerdende Wohnraum wird weiter ansteigen und weitere Rückbauten werden notwendig werden. Das gilt aber kaum für Ballungsgebiete und die Großstädte da dort weiter eine große Wohnungsnot besteht. Hier wird nach anderen Lösungen gesucht.

Doch schauen wir uns einmal den Weg den die Wohnungsentwicklung gegangen ist, an.

Nach dem 2. Weltkrieg gab es schlimme Wohnungsnotlagen, die ich bereits näher beschrieb. Nun, nach den vergangenen Jahrzehnten stehen die Menschen vor einer völlig anderen Situation, die es zu bewältigen gilt. Der Weg änderte sich dahingehend, dass die „übervolle Straße der Wohnungsnot"im ländlichen Gebieten verlassen wurde und wir uns, bedingt durch die wirtschaftliche und demografische Entwicklung der Bevölkerung, auf der Straße des Wohnungsüberschusses bewegen.

Wie können wir diese Herausforderung meistern?

Es muss gesichert werden, dass gut ausgestattete Wohnungen für Mieter ausreichend zur Verfügung stehen. Große Leerstände müssen vermieden werden. Neben dem jeweiligen Wohnungsunternehmen sind die Wirtschafts- und Familienpolitiker, von der Stadt bis zum Bund, besonders in der Pflicht. Die Mieten müssen zum Einkommen der Mieter, egal ob Erwerbseinkommen oder Renteneinkommen, in einem akzeptablen und bezahlbaren Verhältnis stehen. Das soll die Möglichkeit eines vertretbaren Gewinns, mit der Sicherung der laufenden und steigenden Kosten für die Wohnungsunternehmen, einbeziehen.

Nun sind wir bei der Vermietung von Gewerberaum bis hin zur Wohnungsvermietung von der Mangelwirtschaft in der Überflussgesellschaft gelandet. Man hat über die Jahre, insbesondere ab 1990, einen sehr großen Qualitätssprung in der Wohnungs- und Immobilienwirtschaft geschafft. Menschen können ihre Wohnungen selbst auswählen und eine staatliche Zuweisung entfällt. Jeder kann und soll nach seinen Bedürfnissen wohnen, wie es die persönliche Finanzlage gestattet. Familien können sich ein Eigenheim, meinetwegen ein Schloss bauen oder errichten lassen, ohne mit Materialschwierigkeiten kämpfen zu müssen. Nur die persönlichen Finanzen bzw. ein solides Beschäftigungsverhältnis, verbunden mit guter Gesundheit, sollten als eine gute Voraussetzung gesichert sein. Trotz der vielen Möglichkeiten und der Vielfalt beim Wohnen werden die meisten Menschen aus den unterschiedlichsten Gründen heraus weiter in Mietwohnungen wohnen und leben wollen. Deshalb wird es immer wichtiger, dass unsere Städte attraktiver, bunter und lebendiger werden müssen. Die Menschen wollen in den Städten nicht nur schlafen, nein, sie wollen leben und das Leben voll genießen. Deshalb ist eine hervorragend ausgebaute Infrastruktur unabdingbar. Verkehrsanbindungen, Kulturangebote, Gaststätten, viele Einkaufsmöglichkeiten, Gesundheitseinrichtungen, Krippen, Sportmöglichkeiten, Kindergärten und mannigfache Wohlfühle und Dienstleitungsangebote sind unter anderem für eine tolle Stadt, für ein ausgezeichnetes Wohnen, unerlässlich.

Neue Wohnformen sind zu finden. Junge und ältere Menschen sollten dabei überlegter zusammengeführt werden, damit sie einander besser verstehen und voneinander lernen können und sich gegenseitig helfen, besser respektieren und akzeptieren können. Jeder Mensch soll sich, egal ob er jung oder alt ist, in seiner Stadt gut aufgehoben und wohlfühlen können. Erst dann wird die Stadt eine gute, eine lebenswerte und für den einzelnen Menschen wirklich auch seine Stadt sein.

Kapitel 4

Persönlich erlebte Wohnungsnot

Meine Frau und ich mussten 1973, in dieser Zeit, die Wohnungsnot noch am eigenen Leibe miterleben.

Ich will davon erzählen:

Wir waren verlobt und wollten in absehbarer Zeit heiraten. Wo wir gemeinsam wohnen konnten, wussten wir nicht. Mit einem schnellen Erhalt von Wohnraum, auch wenn man heiratete, konnte man nicht rechnen. Die Warteliste von unzähligen Wohnungssuchenden war sehr lang und unsere Hoffnung auf eine Wohnung war damit sehr gering. Doch wir hatten Glück und uns kam der Zufall zu Gute. Von einer alten Dame, welche im gleichen Mietshaus meiner zukünftigen Schwiegereltern wohnte und die der Familie meiner Frau wohlgesonnen war, erhielten wir ein Superangebot. Die Frau hatte mit ihrer Schwester viele Jahre in der Dachwohnung gewohnt. Plötzlich verstarb ihre Schwester. Daher war für die betagte Frau die Wohnung nach den geltenden staatlichen Vorschriften der DDR zu groß. Entweder musste sie in eine kleinere Wohnung umziehen oder sie war gezwungen, jemanden bei sich wohnen zu lassen. Da sie sich vor einem Auszug aus ihrer Wohnung scheute, erhielt meine Frau von ihr ein Angebot. Sie bot an, uns anderthalb Zimmer ihrer Wohnung mit ca. 20 m² Fläche zu überlassen. Dazu käme die anteilige und gemeinsame Küchenbenutzung mit etwa 4 m² Fläche. Voraussetzung war allerdings die Genehmigung durch die Wohnungskommission. Die fast 80-jährige Frau verschaffte uns damit die Möglichkeit, zumindest eine Teil-Wohnung zu erhalten. Da es ihr außerdem widerstrebte, gänzlich fremde Menschen in die Wohnung zu lassen und diese mit ihnen zu teilen, machte sie uns dieses verlockende Angebot. Sie kannte meine Frau seit Jahren und sie sah ein, dass ihr Angebot auch für sie selbst von Nutzen war. Vorher hatten wir zwei Bedingungen zu erfüllen. Erstens mussten wir schnellstens heiraten und zweitens hatten wir unverzüglich einen Wohnungsantrag bei der örtlichen

Wohnungskommission abzugeben. Gesagt, getan. Wir heirateten schnell. Danach gaben wir den Antrag für eine Wohnung ab. Das Angebot war für uns eine sehr große Chance. Diese wollten wir uns nicht entgehen lassen. Die alte Dame war über viele Jahre Mitglied in der Sozialistischen Einheitspartei Deutschlands (SED) und hatte ehrenamtlich in der örtlichen Wohnungskommission mitgearbeitet. Um auch ihr Wohnungsanliegen freundlich zu bearbeiten, wurde, so vermuten wir, zumindest ein Auge fest zugedrückt. Vielleicht wollte man auch ihre bisherige Arbeit honorieren. Auf jeden Fall kam man ihr bei der Lösung ihres Wohnungsproblems entgegen. Damit hatten wir Glück, dass uns die Wohnungskommission die kleinen Wohnräume zusprach. Mit Erhalt der Zuweisung bekamen wir das Recht, die Wohnräume zu beziehen. Es war zwar nicht unser Wunschtraum, aber es war eine Alternative, ein Start für uns, zumal wir nicht verwöhnt waren. Wir kannten sonst kaum eine andere Möglichkeit, Wohnraum zu erhalten. Der Wohnungsnotstand war damals, schlicht gesagt, riesig.

Die Instandsetzung einer Wohnung wurde damals von den Mietern meistens selbst durchgeführt. Elektromaterial, welches seinerzeit sehr schwer erhältlich war, erwarben wir mit Hilfe guter Beziehungen. Alte, brüchige Elektroleitungen, die noch aus der Zeit der Hauserrichtung stammten, wurden durch neue Leitungen ersetzt. Um unseren Stromverbrauch für die Abrechnung zu erfassen, wurde ein Unterzähler montiert. Damit wurde eine Abrechnung des Stromverbrauches an die Hauptmieterin möglich. Unsere Familie und mehrere Freunde halfen uns aktiv bei den Renovierungsarbeiten. Mein Schwager, von Beruf Elektriker, unterstützte uns tatkräftig bei der fachgerechten Installation der neuen Elektroleitung. Auch die Putz- und Malerarbeiten wurden durch uns durchgeführt. Mit viel Mühe renovierten wir unser Minireich. Die Eigeninitiative war zu der Zeit ganz selbstverständlich und wir empfanden diese Situation als normal. Das kleine Zimmer, eine bessere Abstellkammer, wurde unser Schlafzimmer und besaß eine Fläche von ca. 6 m². Das kleine längliche Wohnzimmer, bestehend aus einer Fläche von ca. 14 m² wurde durch einen transportablen Kohleofen beheizt. Wir versuchten unsere Wohnung mit kleinen Wohnmöbeln einzurichten. Leider war unsere finanzielle Situation nicht besonders. In diesen Jahren gewährte die DDR-Regierung finanzielle Hilfen für junge Ehepaare. Ehepaare erhielten bis zum Erreichen des 26. Lebensjahres einen zinslosen Kredit. Seit 1972 waren es 5000, später 7000 Mark. Die Rückzahlung des Kredites wurde mit monatlichen Raten von 50 Mark vorgenommen. Bei der Geburt des ersten Kindes wurden 1000 Mark und bei der Geburt des zweiten Kindes 1500 Mark der DDR gemindert bzw. erlassen. Mit der Geburt des dritten Kindes wurde der DDR-Kredit als getilgt angesehen. Mit der Gewährung dieses Kredites verfolgte der Staat im Wesentlichen zwei Ziele. Erstens sollte der Kredit den jungen Eheleuten beim Einrichten ihrer Wohnung helfen. Zweitens sollte sich das positiv auf den Nachwuchs der Familien auswirken. Der Sinn des Kredits war also familienpolitisch ausgerichtet. Bereits damals versuchte man, der Entwicklung einer Überalterung gegenzusteuern, indem man den jungen Familien finanzielle Hilfen eröffnete.

Wir nutzten diesen Kredit, um uns einzurichten. So kauften wir Kleinmöbel, ein komplettes Schlafzimmer, ein Sofa, einen Couchtisch sowie einen Kühlschrank. Auch zwei oder drei kleine, gebrauchte Schalenstühle erwarben wir, damit hatten wir eine Sitzgelegenheit für uns und unsere Gäste. Der Kühlschrank fand seinen Platz im Korridor. Die Möbel kamen in unser kleines Wohnzimmer. Aber auch der 5-türige Schlafzimmerschrank, der keinesfalls ins „Abstellkammer-Schlafzimmer" passte, erhielt seinen Standort im Wohnzimmer. Unser Wohnzimmer wurde immer kleiner und war wirklich mehr als eng. Doch die Freude über unser kleines Reich, welches sich im vierten Stock befand, war groß und für uns sehr wertvoll. Es gehörte uns Verliebten ganz allein. Wir waren zusammen und konnten uns immer nah sein. In der gemeinsamen Küche stand ein Kohleherd, welcher mit allerlei Sachen belegt war und deshalb kaum genutzt wurde. Die Hauptmieterin kochte ihre Speisen ausschließlich auf ihrem Gaskocher. Natürlich wollten wir auch eine Kochstelle besitzen und uns warmes Essen zubereiten. Das wiederum machte eine separate Gasleitung erforderlich, an welche unser Gaskocher, welcher aus 2 Flammen bestand, angeschlossen werden konnte. Infolgedessen hingen in unserem gemeinsamen Korridor zwei Gaszähler, für jede

Mietpartei einer. Mit der Zeit mussten wir feststellen, dass es nicht immer einfach ist, eine Wohnung teilen zu müssen. Die alte Dame und wir jungen Leute lebten auf geringem Raum zusammen und wir teilten viel. Die Küche mit der Wasser- und Abwasserstelle, das Kochen, Waschen, Putzen und die Trockentoilette, alles musste irgendwie einvernehmlich geregelt und geteilt werden, mit einer letztlich fremden Frau. Schwieriger wurde die Situation, als unser erstes Kind die Welt erblickte. Es war nicht nur eine neue Herausforderung. Es war für uns eine große Umstellung. Die beengten Verhältnisse zeigten ihre Wirkungen mehr und mehr. Das Badewasser für unser kleines Mädchen wurde in der Küche erwärmt. Gebadet wurde in der Stube, wo die Kinderbadewanne stand, weil in der Küche dafür einfach kein Platz war. Außerdem wurde die Küche, wie bereits erwähnt, nicht beheizt. Die Baumwollwindeln wurden, wie es üblich war, in einem großen Topf in der Küche gekocht. Das war immer eine Prozedur. Es gab leider kaum Alternativen. Viele junge Menschen hatten wohl die gleichen Probleme.

Der alte, unansehnliche, gusseiserne Ausguss wurde durch einen neuen emaillierten Blechausguss ersetzt. Zusätzlich erwarben wir durch Beziehungen ein Waschbecken aus Keramik, damit wir uns waschen konnten. Mit den kleinen Verbesserungen zum Ausstattungsgrad wurde die Bewegungsfreiheit in der Küche für alle noch geringer. Gebadet wurde regelmäßig, aber in größeren Abständen, oft im Waschhaus. In der Regel wurde der Badetag mit der Waschhausnutzung verbunden. Als Bademöglichkeit diente eine transportable und verzinkte Blechwanne, die auf viele Jahre ihres Blechlebens zurückblicken konnte. Das Badewasser wurde in dem vorhandenen Waschkessel erhitzt und in die Wanne geschöpft.

Auch wenn wir diese Zustände bei weitem nicht mehr zurückhaben wollen, freuten wir uns damals sehr, dass wir zusammenziehen konnten, miteinander wohnen durften und wir hatten beide Arbeit. Diese „prägende Wohnerlebnisse" waren in der früheren Zeit sehr gegenwärtig und wir konnten diese voll „miterleben und auskosten"!

Doch zurück zu unserem Erleben bei der Wohnungsnot und den Umständen. Wir schätzten ein, dass es vielen Wohnungssuchenden weit schlechter ging und gar mancher Wohnungssuchende hatte nicht einmal solch eine begrenzte Chance, wie wir sie bekamen.

Später ging der Kampf um eine Wohnung, nachdem unser zweites Kind die Welt erblickt hatte, erst richtig los. Neue Wohnungsanträge stellen, laufend nachfragen wegen der notwendigen Veränderung für unsere Familie, das war nur ein Teil der Mühen. Später, weil nichts geschah, waren wir verärgerter und verstärkten unser Bemühen durch Beschwerden und diversen Eingaben an die zuständigen staatlichen Stellen, wie an das Wohnungsamt. Wir benötigten unbedingt, da wir vier Personen waren, eine größere Wohnung. Das Amt wurde oft aufgesucht und unser Anliegen immer wiederholt. Das alles glich förmlich einem kleinen Kampf. Es wurde ein langer, nervenzehrender Streit um eine ganz normale Wohnung. Endlich erhielt unsere Familie eine Zweizimmerwohnung, natürlich ohne Bad. Da die Wohnung, in welche wir einziehen sollten, in einem Privathaus war, ging die Arbeit von Neuem los. Wir verlegten Elektroleitungen, tapezierten und malten, organisierten und kauften den zu erneuernden Küchenherd. Wir verlegten Belag, ließen alte Sanitäreinrichtungen erneuern und stritten darum, dass wir wenigstens einen kleinen Teil der Kosten von der alten Hauseigentümerin zurückerhielten.

Im Rückblick haben uns die Missstände damals schon sehr belastet und wir haben diese stark negativ empfunden, aber vielleicht nicht so nachhaltig, wie sie eigentlich waren. Wir waren jung, verliebt und unsere Welt war voller kleiner Abwechslungen. Die Sorgen und Kämpfe galten der Beschaffung einer Wohnung, von Material, Einrichtungsstücken, der Nahrung und kleineren materiellen Dingen.

Unsere Familie konnte sich über das mühsam Erreichte und über die vielen Kleinigkeiten immer sehr freuen. Heute ist die Welt für unsere Menschen offen und voller Möglichkeiten. Wir können viele und wertvolle Dinge kaufen und diese genießen. Bisweilen denke ich an die Freude zurück, die wir seinerzeit bei kleinen Dingen empfanden. Wo bleibt diese Freude jetzt? Vieles ist selbstverständlich geworden. Ab und zu vermisse ich diese schlichte Freude von damals. Warum eigentlich? Sinkt mit dem wachsenden Wohlstand in unserer konsumgeprägten Gesellschaft die Möglichkeit, Freude und große

Erfolge tief zu empfinden? Manchmal stelle ich mir die Fragen ob unsere Ansprüche zu schnell gewachsen oder wir inzwischen zu verwöhnt sind, dass wir das Glück mitunter zu wenig beachten und damit nur begrenzt genießen können?

Kapitel 5

Toiletten

Über dieses Thema, welches als unmittelbare Folge des menschlichen Stoffwechsels zu sehen ist, wird kaum berichtet. Nichtsdestoweniger ist diese Thematik stark mit dem Wohnen und dem Wohnkomfort verbunden. Durch die Beigabe des Geruches, welche in der Natur der Sache liegt, wurde diese heikle Thematik viele Jahrzehnte lang wenig diskutiert. Man entwickelte einfache und schlichte Lösungen für die drängenden Bedürfnisse der Menschen. So schuf sich der Mensch seit langer Zeit gewisse Stellen, wo er seinem körperlichen Druck und persönlichen Bedürfnis nachgehen konnte. Diese „stillen Örtchen" sind in unserer Zeit als Toiletten bekannt.

Auf Grund der Thematik will ich von ein paar kuriosen Toilettensituationen erzählen, wie ich diese, auch bis gut in die 80er Jahre, noch in unserer Stadt miterlebte.

Die einstigen Zustände sind für die jetzige und junge Generation kaum mehr vorstellbar. Insofern will ich die damaligen Lebensumstände näher beleuchten. Unsere Stadt hatte um die 60er Jahre über 40.000 Einwohner und die damaligen Wohnbedingungen, besonders bei der vorhandenen Altbausubstanz, waren, wenn wir dies aus der heutigen Sicht sehen, sehr rückständig, ja bisweilen katastrophal.

Einige besondere Abnormitäten gab es, die ich damals vorfand und die ich nicht so leicht vergessen kann:

In erinnere mich an ein Haus im Stadtzentrum, welches überhaupt keine Toilettenanlage im Haus besaß. Die Fäkalien der Trockentoiletten waren einstmals in eine im Haus vorhandene Sammeltonne geleitet worden. Diese Tonne durfte seit langer Zeit nicht mehr genutzt werden und war entsorgt worden. Ein sprichwörtlich „neuer Weg" wurde für die Mieter des betroffenen Hauses gefunden, um diesen eine Möglichkeit für ihre Notdurft zu geben. So wurde für die Mieter des Hauses ein Steg zum Nachbarhaus angebaut. Von der Hausrückseite erhielten sie damit den Zugang zu einer oder zwei Wassertoiletten, welche im Nachbarhaus eingebaut waren. Der Steg führte vom Haus, welches ohne Toilette war, hin zum Nachbarhaus über einen ungeschützten Außenbereich. Die Bewohner mussten, um ihrer Notdurft nachzukommen, erst den im Freien liegenden und zum anderen Haus gehenden „Rennsteig" bewältigen. Die Leute waren somit selbst bei Schnee und Regen gezwungen, diesen Weg zu begehen, um sich der angestauten und drängelnden Last entledigen zu können.

Generell gab es eine Vielzahl von Trockentoiletten, die im Anbau von Häusern untergebracht waren. Die eigene Wohnung musste verlassen werden, um zu einer Toilette zu gelangen. Bei einem Haus, so entsinne ich mich, war es erforderlich, dass man im Freien den Weg über ein Flachdach ging, ehe man mit großer Sehnsucht den Toilettenaufbau erreichte und sich erleichtern konnte. Diese Situation musste man natürlich auch bei Schnee, Eis oder Regen meistern.

Wie gesagt, es gab viele Trockentoiletten außerhalb von den Wohnungen, weil die Häuser vor langer Zeit erbaut waren und eine notwendige Modernisierung nicht erfolgt war. Der Weg zu den Außentrockentoiletten (ATC) führte häufig über alte und wacklige Gänge zu einem Hausanbau. Manchmal waren die Zugänge zu den Aborten nur über ganz einfache Holzkonstruktionen möglich. Die Außenwände des Ganges bestanden gelegentlich aus ein- oder zweiseitigen Holzwänden und gaben den Menschen wenig Schutz vor Kälte oder Hitze. So mussten nicht wenige Mieter, besonders in der historischen Innenstadt, die Wohnungen verlassen und einen langen Weg hinter sich bringen, um das sogenannte „stille Örtchen" in Qualität eines Plumpsklos erreichen zu können.

In einem alten Grundstück am Rande unserer Stadt, welches mit mehreren Gebäuden bebaut war, war eine große Trockentoilettenanlage außerhalb der Häuser in einem leichten Anbau untergebracht. In dem Nebengebäude befanden sich eine größere Anzahl nebeneinanderliegende Kabinen, die von die Hausbewohnern genutzt wurden. Jeder Mieter hatte in seiner zugeordneten Kabine auch seine individuelle Gestaltung vorgenommen. Die Toiletten bestanden meist aus ganz einfachen Holzaufbauten mit Holzsitzen und einem runden Deckel, welcher bei Bedarf von der Öffnung entfernt und nach Benutzung der Toilette als Verschluss wieder eingelegt wurde. Ein paar Holzpodeste waren bereits durch Porzellanaufsätze oder Toilettenbecken ersetzt worden. Wenige Becken besaßen, um den aufsteigenden Geruch etwas zu mindern, eine Metallklappe. Nach der erfolgten Notdurft musste die Geruchsklappe über einen Hebel betätigt werden, wobei das „wertvolle Gut" in die Trockengrube fiel. In diesem Grundstück mit einem wirklich grottenschlechten Ausstattungsgrad wohnten 2009 (!) noch Mieter. Nun, das sind gewiss Ausnahmen, aber auch die gab es. Die meisten Mieter waren auf Grund des kolossalen Verfalls der Bausubstanz oder um normale Wohnbedingungen zu erreichen, bereits ausgezogen - oder sollte man lieber sagen, aus dem Haus geflohen. Es blieben ältere Menschen wohnen, weil sie sich an die miserablen Wohnbedingungen über viele Jahre gewöhnt hatten. Außerdem wollten sie den dazugehörigen großen Garten gern weiter nutzen. Ihre Freude, die sie an ihren Garten hatten, war riesig, zumal sich der Garten unmittelbar am Haus befand.

Dieses Gartenvergnügen wollten die Bewohner um keinen Preis missen. Selbst den armseligen Ausstattungsgrad der Wohnung nahmen sie dafür in Kauf und wollten nicht ausziehen. Versuche des Vermieters, die Hausbewohner zum Auszug zu bewegen, lehnten sie ab, obwohl der Vermieter besseren und moderneren Wohnraum angeboten hatte. Natürlich wurde ihnen auch Hilfe beim Umzug zugesagt. Leider blieben alle Bemühungen ohne Erfolg. Die älteren und gutmütigen Mieter waren so mit diesem Grundstück und mit ihrer Gartennutzung verwachsen, dass sie einfach, nahe an der Natur, dort weiter wohnen wollten. In den Sommermonaten war der gesamte Hausgarten durch den Fleiß der Bewohner wunderschön gestaltet und herrlich anzuschauen. Über die vielen bunten Blumen und die herrliche Farbenvielfalt freuten sich die Mieter, aber auch der Vermieter, immer sehr. Den Mietern auf Grund der Unwirtschaftlichkeit des Grundstückes zu kündigen, das wollte unser Unternehmen aus humanitären sowie aus weiteren Gründen nicht durchführen. So nutzten und pflegten die Mieter das große Grundstück weiter. Erst durch ein erhebliches Hochwasser, bei dem das Grundstück und das Haus außergewöhnlich stark überschwemmt wurde, war es nicht mehr möglich, das Haus weiter zu bewohnen. Obwohl die Mieter die Natur besonders liebten, wurden sie selbst und eigenartigerweise gerade durch die Naturgewalten gezwungen, ihr bisheriges Zuhause zu verlassen und in eine bessere Wohnung zu ziehen.

Doch zurück zu den Toilettengeschichten.

In unserer Region waren bis über die 70er Jahre im Altbaubereich die Außentrockentoiletten dominierend. Die Trockentoiletten befanden sich oft im Treppenhaus und waren im Bereich der Treppenpodeste zwischen den einzelnen Etagen eingebaut. Wasserinnentoiletten gab es im Bereich der vorhandenen Neubausubstanz oder in älteren, früher herrschaftlichen Häusern oder in Häusern bei ehemaligen besser situierten Besitzern.

Im Laufe der 70er Jahre wurde begonnen, Trockentoiletten, die auf den Etagen lagen, in Wasseraußentoiletten umzurüsten. Die Modernisierungen waren begrenzt und verliefen teilweise recht schleppend. Viele Toiletten wurden, auf Grund ihrer gefährdeten Frostlage in den Wintermonaten, mit Schutzgeräten beheizt. Dabei wurden elektrische Plattenheizkörper eingesetzt. In diesen Heizkörpern war oft Asbestmaterial verbaut.

Große Baukapazitäten, um Wassertoiletten in allen Wohnungen einzubauen, waren in der DDR und in unserer Region nicht vorhanden. So gesehen konnte mit den geringen Baukapazitäten bloß stückchenweise modernisiert werden. Hier und da versuchten die Mieter selbst notwendiges Baumaterial über Beziehungen zu organisieren und bereitzustellen. Stellenweise haben sie die Baumaßnahmen im Rahmen der Volkswirtschaftlichen Masseninitiative (siehe Kapitel VMI) teilweise oder ganz selbst durchgeführt. Die Betreuung erfolgte auf Grund von Projektunterlagen über einen Bauingenieur bzw. durch das Bauamt.

Früher waren die meisten Häuser nur mit Trockengruben ausgestattet, in denen die Fäkalien gesammelt wurden. Diese Gruben mussten entsprechend der vorhandenen Größe ein oder zweimal jährlich oder nach Notwendigkeit geleert werden. Die Firma, die die Leerung der Gruben vornahm, hatte oft meterlange Schläuche zu verlegen, um die Leerung durchführen zu können. Viele Trockengruben waren für die Arbeiter schwer erreichbar und nur mit Mühe zu leeren. Mancher Grundstückseigentümer war mitunter „Besitzer" von zwei oder gar drei Gruben. Dies ist darin begründet, dass manchmal Anbauten oder Mittel- und Hinterhäuser vorhanden waren, die mit je einer Trockengrube ausgestattet waren.

Eine besondere Kuriosität sah ich in einem historisch sehr wertvollen Haus, welches sich an einem bekannten Platz in unserer Stadt befindet. Die früher vorhandene Trockengrube war über dem Erdboden im Hof errichtet. Die Grubenräumer hatten die schwierige Aufgabe, viele schwere Gummischläuche von der Straße durch den Hausflur in den Hof und über eine angestellte wacklige Holzleiter bis in die Räumungsöffnung zu verlegen. Die Grubenöffnung befand sich in Höhe von ungefähr 3 bis 3,50 Metern. Erst nach dieser vorangehenden Prozedur, war es möglich, die gewünschte Leerung durchzuführen. Die Schlauchlänge vom Serviceauto bis zur Grube betrug schätzungsweise 25 bis 35 Meter. Für die Menschen, die diese Arbeit durchführten, waren solche Leerungen eine äußerst unangenehme und sehr schwere Tätigkeit.

Mit dem Bau von Abwasserleitungen und der Errichtung von zentralen Klärgruben änderte sich in den letzten Jahrzehnten ganz viel. Nach der politischen Wende konnte, bedingt durch die geänderten Rahmenbedingungen, eine schwungvolle Modernisierung der Häuser und Wohnungen stattfinden. Die Wohnbedingungen und der Wohnkomfort für die Menschen wurden nachhaltig und positiv gestaltet. Besonders benötigt wurden, neben einer Installation von Heizungen, auch der Einbau von Wassertoiletten, Bädern und/oder Duschen in die Innenbereiche von Wohnungen. Hier wurde ein schneller Umbau mit hohem Wohnwert gewünscht.

Eine beheizte Wohnung mit Bad und Dusche sowie eine Abgeschlossenheit der Wohnung sind heutzutage selbstverständlich. Infolge der vielen Hausneubauten, aber ebenso durch die intensive Modernisierung der Wohnungen, wurde dann auch die jahrhundertelange Ära der Nachttöpfe bzw. der Nachtgeschirre, welche sich meist schamhaft unter den Betten der Menschen versteckten, endgültig beendet. Heutzutage hat der Nachttopf nur bei kleinen Kindern, der Nachtstuhl bei den älteren, meist pflegebedürftigen Menschen und der bekannte, nicht geliebte „Schieber", bei den bettlägerigen Menschen eine Chance.

Kapitel 6

Die Wäsche und die „Plan- und Mangelwirtschaft"

Es ist für uns Menschen ein wichtiges Grundbedürfnis, gepflegt und sauber auszusehen. Unser Körper verlangt nach steter Pflege, da die Reinigung und die tägliche Körperpflege auch wesentlich zu unserem Wohlbefinden beitragen. Genauso wichtig ist es, dass wir unsere Anziehsachen, unsere Kleidung regelmäßig wechseln. Die ordentliche Reinigung ist ganz gewiss auch eine Desinfektion und sie sichert die Festigung und den Erhalt unserer Gesundheit. Mit diesen notwendigen Maßnahmen und durch bewusstes Reinigungsverhalten verhüten wir Krankheiten oder beugen diesen vor. Letztendlich spricht man von einer guten täglichen Grundhygiene. Eine der vielen Sehnsüchte unserer Menschen war es in den vergangenen Jahrzehnten und wird es wohl weiterhin bleiben, dass man dieser Grundhygiene im privaten Bereich, in seiner Wohnung nachgehen kann. Dieses Bedürfnis kann nicht vom Wohnen, von der Wohnung entkoppelt werden. Die Mieter oder Eigentümer von Wohnraum wollen in einer menschenwürdigen, reinlichen und ordentlichen Wohnung, in ihrem sehr privatem Schutzraum, leben und wohnen.

Deshalb müssen für die Nutzer, um die normalen Grundanforderungen zu sichern auch Möglichkeiten vorhanden sein, dass sie neben ihrem Körper auch ihre Kleidung, ihre Wäsche pflegen können.

Als ganz normale Ausstattung jeder Wohnung wird heutzutage ein Bad oder eine Dusche vorausgesetzt. Ein Spülklosett ist Selbstverständlichkeit. Ebenso ist der Wasseranschluss für Zu- und Abwasser zum Betreiben einer Waschmaschine eine selbstverständliche Voraussetzung für den Abschluss eines Mietvertrages.

Blicken wir einmal 50 oder ca. 70 Jahre zurück.

Um die damalige Wohnsituation verstehen zu können, müssen wir uns verdeutlichen, welche Bedingungen und Möglichkeiten die Menschen damals hatten, um ihren Reinigungsbedürfnissen gerecht zu werden.

In den Mietshäusern der damaligen Zeit waren für die Wascharbeiten sogenannte Waschhäuser oder Waschküchen vorhanden. Diese befanden sich in der Regel im Kellerbereich. In den Häusern am Rande der Stadt oder im dörflichen Umfeld gab es Waschhäuser, oftmals als Einzelstandort oder als Anbau an einem Schuppentrakt.

Die Waschküchen besaßen meist einen Gully, einen sogenannten Fußbodeneinlauf, in welchen das Waschwasser ohne Hindernisse ablaufen konnte. Dies war für einen Nassraum sehr praktisch und schonte die Bausubstanz des Hauses. Äußerst selten gab es auch Waschküchen, welche im Dachbereich, im Bodenbereich eingerichtet waren. Diese Waschküchen mussten natürlich vorsichtiger betrieben werden.

Erst mit der Möglichkeit von modernen, relativ einfachen, elektrisch betriebenen Haushaltswaschmaschinen bestand für viele Menschen die Chance, ihre persönliche Leib- und Bettwäsche mit Elektrokraft waschen zu können. Da die Maschinenpreise, zum damaligen Arbeitseinkommen der Menschen gesehen, sehr hoch waren, fanden die elektrischen Waschmaschinen beim „Normalbürger" hier in der Oberlausitz erst in den 50er - Anfang der 60er Jahre verstärkt Einzug in deren Leben. Viele Menschen haben sich diese Erleichterung sehr hart ersparen müssen. Anfangs waren die einfachen Geräte in den Läden nur gering vorhanden. Um 1960, Anfang der 70er Jahre bot der Handel in unserer Region nach und nach halbautomatische Waschmaschinen an. Diese waren, schlicht gesagt, sehr teuer und dazu noch schwer erhältlich. Oft konnte man nur mit „gewissen Beziehungen" eine Maschine erwerben.

Der Fortschritt zur elektrischen Waschtechnik war eine spürbare Erleichterung für die Menschen, besonders in Hinsicht auf eine schnelle und hygienischen Reinigung der Wäsche.

Um die 50er oder 60er Jahre, bevor die elektrischen Waschmaschinen auch in den Wohnungen eingesetzt wurden, waren, wenn in den

Waschküchen gewaschen wurde, Waschpläne zu erstellen. Die Mieter einigten sich, zunächst in Abstimmung mit den einzelnen Mietparteien und dann mit dem Hauswirt auf einen verbindlichen Wäscheplan. Mit dieser „Planwirtschaft" erhielten die Mietparteien das Recht zur Nutzung der Waschküche. In der Regel erhielt jede Partei eine Woche, in der sie ihre persönliche Wäsche im Waschhaus waschen und danach trocknen durfte.

Ich will ein Beispiel aufzeigen:

In einem Mehrfamilienhaus mit acht Mietparteien wurde ein entsprechender Waschplan erstellt, in dem sich die Mieter eintrugen. Die Mietparteien gaben sich gegenseitig einen festen Turnus, in welcher sie ihre Sachen waschen konnten. Eine Partei konnte ca. eine Woche lang das Waschhaus und den Trockenboden nutzen. Also wurde jeder Mietpartei, im Wechsel mit den anderen Parteien, das Recht eingeräumt, zu waschen, zu bleichen und die Wäsche zu trocknen. Im vorliegenden Fall durfte jede Mietpartei so alle acht Wochen das begehrte Waschhaus nutzen. Manchmal gab es auch Streit wegen des starren Turnus. Oft waren Krankheit, Schichtarbeit, Urlaub oder schlechtes Wetter der Auslöser für Waschstreitereien in den Häusern. Mitunter tauschte man die Waschwoche oder man einigte sich anderweitig. Diese Art der „Planwirtschaft" ist heute kaum noch vorstellbar, doch damals ging es kaum anders.

Wie war der Ablauf der „Waschprozedur?"

Diejenige Mietpartei, welche nach Plan aufgestellt und damit an der Reihe war, weichte zunächst die schmutzige Wäsche in entsprechenden Holzbottichen oder in verzinkten Gefäßen ein. Die Holzgefäße waren von der langen Lagerzeit oftmals ausgetrocknet, undicht und mussten vor Benutzung mit Wasser behandelt werden und vor dem Gebrauch quellen. Erst nach Herstellung der Dichtheit waren die Holzbottiche verwendbar und die Wascharbeit konnte beginnen. Die Waschhäuser waren in der Regel mit einem gemauerten, später mit einem transportablen emaillierten Herd ausgestattet, in welchem ein Waschhauskessel eingelassen war.

Die Kessel wurden mittels Kohle beheizt. In den 50er Jahren verwendete man Holz und Braunkohle, später Briketts. In den 70er und 80er Jahren wurden im Neubaubereich die Waschkessel mit Gas beheizt. Gasfeuerung wurde, je nach den örtlichen Möglichkeiten, bei der Projektierung der Waschhäuser mit vorgesehen. Bereits nach kurzer Zeit, noch in den 80er Jahren, wurden diese Gaskessel stillgelegt und nach und nach entfernt.

In den meisten Grundstücken war seit vielen Jahren eine Rasenfläche vorhanden. Diese diente mit dazu, die eingeweichte und meist mit einfachen Waschmitteln (z.B. Kernseife) behandelte nasse Kochwäsche, wie Leinenwäsche oder Baumwollhandtücher, Bettzeug sowie weiße Unterbekleidung auf den Rasen zu legen und unter Lichteinwirkung bleichen zu lassen. Die Wäschestücke wurden, damit sie durch die Sonne nicht austrockneten und gut bleichen konnten, in Abständen mit Wasser begossen. Gleichzeitig erhielt die Wäsche mittels der Sonne eine „Desinfektion", da viele Bakterien die UV-Bestrahlung nicht mögen. Mit dem Bleichvorgang erzielte man eine schöne, weiße und relativ keimfreie Wäsche.

In der Regel erfolgte nach dem Einweichen der Wäsche und zwischen den einzelnen Arbeitsgängen ein Stampfen der Wäsche im Holzbottich. Als Werkzeug diente dafür ein Holz- oder ein Metallstampfer. Durch diese einfache Hilfsmittel wurde der Schmutz in der Wäsche „locker geklopft" und gelöst. Die Gewebefasern konnten quellen und den Schmutz durch dieses Stampfen leichter abgeben.

Durch die damals verwendeten Stoffe, die überwiegend aus Baumwolle, Leinen oder Damast waren, konnte man die Wäsche sogar kochen. Deshalb hat sich wohl der Name Kochwäsche bis heute gehalten. Anschließend rieb und rubbelte man die Wäsche mit beiden Händen auf einem Holzwaschbrett mit eingelassenen metallenen Riffelblech kraftvoll hoch und runter. Das war für die Frauen eine schwere, harte und zeitaufwendige Arbeit.

Ein weiterer Arbeitsgang nach dem Waschen war das mehrfache Spülen der Wäsche. Anschließend wurde die Wäsche per Hand ausgewrungen oder das geschah mit Hilfe einer Wringmaschine, welche Gummiwalzen besaß. Die Walzen wurden über eine Kurbel per Handkraft bedient. Damit ein Pressdruck entsteht wurden die Gummirollen durch starke Metallfedern zusammengedrückt. Nun konnten die einzelnen Wäschestücke durch die gedrehten Walzen geschoben werden. Mittels der Federkraft und dank dieser einfachen Hilfe wurde der Wäsche das Wasser so gut es ging entzogen und diese ausgequetscht. Danach hängte man die Wäsche, wenn dass Wetter mitspielte, zum Trocknen im Freien auf. Die Wäsche wurde mit Holzklammern auf den Wäscheleinen befestigt. Hier verblieb die Wäsche bis sie trocken war. Die Leinen fanden ihren Halt an den vorhandenen Wäschepfählen. Bei regnerischem Wetter oder im Winter wurde die Wäsche auf dem meist vorhandenen Wäschetrockenboden getrocknet.

Nachdem die Wäsche getrocknet und von den Leinen abgenommen war, konnten die kleinen Wäschestücke mit dem Bügeleisen gebügelt werden. Für die großen Wäscheteile, wie Bettwäsche, Bettlaken, Tischtücher oder ähnliches, war die Mangel zuständig. Einige Tage später „rollte" man die Wäschestücke auf der Wäschemangel und legte sie so zusammen, wie sie später im Wäscheschrank aufbewahrt werden sollte. Für die Arbeitszeit zum Mangeln war eine Anmeldung erforderlich. Der Mangelbesitzer vermerkte die benötigte Zeit in seinem Mangelbuch und die Hausfrau bezahlte die gebuchte Zeit. Mit etwas Humor und im doppelten Sinn kann man die damalige Zeit somit als „Mangelwirtschaft" bezeichnen.

Die großen Mangelmaschinen gehörten überwiegend privaten Eigentümern und die Maschinen waren meist in kalten, oft nicht beheizbaren Nebenräumen, wie Hinter- oder Seitenhäusern untergebracht. Diese Arbeit war besonders in der kalten Jahreszeit sehr unangenehm. Nach dem Mangeln war die Wäsche schrankfertig. Mangeln kann man als kaltes Bügeln und Pressen, das man für große und mittlere Wäscheteile nutzte, beschrieben werden.

Die Mangelmaschinen besaßen einen großen hölzernen Kasten, welcher mit schweren Steinen gefüllt war. Durch diese Last wurde ein großer Druck auf die wechselseitig laufenden Holzrollen erreicht. Die zu bearbeitende Wäsche wickelte man in spezielle Mangeltücher auf die Holzrollen. Danach kamen die Rollen auf den Mangeltisch der Mangel. Der schwere Mangelkasten tat seine Arbeit, indem er sich über ein langes Eisengestänge mithilfe eines Elektromotors hin und her bewegte. Der Antrieb erfolgte, soweit es mir in Erinnerung ist, über eine Transmission, d.h. die Motorkraft wurde durch einen langen Lederriemen zum Mangelkastens übertragen. Nach dem Rollendurchlauf wurden die Tuchrollen wechselseitig freigegeben. Die gemangelte, fertige Tuchrolle konnte entnommen und eine weitere vorbereitete Tuchrolle konnte eingeschoben werden.

Um Unfälle zu vermeiden, waren vor den zwei Mangelkästen Schutzgitter angebracht. Bei Stromausfall oder anderer Störung (z. B. bei schräg liegender Holzrolle) wurde die Mangel mit einer Kurbel, per Hand, bewegt.

Die Hausfrauen mussten, bevor sie diese schwere Arbeit auszuführen konnten, oft längere Wege in Kauf nehmen. Mit dem schweren Wäschekorb mussten sie mitunter sogar in andere Viertel der Stadt gehen. Um die Wäsche nicht tragen zu müssen und es ein wenig leichter zu haben, fuhren sie meist mit ihrem Leiterwagen zur Mangelstelle. Die Menschen in der Oberlausitz sagten zu jener Zeit „wir gehen zur Rolle" oder „wir gehen zur Mangel".

Der Arbeitsumfang für die Wäsche war durch die vielen Tätigkeiten mit schlechten Bedingungen eine zeitaufwendige, lang dauernde und schwere Prozedur. Häufig mussten die Frauen allein, selten mithilfe von Familienangehörigen, diese Arbeiten durchführen.

Erst durch die Nutzung der elektrisch betriebenen Haushaltswaschmaschinen und Wäscheschleudern (z.b. Tischschleudern) wurde für viele Menschen in unserer Gegend etwa ab der 50er Jahre die Arbeit der Frauen erleichtert. Nicht verschweigen will ich geringe Ausnahmen, die es bereits schon vor dem genannten Zeitraum gab. Elektrische Bottichwaschmaschinen und weitere Arbeitshilfen waren bereits zu früherer Zeit vorhanden.

Diese Ausnahmen waren hier nicht die Regel und relativ selten. Es betraf kaum die einfachen Familien, denn diese Erleichterungen konnten sich damals nur die Besserverdienenden leisten. Auch die Nutzung von Wäschereien war, soweit ich dies weiß, für den Geringverdiener selten. Viele Menschen konnten oder wollten diesen Service kaum in Anspruch nehmen. Geringe Kapazitäten der Wäschereibetriebe und auch mangelhafte Qualität waren oft Gründe dafür. Durch überliefertes Verhalten und moralische Ansichten bestanden gewisse Schranken bei der Nutzung dieser Dienstleistung. Die Menschen verhielten sich so, wie sie es gelernt hatten. Sie wuschen ihre Wäsche nach der Tradition weiter. Manche Hausfrau empfand es wohl als besonders wertvoll, obwohl sie sich körperlich verausgabte, eigenes Mühen nach außen mit Stolz zu zeigen und eine besonders saubere, halt die selbst gewaschene Wäsche zu präsentieren.

Wenn ich aus dem Jahr 2015 zurückschaue, stelle ich fest, dass sich in den letzten Jahrzehnten, gerade in diesem Bereich, sehr, sehr viel geändert hat. Viele Hilfen für die erforderliche und ehemals zeitaufwändige Hausarbeit sind für alle Menschen gegeben und finanziell auch erschwinglich. Fast jeder Haushalt besitzt eine Waschmaschine und einen Wäschetrockner. Auch wird der Service einer Wäscherei, ohne moralische Bedenken, selbstverständlich und dankend, bei guter Qualität, angenommen.

Die meisten Wäschemangeln sind verschlissen und nur selten noch vorhanden. Kleinere, elektrisch betriebene Bügelmaschinen übernahmen gelegentlich die Aufgabe der Mangeln. Auch durch die neueren Stoffarten wurde der Bügelbedarf stark reduziert. Jedenfalls gibt es noch einige wenige Mangeln. Ich glaube, dass wir die Ungetüme in den großen Städten seltener finden. In den ländlichen Gegenden können wir sie hier und da noch antreffen. Wenige Menschen nutzen bis heute diese monströsen Maschinen. Vielleicht aus der Tradition heraus nutzen sie die Mangeln weiter. Mitunter sind sie von der Qualität, welche die Wäschemangel leistet, weiterhin überzeugt oder weil sie keine Alternative für diesen Arbeitsgang haben, denn die Wäschestücke werden durch das Kaltpressen besonders glatt und fest. Sie nehmen dadurch weit weniger Platz im Wäscheschrank ein, als wenn sie locker gefaltet in den Schrank gelegt werden.

Durch die Möglichkeit, dass alle Menschen die moderne Haustechnik nutzen können, wurden wesentliche Arbeitserleichterungen und große Zeiteinsparungen erreicht. Man kann die jetzige, mit der damaligen, früheren Zeit kaum vergleichen. Ein großer Schritt im Bereich der Wäschebearbeitung und der Wäschereinigung bis zu verbesserten Hygieneeigenschaften wurde mit der neuen Waschtechnik begangen. Ebenso sind die Waschmittel der 50er Jahre mit den heutigen Mitteln nicht mehr vergleichbar.

Wir Menschen nutzen die Zeitersparnis wohl unbewusst. Die gewonnene und geschenkte Lebenszeit nutzen wir für andere, bestimmt für weitaus schönere Sachen, wie für Hobbys, für Kultur oder sinnvolle Aufgaben für die Gesellschaft oder für den privaten Bereich. Damit ist unser Leben bunter, schöner (trifft nicht nur auf die Wäsche zu) und vielfältiger geworden.

Kapitel 7

Privates Handwerk

Die Versorgung der Bevölkerung wurde auch in unserer Stadt nach 1970 immer schlechter. Ein Grund dafür war, dass viele Handwerksmeister und Gewerbetreibende aufgrund ihres erreichten Alters ihre Geschäfte aufgaben. Mancher Selbständige beantragte, frustriert durch die damalige Politik der Einheitspartei, die Ausreise nach Westdeutschland. Viele Gewerbetreibende und Kleinunternehmer waren stark verbittert durch die großen Probleme, mit denen sie alltäglich zu kämpfen hatten. Die wenigen Handwerksbetriebe und die volkseigenen Betriebe konnten die Versorgung der Bevölkerung im Bereich des Handels kaum noch absichern.

Schauen wir uns einmal an, wie die Versorgung der Bevölkerung mit dem täglichen Brot war. Vorausschicken will ich, damit kein falsches Bild entsteht, dass trotz aller Engpässe und Widrigkeiten, kein Mensch hungern musste. Dennoch waren die Kapazitäten der privaten Bäckereien sehr begrenzt und für den normalen Werktätigen wurde es am Freitag, wenn das Wochenende nahte, schon schwierig, ein leckeres Bäckerbrot zu erhalten. Lange Schlagen standen damals vor den Bäckereien. Die Menschen wollten gern ein frisches Bäckerbrot essen und nahmen deshalb die unliebsamen Wartezeiten in Kauf. Im Laufe der Jahre hatte sich mancher Mensch bereits an das lange Anstehen gewöhnt und nahm es oft als unvermeidlich hin.

Auch die vorhandenen Großbäckereien des Konsums oder der HO waren - durch vielerlei Ursachen bedingt - an ihre Kapazitätsgrenzen gekommen und kaum mehr in der Lage, den Bedarf flächendeckend und stabil zu sichern. Der Staat war auf die kleinen privaten Bäckereien, die einen großen Teil zur Versorgung der Bevölkerung leisteten, immer mehr angewiesen. Doch der Bestand im Handwerk ging allgemein, so auch insbesondere im Bäckereibereich, immer mehr zurück. Die Versorgung der Menschen mit Bäckereierzeugnissen und dem Grundnahrungsmittel Brot wurde immer kritischer. Unter den gegebenen Umständen war die damalige Regierung gezwungen, den bedrückenden Tatsachen gegenzusteuern und führte einige Erleichterungen für Handwerk und Handel ein. Die politischen Änderungen griffen schleppend. Menschen konnten sich nur begrenzt für eine Selbständigkeit entscheiden und dieser ggf. nachgehen. Die Startbedingungen waren für die Unternehmer zu jener Zeit sehr, sehr schwierig. Selbst die baulichen Voraussetzungen waren oft miserabel. Auf diese Situation will ich, geprägt von der Sicht des Grundstücksverwalters, etwas näher eingehen:

Vermietbare und geeignete Gewerberäume und Gewerbeflächen waren in meiner Stadt mehr als rar. Viele Gewerberäume waren auf Grund der schlechten Bausubstanz und durch die fehlenden Instandsetzungskapazitäten kaum oder nur schwer vermietbar. Damit war die Grundlage für die Ausübung des Handwerks alles andere als gut und zeitgemäß. Die Gewerbetreibenden waren, wie gesagt, sehr unzufrieden und fühlten sich häufig alleingelassen. Ungeachtet der Zustände versuchte mancher Gewerbetreibende mit gutem Willen der schlechten Bausubstanz beizukommen. Größere Aktivitäten und Beziehungen waren dabei sehr gefragt.

Trotz vieler positiver Bemühungen, z. B. durch Vermieter, der staatlichen oder auch von der privaten Seite, wurde man der systembedingten Situation nicht her. Etliche gute und nicht zu unterschätzende Ergebnisse waren leider nur die bekannten Tropfen auf den heißen Stein. Doch gerade über die kleinen Erfolge freuten sich die Selbständigen sehr.

Ich möchte diese Situation an einem Beispiel erläutern. Dabei erinnere ich mich an die Geschichte einer Bäckerei, die ich selbst erlebt habe. Diese möchte ich hier etwas beschreiben:

Ein hiesiger älterer Bäckermeister beantragte, aus mir nicht bekannten Gründen, die Ausreise in die Bundesrepublik. Frustriert und recht schnell schloss er seine Bäckerei. Damit hatte unsere Stadt, hatten unsere Menschen, eine Bäckerei weniger. Das war damals von großer Bedeutung, denn die Versorgung der Bevölkerung wurde damit weiter lückenhafter und die Versorgungssituation noch schlechter.

Das Haus, in dem sich der Bäckereibetrieb befand, wurde treuhänderisch verwaltet. Die erzielten Mieteinnahmen waren durch die Mietpolitik gering und konnten die Ausgaben für notwendige Instandhaltungen des Grundstückes keinesfalls abdecken. Selbst, wenn die Miete finanziell höher gewesen wäre, waren die notwendigen Baukapazitäten nicht vorhanden. In der DDR-Zeit trugen die Vermieter meist alle Kosten, auch die verbrauchsabhängigen Kosten, die die Mieter selbst verursachten. Eine gesonderte Betriebskostenumlage an Mieter, z. B. für Wasser, Abwasser, Strom, Versicherung, Schornsteinreinigung und weitere Kosten waren zur damaligen Zeit nicht möglich. Ausgenommen waren lediglich geringe, nicht kostendeckende pauschale Zuschläge für Bad- oder WC-Einbauten. Die geringen Mieten, welche der Vermieter vereinnahmte, reichten vorn und hinten nicht. Bedingt dadurch konnten nur minimale Instandhaltungen am Haus durchgeführt werden. Die Folge daraus war ein stets wachsender Reparaturstau.

Im vorliegendem Fall, man halte sich fest, war der Vermieter, auf Grund der geschichtlich gewachsenen Umstände, auch für die Instandhaltung der Gewerberäume (einschließlich des Backofens!) verpflichtet. Mit den sehr geringen Mieteinnahmen sollten alle Wohnungen und das gesamte Haus instandgehalten werden. Das war einfach nicht möglich. Zum Glück war der frühere Bäcker, so ist es mir bekannt, kaum mit irgendeiner Bitte oder Forderung bzw. einem Anliegen wegen einer Instandsetzung seiner angemieteten Gewerbe- und Wohnräume an den Verwalter herangetreten. Nun, ich weiß eigentlich nicht, ob ich diesen Umstand als Glück bezeichnen kann, denn durch die mangelnde Instandhaltung war das Problem besonders schlimm geworden.

Im Zusammenhang mit dem Ausreiseantrag und den vermutlich vielen Schikanen, die damit verbunden waren, schloss der Bäcker, wie bereits gesagt, verärgert und schnell seinen Gewerbebetrieb und stellte die Versorgung mit Backwerk für die Bevölkerung ein. Vielleicht wollte er seine Ausreise auf diese Weise und in kurzer Zeit erzwingen. Die Bäckerei blieb zu und viele Menschen hatten einen Laden weniger. Zahllose Kunden mussten auf ihre gewohnten Backwaren und das Brot verzichten.

Glücklicherweise interessierte sich ein neuer Bäckermeister für die geschlossene Bäckerei und er sprach in unsere Verwaltung vor. Der Meister stammte aus einer entfernten kleinen Stadt. Dort betrieb er eine Bäckerei am Stadtrand. Er wollte sich geschäftlich vergrößern und verbessern. Er bewarb sich um die geschlossene Bäckerei in unserer Stadt. Der Meister wollte, wenn er die Bäckerei erhielt, diese übernehmen und in unsere Stadt ziehen. Als Bürger meiner Stadt war ich mit der Versorgungsarmut, die die Bevölkerung erleben musste, mehr als vertraut. Deshalb freute ich mich doppelt über sein Ansinnen. Zum einen, weil ich als Verwalter für dieses Grundstück einen neuen Mieter gefunden hatte und zum anderen, weil ich die Versorgung für die Menschen positiv beeinflussen konnte, was mir auch sehr am Herzen lag.

Um den Bewerber zu halten wurde, obwohl der bisherige Bäckermeister seine Gewerbe- und seine Wohnräume noch nicht geräumt hatte (eine Geschäftsauflösung ist so schnell nicht durchzuführen), in kurzer Zeit eine gemeinsame Besichtigung vereinbart und durchgeführt. Ziel war, dass der neue Bäckermeister bald das Geschäft übernehmen könnte. Die Besichtigung des Objektes verschlug uns den Atem und der Bäckermeister und wir sahen, dass bei den Wohn- und Gewerberäumen ein riesiger Nachholbedarf bei der Instandsetzung vorlag. Der neue Bäckermeister war enttäuscht und entsetzt über den Zustand der Räume. Doch er war ein starker Mann mit viel Optimismus. Er glaubte fest daran die argen Zustände beseitigen zu können. Da er noch größere Enttäuschungen bei der Besichtigung der dazugehörenden Wohnräume vermutete, bat er darum, dass die Besichtigung ohne seiner Ehefrau erfolgen kann. Er wollte seiner Frau die Enttäuschung ersparen, welche er erahnte. Seine Ehefrau war bislang an den neuen Laden- und Betriebsräumen recht interessiert. Der Meister wollte seine Frau aber vor weiteren Ängsten schlichtweg bewahren. Er ahnte, dass, wenn seine Frau den Zustand der Wohnräume der Bäckerei sieht, vom blanken Entsetzen gepackt und so geschockt würde, dass sie ihm von einer Übernahme des Betriebes abraten würde. Mit Geschick und etwas Glück schafften wir es, dass die resolute Frau auf die Besichtigung der Wohnung verzichtete. Sie wartete in den Gewerberäumen auf uns. Es war auch gut so. Ein großer Erschrecken, verbunden mit der Abneigung für die Übernahme der Bäckerei, wurde damit umgangen. Bei der Wohnungsbegehung waren nur der zukünftige Meister, seine freundliche junge Tochter und ich zugegen. Wir fanden wirklich unerträgliche Zustände in den Räumen vor. Das konnte zwar durch den bevorstehenden Auszug bedingt sein, aber es war zweifellos nicht der alleinige Grund für diese Situation, denn die Besichtigung war, im wahrsten Sinne des Wortes „nachhaltig und beeindruckend". Nähere Details will ich, damit ein Weiterlesen des Kapitels nicht gefährdet wird, den Lesern ersparen. Der neue Bäckermeister bestand, Gott sei gedankt, weiterhin darauf, die Bäckerei zu übernehmen. Er wollte seine Idee verwirklichen und er gab nicht auf.

Doch, wie ging die Geschichte weiter?

Wir hatten mit Freude einen Bewerber gefunden. Unser Unternehmen besaß aber kaum größere Möglichkeiten, ihm bei der Instandsetzung der Gewerbe- und Wohnräume zu helfen, ganz zu schweigen davon, dass wir diese komplett nicht durchführen konnten. Guter Rat war teuer. Mit dem neuen Bäckermeister kam es mehrfach zu offenen Gesprächen, wie wir die Problematik gemeinsam lösen könnten. Dem Meister war klar, dass wir als Verwalter nicht die großen finanziellen und materiellen Kapazitäten besaßen, um den Gewerberaum und die Wohnung entsprechend vorzurichten. Er überlegte längere Zeit und machte uns dann einen Supervorschlag. Der Meister erbot sich, dass er die Instandsetzung selbst absichern wird. Die Handwerker für die notwendigen und abgesprochenen Arbeiten würde er im Rahmen einer Feierabendbrigade organisieren. Die Kosten für die Arbeitsstunden würden dann zu Lasten unseres Betriebes, der Verwaltung gehen. Schnell einigten wir uns auf diese angebotene Lösung. Als Grundstücksverwalter war es mir wichtig die ausgestreckte Hand des Bäckermeisters nicht zurückzuweisen, vielmehr sie zu ergreifen und festzuhalten. Auch war es wichtig, die schlechte Versorgungssituation für die Menschen etwas zu minimieren. Es war anstrebenswerter, statt drei oder vier Wohnungen für wenige Mieter vorzurichten, vielen Menschen in der Versorgung zu helfen. Nicht wenige Bürger würden dann Nutznießer dieser Entscheidung. Viele Menschen würden dadurch wieder mit Backwaren versorgt werden und ihr tägliches Brot könnten sie nach der Arbeit wieder kaufen. So war ich als Verwalter von einer normalen Verwaltungsaufgabe flugs in die „Versorgungspolitik" gewechselt. Mit dieser Tätigkeit wurde der Blick für die Bedürfnisse der Menschen geschärft. Durch diese kleine Verwaltungsentscheidung wurde die Situation an eine etwas bessere Versorgung gekoppelt. Damals freuten wir uns über jede Kleinigkeit. Alle, Mieter und Vermieter, hatten fortwährend mit den geringen Baukapazitäten zu kämpfen. Wir versuchten, trotz der Begrenzungen halbwegs gangbare Wege zu finden und aus dem Wenigen noch etwas zu machen. Ja, dass gab es eben in dieser Zeit, wo Improvisation ihr Zuhause hatte.

Es wurde im Stillen gehandelt, um den Menschen bescheiden helfen zu können. Man versuchte jeden Strohhalm zu ergreifen und zu nutzen, damit die Versorgung und das tägliche Leben nicht noch schlechter wurden.

Mit dem Entschluss, die Bäckerei unbedingt zu erhalten, wurde die Renovierung der Bäckerei mit der dazugehörenden Wohnung vorangetrieben. Fast alle Leistungen sind über die zusätzliche Tätigkeit, (siehe Kapitel Feierabendtätigkeit) gemäß Gesetzblatt der DDR Teil I oder II Nr. 35 (soweit mir in Erinnerung ist) abgewickelt bzw. entlohnt worden. Nur wenige Aufträge konnten über einzelne Fachfirmen realisiert werden.

Natürlich hatte der neue Bäckermeister viel Initiative, eine Menge Geld und vor allem viel Herzblut in seinen neuen Betrieb investiert.

Nach den geltenden Gewerbe- und Hygienebedingungen der DDR, wurde die Bäckerei 1986 wiedereröffnet. Das Bäckerehepaar konnte aber trotz der Eröffnung ihres Geschäftes nicht in der dazugehörigen Wohnung wohnen. Der frühere Bäcker wartete immer noch auf die Genehmigung seiner Ausreise. Seine Wohnung war nicht geräumt und konnte deshalb nicht renoviert werden. Der neue Bäcker und seine Frau waren für die Betreibung ihres Geschäftes gezwungen, vor Ort zu sein. Sie hatten über einen langen Zeitraum keine normalen, vielmehr sehr schlimme Wohnbedingungen. Sie nutzten die freien Bodenkammern, in welchen sie schlafen mussten. Ihre Bettstatt war schlicht und bestand nur aus einem Matratzenlager. Die neuen

Bäckerleute waren durch die vielen entmutigenden Verhältnisse mehrfach am Verzweifeln. Der Meister spielte sogar mit dem Gedanken, die Bäckerei in den Jahren 1988/89 wieder aufzugeben. Aber es kam glücklicherweise nicht zur Schließung des Geschäftes. Die Bäckerei wurde durch den Mut und die Zähigkeit des Ehepaares weiterbetrieben. Das Geschäft wurde trotz der zahllosen Schwierigkeiten und Belastungen von dem Meister und seiner Frau weitergeführt. Endlich, nach langer Warte- und Renovierungszeit, konnte das Ehepaar mit ihren Kindern in die Wohnung einziehen und die Bäckerei weitere Jahre betreiben.

Nach Auskunft einer Tochter des Bäckermeisters, wurden mitunter ca. 100 bis 120 Menschen an einem Tag gezählt, die zur DDR-Zeit in der Warteschlange vor der Bäckerei anstanden. Sie alle wollten Brot, Semmeln oder andere leckere Backwaren kaufen. So etwas ist heutzutage kaum vorstellbar.

Es ist verständlich und normal, dass andere Menschen die einzelnen persönlichen Schicksale, die mit der Ausführung eines Gewerbes zusammenhingen, wenig wahrnehmen konnten. Doch mancher Handwerker, welcher ähnliche Situationen kannte oder gar am eigenem Leibe erleben musste, hatte schon einen Einblick in diese Problematik. Viele Selbständige erlebten diese Not am eigenen Leibe. Sie sahen den großen Bedarf, der für Schaffung eines akzeptablen Zustandes erforderlich war. Oft konnte man bei einem persönlichen Gespräch die Spitze des Eisberges nur erahnen. Zeitungen berichteten kaum über die Schwierigkeiten, welchen die Handwerker ausgesetzt waren. Vielmehr wurde mit geschönten Erfolgen der Industrie, der Gewerbetreibenden und von enormen Planvorsprüngen berichtet.

Nach der Wende wollte der Meister das Haus erwerben. Er wollte sein Unternehmen, seine Investitionen, seine Existenz verständlicherweise sichern und ausbauen. Dieses Vorhaben konnte er aufgrund der komplizierten Eigentumsverhältnisse zunächst nicht verwirklichen. Wie mir bekannt wurde, versuchte man den Bäckermeister bei seinem Anliegen zu unterstützen. Durch fachlichen und politischen Beistand engagierter Menschen erhielt er Hilfe, so dass sein Wunsch doch noch wahr werden konnte. Nach längerem Kampf wurde es möglich, dass der Meister das Haus, wenn auch zu einem sehr hohen Preis, käuflich erwerben konnte. Damit waren die getroffenen Investitionen für seine Bäckerei nicht mehr im fremden Eigentum, sondern durch den Hauskauf gesichert. Später, nach Jahren fleißiger Arbeit und einer guten Versorgung der Bürger mit frischen und ansprechenden Backwaren, übergab der Bäckermeister aus Gesundheits- und Altersgründen den Betrieb an seine Erben. Der Handwerksbetrieb wurde viele Jahre weitergeführt.

Mit diesem Kapitel wollte ich das Schicksal eines Handwerkers etwas sichtbar machen. Die Rahmenbedingungen waren für viele Handwerker in der DDR-Zeit häufig entmutigend. Vielleicht kann dieses Beispiel stellvertretend für die vielen kleinen Unternehmen und Handwerksbetriebe stehen? Ein Herzensanliegen von mir ist es, dass gerade die kleinen Unternehmen, die diese Zeit mit Mut, Kraft und Zähigkeit überstanden haben, nicht vergessen werden.

Mit diesem Beispiel sollten auch, anhand eines winzigen Einblickes in eine einzelne Gewerbebiografie, die vielen anderen unbenannten Handwerker und Gewerbetreibenden eine kleine Würdigung ihres arbeitsreichen Lebens erhalten.

Heutzutage haben Handwerker und Gewerbetreibende ganz andere Probleme. Mir ist auch bewusst, dass gerade in der jetzigen Zeit andere und höhere, der Zeit entsprechende, Herausforderungen bestehen. So besteht die große Gefahr weiterhin, dass kleine Handwerksbetriebe von Großmärkten regelrecht überrollt werden und Existenzen verloren gehen. Die meisten Handwerksbetriebe setzen aber auf Flexibilität, neue Ideen und Marktanpassung.

Kapitel 8

Feierabendtätigkeit
Volkswirtschaftliche Masseninitiative (VMI)
Praxisorientierte Bildung

In verschiedenen Artikeln des Buches wurde mehrfach auf die
geringen Kapazitäten des Handwerkes und die der volkseigenen
Betriebe der DDR hingewiesen.

Erforderliche Instandsetzungen und Instandhaltungen an den Häusern
und in den Wohnungen wurden, aufgrund der fehlenden Kapazitäten,
nicht oder nur mangelhaft durchgeführt. Trotz reichlicher
Bemühungen vieler cleverer Materialbeschaffer war es kaum möglich,
das notwendige Material zu beschaffen. Die vorhandenen Material-
und Produktionskapazitäten reichten vorn und hinten nicht. Das
sozialistische Wirtschaftssystem besaß, trotz Planwirtschaft, auch für
den Bereich Wohnen eine ziemlich kurze und dünne Decke. Die Folgen
sind heute noch sichtbar. Die damaligen Politiker setzten
Schwerpunkte und nutzten die wenigen Kapazitäten aus den Regionen
für die Schaufenster der Republik. Baukapazitäten wurden z.b. nach
Berlin, Leuna oder nach dem damaligen Eisenhüttenstadt sowie nach
Karl-Marx-Stadt (heute Chemnitz) oder an andere Schwerpunktstädte
verteilt. Ausgesuchte örtliche Betriebe mussten dort wirksam werden.
Diese Situation stärkte damit kontinuierlich den Verfall der örtlichen
Bausubstanz. Betroffen waren letztendlich die Städte und Gemeinden
in den jeweiligen Regionen, die auf Instandhaltung, Instandsetzung,
Neubau und Modernisierung „planmäßig" verzichten mussten. Daraus
resultierte eine große Unzufriedenheit. Die damalige Regierung
versuchte mit vielerlei Maßnahmen entgegenzusteuern. Eine der
damaligen Schlagzeilen war der Slogan „In der zweiten Schicht
machen wir alle Dächer dicht". Man suchte fortwährend nach
weiteren und zusätzlichen Kapazitäten, um der Situation halbwegs
Herr zu werden. Auch der Sport wurde für die Instandhaltung genutzt.
Manche Bergsteiger wurden darum gebeten, die schadhaften Dächer

zu reparieren. Ein neues Arbeitsgebiet - der Technosport - wurde geschaffen. Es ging schlicht darum, undichte Dächer preiswert und mit wenig Aufwand zu reparieren. Dadurch sollten die Beschwerden der Bürger verringert werden. Man wollte damit den immer stärker werdenden politischen Flächenbrand eindämmen. So sollten auch Sportler, bei den Dachreparaturen mithelfen und für diese Arbeiten mit gewonnen werden. Die sportlichen Bergsteiger führten die Reparaturen der Dächer am Seil, frei hängend, aber gesichert aus. Hierbei wurden teure Baugerüste für die Häuser eingespart, denn auch die Kapazitäten für Baugerüste waren mehr als gering. Manches defekte Dach wurde so durch den Einsatz der Bergsteiger im Rahmen des Technosportes notdürftig repariert. Die meisten Hausdächer waren viele Jahrzehnte alt und stark verschlissen oder brüchig. Über den Nutzen dieser Dachreparaturen kann man sehr streiten. Nicht selten, trotz aller Vorsicht, war es nicht ausgeschlossen, dass durch das Betreten der angrenzenden Dachflächen ggf. neue und weitere Schadstellen hervorgerufen wurden. Die geleisteten Arbeitsstunden wurden, soweit es mir in Erinnerung ist, nach dem Gesetzblatt für zusätzliche Tätigkeit, auch Feierabendtätigkeit genannt, abgerechnet und entlohnt (Siehe auch Kapitel 1).

Diese Feierabendtätigkeit half schon bei der Beseitigung diverser Wohnmängel. Das Wohnen wurde dadurch aber nur wenig besser und erträglicher. Manches Mal konnte dennoch geholfen werden, aber der Verfall der Bausubstanz wurde damit nicht aufgehalten. Gelegentlich kam die Feierabendtätigkeit sogar bei kleinen Modernisierungen, wie WC- oder Badeinbau in einer Wohnung oder in Häusern, zum Einsatz.

Neben der bezahlten Feierabendtätigkeit nach dem Gesetzblatt Teil I Nr. 35 gab es noch die Möglichkeit, dass Mieter bestimmte Leistungen im Rahmen der Volkswirtschaftlichen Masseninitiative (VMI) erbringen konnten. Das waren meist leichtere Arbeiten wie die Laubbeseitigung, das Mähen des Rasens, Streichen von Zäunen, Fenstern oder Wäschegerüsten. Die Hausgemeinschaften erfassten und rechneten die Arbeiten mit einem Leistungsnachweis bei ihrem Vermieter, meist dem jeweiligen volkseigenen Gebäudewirtschaftsbetrieb, ab. Erfahrungsgemäß erfolgte die Abrechnung der VMI- Leistung durch die Hausvertrauensleute. Der

Verwalter des volkseigenen Betriebes überprüfte die erbrachten Leistungen. Danach überwies er einen Teil des errechneten Betrages auf das Konto der betreffenden Hausgemeinschaft. Für die Eröffnung eines Kontos für die Mietergemeinschaft war es erforderlich, dass mindestens zwei Personen mit einer Unterschriftberechtigung ausgestattet waren. In der Regel waren das der gewählte Hausvertrauensmann oder die Hausvertrauensfrau sowie ein Mieter des Hauses. Das erarbeitete Geld nahm man für besondere Anschaffungen, die allen Mietern zugute kamen, wie Bänke, Material für Sitzecken oder für Hausfeste. Auf diese Art und Weise sollten die Mietergemeinschaften gefestigt werden. Obwohl die Idee zur Bildung einer festen Mietergemeinschaft gut war, stellte sich manchmal ein fader Beigeschmack ein. Besonders dann, wenn mit der Festigung der Gemeinschaft andere Gesichtspunkte eine dominierende Rolle erhielten und neben der erforderlichen handwerklichen Tätigkeit politische Verpflichtungen einbezogen wurden. Viele Mietergemeinschaften rechneten ihre geleistete Arbeit recht ordentlich ab. Die gemeinsamen Aktivitäten, das miteinander Arbeiten und Schaffen, das vermochte schon Gemeinschaft zu schaffen. Lediglich wenn es zu den politischen Verknüpfungen kam, trat mancher Mieter vorsichtig den Rückzug aus dieser Gemeinschaft an. Doch es kam immer darauf an, wie die politischen Ansichten der Mieter waren und wie sich die Menschen gegenseitig annahmen, tolerierten und respektierten. Das war von Haus zu Haus sehr unterschiedlich und eine pauschale Einschätzung zu finden, gelingt nicht und wäre nicht förderlich. Auch besteht dabei die Gefahr, dass damit neue Ungerechtigkeiten entstehen könnten.

Eine der Aufgaben der Hausgemeinschaften war es, Hausreparaturpläne aufzustellen und dem Vermieter anzuzeigen, welche Reparaturen im nächsten Jahr durchgeführt werden sollten. Der Sinn war recht positiv. Aber die Realität, bedingt durch fehlende Kapazitäten, sah fortwährend anders aus.

Die Volkswirtschaftliche Masseninitiative schloss neben den Mietergemeinschaften auch Betriebe, Arbeitskollektive, Sportvereine usw. ein. Da viele Menschen eine Besserung der Situation erreichen und die Missstände verringern wollten, erklärten sie sich bereit, im

Rahmen einer VMI mitzuarbeiten. Zahlreiche und notwendige Arbeiten an Häusern, Gebäuden, Spiel- und Sportplätzen und in Vereinen wurden durchgeführt. Manches Spielgerät wurde entrostet, repariert oder gestrichen, Unkraut beseitigt, manche Hecke geschnitten, mancher Sportplatz erhielt ein besseres Aussehen. Häufig ging es um Leistungen, für die wenig Geld und kaum Kapazitäten vorhanden waren. Kleine Leistungen, aber auch größere Objekte wurden nicht nur am Tag der Volkswirtschaftlichen Masseninitiative oder beim Frühjahrsputz, mehr oder weniger freiwillig, von den Bürgern und Arbeitskollektiven realisiert. Falls die Aktionen Arbeitskollektive der Betriebe durchführten, gab es dafür meistens keine Entlohnung. Eine Anerkennung der Arbeiten wurde damit ausgedrückt, indem man die Arbeiter oder Angestellten in der Pause mit einem kleinen Frühstück sowie mit Kaffee und einer Brat- oder Bockwurst versorgte.

Im Zusammenhang mit der Volkswirtschaftlichen Masseninitiative entstanden viele Ausleihstationen, sogenannte VMI - Stützpunkte, die in der Regel durch Betriebe der Gebäudewirtschaft bewirtschaftet wurden. Die Menschen konnten sich Rasenmäher, Bohrmaschinen, Betonmischer, Teeröfen, aber auch Pinsel und weitere Arbeitsgeräte für diverse Arbeiten ausleihen. Ebenso konnten kleine Mengen von Material, wie Holz, Beton oder Sand, falls vorhanden, an Mieter abgegeben werden. Zwischen den Vertragspartnern wurde ein Leihvertrag für das ausgeliehene Gerät und über den Nutzungszeitraum abgeschlossen. Mit Abschluss der Vereinbarung bezahlte der Entleiher ein minimales Entgelt. Darüber hinaus fand eine kurze Arbeitsschutzbelehrung für den Mieter, verbunden mit einer Geräteeinweisung, statt. Die Nutzung der Stützpunkte war gut und wurden von den Mietern gern angenommen. Es war eine wirkliche Hilfe für die Instandhaltung oder Instandsetzung der Wohnungen oder bei der Pflege ihres Grundstückes, in dem sie wohnten. Wir müssen die damalige Zeit und die prekäre Situation sehen! Seinerzeit konnte der Bedarf an elektrischen Geräten in den Geschäften kaum gedeckt werden, bzw. waren sie schwer erhältlich. Außerdem gab es zu der Zeit kaum Hausmeisterfirmen, deshalb nutzten viele Mieter häufig das Angebot der Stationen, weil sie einfach ordentlich wohnen wollten. Auf Grund der damaligen Bedingungen griffen die Mieter eben zur Selbsthilfe. Das hatte auch gute Seiten, derweil es mir mehr als fern liegt, die Mangelwirtschaft der früheren Zeit damit zu verherrlichen. Mit einem ironisch geprägten Unterton will ich dennoch sagen: „Es gibt keinen Schaden ohne Nutzen". Die Kreativität vieler Menschen in der DDR war, bedingt durch die Rahmenbedingungen, sehr ausgeprägt und improvisieren war für uns Menschen absolut kein Fremdwort. Nicht wenige Mieter arbeiteten tatkräftig in ihrem Wohnumfeld mit. Durch diese handwerkliche Selbsthilfe wurde man aktiviert. Man forderte sich dabei immer wieder. Mittels dieser großen Kreativität, so nennen wir es heute, wollten sich die Personen die Bereiche, die rundherum zum Wohnen gehören, besser gestalten. Die Menschen wurden dabei immer erfinderischer, dabei trainierten sie ungewollt ihr Denken um die Missstände anzugehen und halbwegs in den Griff zu bekommen. Aktive Bewegung und reichliche Ausarbeitung bei der Lösung der anstehenden Aufgaben waren die notwendige Folge. Heutzutage lässt man sich, wer über die notwendigen Finanzen verfügt, von Hausmeisterfirmen und Handwerkern bedienen und zahlt, vielleicht klagend, die Reparaturen oder die hohen Betriebskosten. Um fit zu bleiben, gehen heutzutage viele gegen Bezahlung ins Fitnesscenter und verbrennen dort die angereicherten Kalorien. - Nun, auch das ist ja nichts Schlechtes. -

Schauen wir noch einmal zurück in das andere System. Wie wurden die Menschen auf die vielen handwerklichen Situationen, auf die Kreativität oder Selbsthilfe, ganz gleich, wie wir es nennen wollen, für das Leben vorbereitet?

Betrachten wir einmal den polytechnischen Unterricht der Schule in den 60er Jahren. Gewiss, man kann darüber unterschiedlicher Ansicht sein und viele haben damit recht unterschiedliche Erfahrungen gemacht. Gewiss lässt sich darüber auch vortrefflich streiten. Den Schülern wurde aber die Möglichkeit eingeräumt viele, Tätigkeiten oder Berufe kennenzulernen und zu beschnuppern. Ich will hier kurz meine persönlichen Erfahrungen schildern. Als Schüler war ich in der Landwirtschaft und in der Industrie eingesetzt. Ich erlernte die Grundlagen in der Metallbearbeitung, wie Feilen, Bohren, Löten und weitere Tätigkeiten. In der Textilindustrie lernte ich Arbeitsabläufe, wie das Gasieren, Weben, Fachen und das Spulen, kennen. Sicher, es waren nur Schnupperkurse, aber wir wurden damit ans spätere Arbeitsleben herangeführt. Ich war Anfang der sechziger Jahre bei den Betriebselektrikern eines großen Textilbetriebes im Einsatz und durfte unter Anleitung und Aufsicht Elektroinstallationsarbeiten durchführen. Diese Art und Weise von praxisbezogenem Lernen hat mir viel Spaß gemacht und es war sehr spannend. Das praxisnahe Lernen und besonders die Hinführung zur Arbeitswelt, sehe ich heute noch als eine Bereicherung an, zumal mir die erlernten Grundkenntnisse im späteren Leben sehr zugute kamen. Ich denke da besonders an die Wohnungen, die wir in DDR-Zeit bezogen und in denen wir mit Hilfe unserer Verwandten die Erneuerungen der Elektroleitungen ausführten. Mit dem Einsatz in den Betrieben lernte ich aber auch die arbeitenden Menschen schätzen, achten und verstehen. Ich lernte, dass Geld hart erarbeitet und dabei an wertvolle Lebenszeit gebunden ist.

Mit der Wende wurde der polytechnische Unterricht in der mir bekannten Form, wohl nicht mehr durchgeführt. Gewiss, es gibt jetzt über die Schulen bestimmte handwerkliche Arbeiten, Projekttage, Projektwochen, Praktika, Feriengestaltungen oder anderweitige Möglichkeiten, um den Arbeitswelten ein wenig näherzukommen. Eine intensivere Verknüpfung von Schul- und Arbeitswelt vermisse ich. Ich würde mir eine generelle Zusammenarbeit von Schule und Unternehmen wünschen, die man ständig forciert. Eine große Chance bietet sich, wenn unsere jungen Menschen verstärkt für ein praxisorientiertes Leben erzogen und umfassender gefördert werden. Den Zugang zur praxisnahen Arbeit sehe ich als Garant, damit Jugendliche Lust an der Arbeit bekommen und ihre Talente entdecken können. Mit Arbeit kann Begeisterung, Vergnügen, Aktivität und Lebensfreude geweckt werden. Gerade für die kommende Zeit, die durch Überalterung und Fachkräftemangel geprägt wird, könnte so ein Weg zielführend werden. Ich gehe davon aus, dass viele Unternehmen gerade jetzt, wo die schwierige Phase des Fachkräftemangels spürbar wird, solche denkbaren Wege zukünftig und dankbar annehmen und bestimmt unterstützen oder fördern würden. Man sollte darüber nachdenken.

Unsere Menschen im Land sollen doch weiterhin in den unterschiedlichsten Bereichen produzieren können. Vorhandene menschliche Kapazitäten gilt es immer wieder zu finden, zu festigen und weiter auszubauen. Ich würde mich jedenfalls sehr freuen, wenn Wege für die handwerklichen und praktischen Arbeiten in den Schulen, Bildungseinrichtungen und Unternehmen noch stärker beschritten würden. Ebenso finde ich es von Vorteil, wenn ältere Generationen und junge Menschen im gutem Mix in Unternehmen zusammenarbeiten. Ältere und jüngere Arbeitnehmer können wunderbar voneinander profitieren, wenn Freude und Erfahrungen bei der Arbeit an junge Menschen weitergegeben werden. Aber auch die Jugendlichen sind eine brillante Hilfe und Bereicherung für die älteren Arbeitnehmer, besonders beim Erlernen und beim Umgang mit neuer Technik. Viele kluge Unternehmen haben dies erkannt. Sie legen Schwerpunkte auf Qualifizierung, Weiterbildung und Schaffung einer Stammbelegschaft. Flexible Arbeitszeiten sowie die Beteiligung an Kindergärten sieht man heute als besondere Herausforderung, um Unternehmen zu stabilisieren, weiterzuentwickeln, Stammpersonal zu fördern und Fachkräfte zu binden. Den meisten Unternehmen liegt Gesundheit und eine gute Leistungsfähigkeit ihrer Mitarbeiter besonders am Herzen. Deswegen arbeiten viele Unternehmen stärker auf diesem Gebiet mit. Das wird von vielen Kranken- bzw. Gesundheitskassen sehr gern gesehen, mit besonderen Programmen hervorragend gefördert bzw. honoriert.

Bitte haben Sie, lieber Leser, Verständnis über die Weite meiner Darstellung. Mit diesen Ausführungen habe ich ganz bewusst einen großen Bogen gespannt, um eine Lanze für die praxisnahe Bildung und Arbeit zu brechen. Der Bogen wurde von der praktischen Ausbildung über Unternehmen, bis hin zur Gesundheitsvorsorge geschwungen. Die praxisnahe Schulbildung und Arbeit, so bin ich überzeugt, hat besonders im jetzigen Wirtschaftssystem einen hohen, nicht zu unterschätzenden Stellenwert. Ich wollte mit den Ausführungen nicht nur zum Nachdenken anregen. Mir war es wichtig, auf die vielen sozialen Verflechtungen hinzuweisen. Die Verwirklichung des

Menschen von dem Weg über Bildung zu aktiver, schöpferischer Arbeit, das ist doch ein Anliegen der Gesellschaft und dient dem Gemeinwohl. Freude und Spaß am Schaffen sind hohe Werte für die Kreativität der Leistungswilligen. Das stete Gebrauchtwerden und Nützlichsein schafft Arbeits- und Lebenszufriedenheit, erhöht die Lebensqualität und wirkt sich auch auf die Gesundheit der Menschen nachhaltig und positiv aus.

Kapitel 9

Mietpreise und Wohnqualität

Nach der Wende entwickelten sich auch hier, in der südöstlichen Region von Deutschland, die Anforderungen an die Wohnqualität rasant. Das hatte viele Ursachen. Eine davon bestand darin, dass der Verfall bei der Bausubstanz erheblich war. Es gab gewaltige Rückstände bei der Instandhaltung vieler Grundstücke. Die Menschen sehnten sich aber nach besseren Wohnbedingungen. Der Wunsch nach Wohnkomfort und einer besseren Ausstattung der Wohnungen wurde deshalb immer spürbarer. Zum Anderen hatten die Mietpreisreformen mit den einzelnen Mieterhöhungen einen nicht unerheblichen Einfluss auf das Verhalten der Menschen in Bezug auf eine annehmbare Wohnqualität. Langsam begann sich im Verhältnis von Miete und Leistung etwas zu ändern.

Ich will dies etwas näher erläutern:

1990 wurden im Rahmen des Einigungsvertrages die Weichen für eine neue Wohnungs- und Mietpreispolitik gestellt. Die Bundesregierung wurde ermächtigt, eine schnelle Anpassung bei den ostdeutschen Mieten vorzunehmen. Zum 01. Oktober 1991, erfolgte die Erste Grundmietenverordnung für den preisgebundenen ostdeutschen Wohnraum. Auch die Erfassung der Betriebskosten gemäß der Betriebskosten-Umlageverordnung (BetrKostUV) mit der jährlichen Abrechnung wurde eingeführt. Es kam dann zu der ersten Betriebskostenabrechnung für den Zeitraum Oktober bis Dezember 1991, die den Mietern zugestellt wurde. Die anfallenden Betriebskosten des Grundstücks, wie Wasserkosten, Hauslicht, Grundsteuer, Versicherung usw. wurden den Mietern erstmals berechnet. Diese Art der wirtschaftlichen Abrechnung war für die hiesigen Menschen neu und führte zu großen Irritationen und Unverständnis. Eine der Folgen für viele Mieter war, dass neben der empfundenen Angst für die kommenden Abrechnungen auch starke Unsicherheiten entstanden.

Mit der Einführung der Betriebskostenabrechnung wuchs schlagartig der Bedarf nach kleinem Wohnraum, da zahllose Mieter bislang große Wohnflächen bewohnten und sie zukünftig mit hohen Betriebskosten rechnen mussten.

Der Gesetzgeber schaffte die Möglichkeit, zum 01.01.1993 eine weitere Erhöhung der ostdeutschen Grundmieten nach dem Zustand des Hauses vorzunehmen. Die Unternehmen berechneten die Miete für ihre Bewohner auf dieser Basis und teilten diese Erhöhung den Mietern im Jahr 1993 mit. Mit dieser Verordnung wurde die Handhabe für eine weitere Erhöhung und Differenzierung der Grundmiete nach Ausstattungsmerkmalen bzw. der baulichen Beschaffenheit des Gebäudes geschaffen. Auch diese Mieterhöhung, die auch für unser Unternehmen existenzsichernd war, stieß bei vielen Mietern auf großen Protest und Unverständnis. Die Folge war, dass es auch 1993, ebenso wie früher bei der Ersten Grundmietenverordnung, von Einsprüchen der Mieter, sprichwörtlich gesagt, nur so hagelte. Für die Wohnungsunternehmen war es ein riesiger Kraftakt, die Einsprüche sachlich und ordentlich mit den Mietern zu klären. Es erforderte viel Geduld, Zeit und war mit hohen Kosten verbunden, da der Aufwand dafür sehr groß war.

Am 23. Juni 1993 tritt das „Gesetz über Altschuldenhilfe für die Kommunalen Wohnungsunternehmen, Wohnungsgenossenschaften und private Vermieter in dem in Artikel 3 des Einigungsvertrages genannten Gebiet" in Kraft. Mit dem Gesetz wurden den Wohnungsunternehmen und den anderen im Gesetz genannten Unternehmen auf Antrag Altschuldenhilfe gewährt. Damit sollte eine Verbesserung der Kredit- und der Investitionsfähigkeit geschaffen werden und die wohnungswirtschaftlichen Unternehmen sollten Zinshilfe bei der Bewältigung ihrer Aufgaben bekommen. Um eine Teilentlastung zu erhalten war es erforderlich, dass die großen Unternehmen einen Teil ihres Wohnungsbestandes an Privateigentümer veräußerten. Damit wurde auch in meinem Unternehmen das Privateigentum als Wohnungseigentum geboren.

Ab 01.08.1995 wird eine weitere Mietneuberechnung eingeführt, wenn drei der aufgeführten Bestandteile Dach, Fenster, Außenwände,

Hausflure oder Treppenräume, Elektro-, Gas- oder Wasser- und Sanitärinstallationen ohne erhebliche Schäden sind. Grundlage dafür war der § 12 vom Gesetz zur Regelung der Miethöhe in der Fassung des Mietüberleitungsgesetzes. Diese Art des Verfahrens zur Mieterhöhung war neu, weil die Zustimmungserklärung der Mieter notwendig wurde.

Parallel zu den einzelnen Mieterhöhungen gab es noch die Möglichkeit, Mieterhöhungen aufgrund von baulichen Maßnahmen, im Rahmen von Modernisierungen vorzunehmen.

Ich will hier anhand eines Beispiels aufzeigen, wie sich die Grundmiete entwickelte: Bei einer Wohnung von ca. 63 m² Wohnfläche lag die monatliche Grundmiete 1989 bei rund 56 Mark. Das war der damalige DDR-Neubaumietpreis in der hiesigen Region. Der Ausstattungsgrad für diese Miete umfasste Ofenheizung mit teilweiser Gasheizung sowie das Vorhandensein von Spannteppich. Außerdem besaß die Wohnung eine Loggia. Zusätzlich war im Mietpreis ein Nutzungsentgelt für die Küchenmöbel von ca. 6 Mark eingeschlossen. Betriebskosten wurden zur DDR-Zeit nicht oder nur äußerst selten erhoben. Mitunter wurde bei einer nachträglichen Modernisierung eine kleine pauschale Zahlung für Wasser, die meist bei 2 bis 3 Mark pro Wohnung lag, mit dem Mieter vereinbart. Dies war in diesem Fall nicht gegeben. Durch die neuen gesetzlichen Möglichkeiten der Mieterhöhungen stieg der zu zahlende Mietpreis für diese Wohnung stark an. So entwickelte sich der Mietpreis bei dem genannten Beispiel von ca. 56 DDR-Mark (1989) auf fast 750 DM im Jahr 1999 (unter Beachtung der D-Mark Einführung 1990).

Dieser Betrag war die Gesamtmiete für diese Wohnung vor Einführung der Euro-Währung. Die Steigerung von 56 Mark der DDR auf rund 750 DM ist jedoch zu relativieren. Wie kam es zu dieser neuen Mietpreisbildung?

Der Gesamtmietpreis setzte sich bei diesem Beispiel wie folgt zusammen:

Die Grundmiete lag 1999 bei etwas über 332 DM. Dazu kam noch der Betrag für Wertverbesserungen von rund 172 DM und die

Vorauszahlung für Betriebskosten von ca. 150 DM sowie die Vorauszahlung für Heizkosten von rund 95 DM. Letztendlich ergab sich ein Mietpreis von rund 750 DM pro Monat.

Bei diesem Beispiel waren diverse Modernisierungsmaßnahmen und Wertverbesserungen bereits eingeschlossen, wie Einbau einer Zentralheizung, eine zentrale Warmwasserversorgung, Einbau von einbruchshemmenden Türen, Einbau einer Hausruf-Systemschließanlage und diverse weitere kleinere Modernisierungen.

Aus der ehemals kohlebeheizten Wohnung war eine zentralbeheizte Wohnung mit zentraler Warmwasserversorgung geworden. Das bedeutete für den Mieter eine enorme Steigerung der Wohnqualität. Durch die Entwicklung der Energiekosten und anderer Kosten, so muss ergänzend gesagt werden, stieg in den weiteren Jahren der Gesamtmietpreis, nicht nur bei diesem Beispiel, kontinuierlich an.

Die Wohnqualitäten ab der Wende bis 2000 entwickelten sich durch die einzelnen Modernisierungen schnell und überaus positiv. Auch der Empfang und die Vielfalt von Radio- und Fernsehprogrammen wurde verbessert. Für die Mieter wurde der Zugang zu den Rundfunk- und Fernsehmedien über einen Kabelnetzbetreiber möglich.

Zu der dynamischen Entwicklung der Grundmiete gab es keine Alternative. Die Bausubstanz der Häuser in den neuen Bundesländern war zu schlecht. Die Kosten für den erheblichen Nachholbedarf mussten finanziell abgesichert werden. So galt es auch die Existenzen der Wohnungsunternehmen zu sichern und nicht zu gefährden. Häuser wurden modernisiert, Bäder oder Duschen eingebaut, Dächer neu gedeckt, Balkone angebaut usw.. Aber auch die Altschulden mussten bedient werden. Kredite für dringend erforderliche Bauvorhaben für Modernisierung, Sanierung und Restaurierung wurden bereitgestellt und durch die Wohnungsunternehmen gut genutzt. Darüber hinaus galt es die notwendige und laufende Instandhaltung und Instandsetzung bei den Häusern abzusichern. Unter Beibehaltung der DDR - Miete wäre das ein Fiasko geworden. Es war deshalb mehr als folgerichtig und wirtschaftlich geboten, dass Schritt für Schritt die Mieten erhöht wurden.

Doch das obengenannte Beispiel lässt kaum denkbare und richtige Vergleiche zu, denn die wirtschaftlichen Verhältnisse mit den neuen Rahmenbedingungen wurden grundlegend geändert. Viele Produkte im Bereich der Nahrungsmittel wurden teurer. Technische Produkte dagegen meist preiswerter. Ein Farbfernsehgerät mit gewünschter Ausstattung (Pal/Secam) kostete in den 80er Jahren um die 6.300 Mark, wenn man es über Beziehungen erstehen konnte. Nach der Wende waren Farbfernsehgeräte für ein paar hundert DM erhältlich. Ganz andere Relationen entstanden. Daher ist es müßig, sehr schwer und kaum möglich, die Lebensverhältnisse mit den Kosten und Leistungen und gar noch die Qualitäten miteinander zu vergleichen. Das trifft natürlich auch für die Mietpreise und auf die Einkommen der Mieter zu.

Ich fragte mich beim Schreiben oft, ob es richtig ist, die Mietpreisentwicklung an einem Beispiel aufzuzeigen, zumal sich mit der neuen Ordnung die Rahmenbedingungen ganz entscheidend verändert hatten. Doch gehört dieses Beispiel nicht auch zur Geschichte? Ich denke doch. Und über Geschichte, über das Erlebte darf man wohl getrost schreiben.

Folgerichtig wurden nach der Wende die Renten und die Verdienste der Arbeitnehmer schrittweise angepasst. Die Einkommen der Menschen, so kann man sagen, stiegen erheblich, sodass Mietzahlungen kaum gefährdet waren. In Härtefällen wurde, je nach Voraussetzung, durch die kommunalen Wohngeldstellen Miethilfe, das Wohngeld, gewährt. Andere Sozialleistungen minderten die gestiegenen Mietkosten und sicherten das Bewohnen der Wohnung, falls die gesetzlichen Vorschriften eine Hilfe vorsahen. Doch die Betroffenen mussten dazu schon Eigeninitiative ergreifen und entwickeln. Bei Mietrückständen erhielt mancher Mieter Hilfe, Rat und Tat durch unser Unternehmen. Das Unternehmen, in welchem ich viele Jahre arbeitete, war stets bemüht entstehende Probleme frühzeitig zu erkennen und Zwangsräumungen, wenn vertretbar, gänzlich zu vermeiden. Es war uns bewusst, dass Zwangsräumungen immer mit großen Kosten und erheblichem Arbeitsaufwand für den Vermieter verbunden sind, zumal der Vermieter auch die Kosten mit einem Vorschuss abdecken muss.

Im Laufe der Jahre suchten sich viele Mieter ihre Wohnung nach ihren Vorstellungen. Dabei waren die Größe der Wohnung, der gewünschte Ausstattungsgrad sowie der Mietpreis Kriterium für ihre Wahl. Mancher Mieter zog aus seiner Mietwohnung aus, um sich den Traum vom eigenen Heim zu erfüllen. Andere, uns liebgewordene Mieter, zogen gezwungenermaßen der Arbeit nach, weil sie in unserer Region keinen Broterwerb fanden. Dadurch kam es in manchen Häusern teils zu beachtlichen Leerständen. Leerstand ist ein großes Problem, mit dem manche Stadt und Gemeinde besonders auch in den östlichen Gebieten kämpfen muss. Die schwindenden Einwohnerzahlen, sei es durch Verzug, wegen zu geringen Arbeitschancen, geringer Geburten oder Tod führen bei der Verwaltung von Häusern zu beträchtlichen Problemen. Die Unternehmen, die mit dieser Thematik umgehen müssen, können gesetzlich mögliche Mieterhöhungen nur sehr sparsam und mit sehr viel Fingerspitzengefühl durchführen. Bei neu errichteten oder voll instandgesetzten Grundstücken ist die Situation anders. Meist konnten die errechneten Mieten an die Mieter, die eine hohe Wohnqualität anstrebten, weitergegeben werden. Die neuen, komplex sanierten und modernen Wohnungen wurden und werden von zahlreichen Menschen gern angenommen. Ein Grund dafür war auch, so denke ich zurückblickend, dass das Wohnungsunternehmen, in welchem ich tätig war, seine Aufgabe darin sah, stets ein fairer Partner zum Mieter zu sein.

Kapitel 10

Gesichtspunkte zum Wohnen

Manchmal stelle ich mir die Frage, wenn ich auf meine Erlebnisse zurückblicke, warum einige Menschen erhebliche Schwierigkeiten beim Wohnen haben. Welche Ursachen bedingen das persönliche Verhalten? Wie sehen oder schätzen die Bewohner ihr Zuhause? Wird das Kulturgut Wohnung geachtet und geschätzt? Wie war die Entwicklung dieses Gutes unter Beachtung der Wende und durch die damit einhergehende und gewonnene Freiheit.

Ich möchte von einigen Menschen berichten, die Schwierigkeiten und Probleme beim Wohnen hatten.

Wie bereits erwähnt, habe ich manchen Konflikt miterleben und verarbeiten müssen. Die Erlebnisse waren oft nur „kleine Fenster", in die ich hineinschauen konnte bzw. musste. Einige Ereignisse machen mich jetzt noch nachdenklich. Manchmal sah ich, dass die täglichen Pflichten weniger, kaum oder gar nicht mehr umgesetzt wurden. Es begann oft mit kleinen Tätigkeiten, wie bei der Haus- und der Treppenreinigung oder bei den geringfügigen täglichen Arbeiten, wie Müll heruntertragen oder Staub saugen. Turnusmäßige Renovierungen, die sowohl der Erhaltung der Bausubstanz oder des näheren Wohnumfeldes oder einfach der Ethik und dem Wohlfühlen des Mieters dienen, kamen ins Stocken und wurden bisweilen nur gering durchgeführt. Der Sinn, weshalb ich darüber berichte, liegt keinesfalls darin, bestimmten Bewohnern mit Vorwürfen zu begegnen. Vielmehr sollte sich jeder in seiner Wohnung und nach seinen Bedürfnissen wohlfühlen. Das schließt jedoch ein, dass sich jeder aktiv für einen guten Umgang mit dem Gut Wohnung einsetzt.

Unbedachtes Verhalten im Umgang mit diesem Gut habe ich bei meiner Tätigkeit manchmal miterleben müssen. Aber als die Wende begann, habe ich, eventuell bedingt durch die starken Belastungen, die mit dem gesellschaftlichen Umbruch einhergingen, ein verstärktes lockeres Verhalten mit dem wertvollen Gut für einen gewissen

Zeitraum festgestellt. Immerhin waren einige Jahre erforderlich, bis der Sturm mit der Umwandlung einschließlich der Auswirkungen abebbte und die Menschen wieder planen konnten. Die großen Änderungen mit den vielen Emotionen, positiver oder negativer Art, aber auch die Unsicherheiten durch entstehende Arbeitslosigkeit spiegelten sich bei nicht wenigen Mietern, so merkte ich, sogar bis ins Wohnen wieder. Mancher Mieter hatte nun ganz andere Probleme, als zu renovieren oder dringende Instandhaltungsarbeiten durchzuführen. Dadurch geriet das Gut Wohnung dann und wann ins Hintertreffen.

Mir ist sehr wohl bewusst, dass die Sicht einer Person, die Wohnungen verwaltet und Menschen beim Wohnen über Jahrzehnte betreut hat, anders ist, als die Sicht der Menschen, für die das Wohnen selbstverständliche Gegebenheit ist und schlichtweg, einfach hingenommen wird.

Viele Menschen waren durch den gesellschaftlichen Umbruch, den die Wende beinhaltete, enorm gefordert. Diese Auswirkungen waren für die meisten Menschen immens. Jede Menge Neuartiges musste verstanden und erledigt werden. Manch einer war zunächst überfordert. Ganz neue Herausforderungen hatten die Menschen zu bewältigen. Sie wurden nicht mehr gegängelt oder versorgt. Freiheit verlangt nach Flexibilität und Aktionen. Ganze Bündel mit neuem Denken und neuen Verantwortungen waren gefordert. Durch die beginnende und bisweilen sehr lang anhaltende Arbeitslosigkeit sah ich, wie bislang ganz ungewohnte, neue Probleme auftauchten. Größtenteils meisterten die Menschen die neue Ordnung und die Herausforderungen mit viel Elan und Bravour. Manche entdeckten dabei ihre unbekannten und großen Talente. Andere entwickelten sich zum Meister im Wenden, im Umgewöhnen und im Anpassen. Ihre im Verborgenen schlummernden und vielleicht versteckten Begabungen konnten sie nun völlig frei entfalten und ihre Arbeitskraft so teuer wie möglich und mit Raffinesse verkaufen. Sie schafften sich dabei ein oder gar mehrere Standbeine für ihre Lebensgestaltung.

Besonders die Arbeitslosigkeit, die man im alten System nicht kannte, begann in den 90 er Jahren rasant zu wachsen. Die Wirtschaft, als das

Rückgrat des neuen Systems, musste ökonomisch umgestaltet werden. Marode und unökonomische Betriebe wurden geschlossen oder abgerissen. Abertausende Menschen verloren die Arbeit, verloren ihr soziales Umfeld, ihre Kollegen, mit denen sie über Jahrzehnte zusammengearbeitet hatten. Es begann für viele Menschen eine neue Zeit. Die Folgen der Wende waren, so behaupte ich, bis in jede Familie, in jedes Haus hinein spürbar. Gewohnte Strukturen des Lebens gingen verloren oder änderten sich gravierend. Der Politik war dies sehr wohl bekannt. Deshalb versuchte man neu zu ordnen und mit vielen Angeboten zu helfen. Diverse Maßnahmen wurden eingeleitet. Mit Förderprogrammen, Möglichkeiten zum vorzeitigen Ruhestand, Umschulungen, Arbeitsvermittlungen, Arbeitsbeschaffungsmaßnahmen (ABM), privaten Förderungen mit Gutscheinen für eine Arbeitsvermittlung usw., steuerte der Gesetzgeber dagegen. Die hohe Arbeitslosenquote galt es zu senken und die negativen Folgen so gering wie möglich zu halten.

Nun ist es so, wenn Personen ihre Arbeit verlieren und notgedrungen zu Hause sitzen, haben sie viel, zu viel Zeit. Ohne Arbeit, ohne Aufgabe, ohne Team, ohne Kommunikation, dass kann uns Menschen, da wir nun mal soziale Wesen sind, große Probleme bringen. Unzähligen war diese Art der sozialen Isolation bisher unbekannt und nicht wenige empfanden diese Situation als nachhaltigen Mangel in ihrem Leben. Viele verkrafteten den Wegfall ihres Arbeitsplatzes. Für andere Menschen hingegen entstanden daraus arge Probleme. Der Umgang mit der Situation war für die hier lebenden Menschen neu und mehr als ungewohnt. Mit diesen Problemen wuchsen die Belastungen in den Familien. Hier und da kam es zu Frust, Streit und Auseinandersetzungen. Gelegentlich kam es sogar zu Trennungen von Ehen oder Partnerschaften. Dauerhafte seelische Anspannungen und Belastungen, wie Stress und Existenzangst, so ist allgemein bekannt, können in Erkrankungen münden oder verursachen im Körper Prozesse mit Signalwirkung. Ich erlebte Mieter, die durch ihre schwierige Lage mit starken Lebenskrisen kämpften. Apathie oder Depressionen und Süchte waren noch halbwegs bemerkbare Symptome. Andere Krankheiten sind für Außenstehende weniger wahrnehmbar. Der Verlust des Arbeitsplatzes ist auch durch eine finanzielle Absicherung, wie durch das Arbeitslosengeld oder später mit den Hartz - Gesetzen oder mit einer finanziellen Grundsicherung, nicht heilbar.

Ich will versuchen, auf die soziale Isolation und deren Folgen für das Wohnen etwas näher einzugehen. Wenn der Werktätige sein vertrautes Team, seine Arbeit, seinen Broterwerb verliert, wird sprichwörtlich dem Menschen ein Standbein genommen. Dabei können wir kaum erahnen, wie stark Seele und Körper der Personen belastet werden. Je nach Länge der Zeit, in welcher der Mensch arbeitslos ist, nicht gebraucht wird und die Kommunikation, sein Ansehen oder seinen Stand in der Gesellschaft verliert, steigt die Gefahr für Erkrankungen. Erhebliche Krankheiten mit ihren Symptomen und gesundheitlichen Auswirkungen können sich bilden und manifestieren. Um eine Heilung der Erkrankten zu erreichen, sind hohe Kosten erforderlich. Ich will mit nur einer Zahl kurz belegen, dass Stress oder schwere Ängste die Gesellschaft, die Solidargemeinschaft, sehr belasten und solche Krankheiten mittlerweile zu einem größeren ökonomischen Faktor wurden. Dabei beziehe ich mich auch auf eine Mitteilung der Deutschen Rentenversicherung. Demzufolge gehen immer mehr Menschen wegen einer psychischer Erkrankung, wie Depressionen, Angstzuständen oder Burnout vorzeitig in Rente. So seien 73.200 Menschen im Jahr 2012 wegen psychischer Erkrankungen in Rente gegangen, wie die Sächsische Zeitung am 02.01.2013 unter Bezug auf dpa/dapd und die Deutsche Rentenversicherung ausführt (s. auch Quellenangabe zu Kapitel 10).

Der Regierung ist dieses Thema, einschließlich der Folgen, wohl bekannt. Aus dieser Meldung geht leider nicht hervor, inwieweit das Ergebnis mit den Menschen, die von Arbeitslosigkeit betroffen waren, im Zusammenhang steht. Für unsere Gesellschaft mit ihrem doch guten Sozialsystem können Erkrankungen, die durch Arbeitslosigkeit oder durch ungesunden Stress, wie hohen Arbeitsdruck, hervorgehen bzw. bedingt sind zu einer starken und spürbaren Belastung des Sozialsystems werden. Unsere Welt ist inzwischen so komplex vernetzt und vielfältig, dass jeder auf seine Art positive sowie negative Auswirkungen in seinem Leben registrieren kann. Ich sah bei meiner Tätigkeit auch, dass es ebenso positive Wechselwirkungen von Arbeit mit guter Arbeitszufriedenheit und mit gesundem Stress gibt. Ich erkannte, dass durch Vermeidung von Armut, Einhaltung einer guten Hygiene, kontinuierliche Weiterbildung, Sport und eine gesunde Lebensführung, die Gesundheit und das Wohlbefinden jedes einzelnen Menschen positiv beeinflusst werden kann.

Nun verbringt der Mensch, sei er Mieter oder Eigentümer, gut ein Drittel seines Lebens in seiner Wohnung, in seinem Heim. Dementsprechend schlagen sich positive wie negative Eigenschaften, die sich der Mieter in seinem Leben, bei seiner Arbeit und mit seiner Tätigkeit erworben hat, auch in der Art und Weise seines Wohnens nieder. Erlebte Freude oder erfahrenes Leid, wie der verlorene Arbeitsplatz, finanzielle Sorgen oder erworbene Süchte können seine Einstellung zum Wohnen stark beeinflussen. Irgendwann werden dann auch die Hauseigentümer Erfahrungen machen, wenn diese positiven oder negativen Auswirkungen beim Wohnen ankommen. Einige Erfahrungen zeigen, dass insbesondere Menschen, die lange ohne Arbeit, ohne jedes soziales oder bürgerschaftliches Engagement waren, sich unglücklich fühlen und schlimmstenfalls in ihrer Gesundheit gefährdet sein können. Eine nicht unbedeutende Zahl treibt durch ihr mitunter hartes Schicksal mittlerweile an den Rand der Gesellschaft. Bedingt durch Einsamkeit, vielleicht gepaart mit dem Empfinden, ein Versager zu sein, je nach der individuellen Persönlichkeitsstruktur, können sich soziale Risikogruppen herausbilden. Vereinsamung und Passivität sind schlimme Feinde der Menschen. Es gab manchmal Mieter, die den Überblick über ihre Finanzen verloren hatten, wenn sie in einen Problemstrudel gerissen wurden. Aber auch der rechte Blick für das Wohnen kann bei anhaltender Passivität verloren gehen. Verschwundene Lebensfreude fördert die negativen Auswirkungen auf die Gesundheit. Einige Bewohner waren dann außerstande, bestimmte Arbeiten in ihrer Wohnung durchzuführen oder durchführen zu lassen. Ich sah, dass mit der unterlassenen Instandhaltung, der fehlenden Sauberkeit und Pflege, die Gemütlichkeit in der Wohnung verloren ging. Im Ausnahmefall erlebte ich, das will ich auch nicht verschweigen, dass Forderungen an den Vermieter oder an das Sozialamt, an die Gesellschaft ungleich höher gestellt wurden als an die eigene Person.

Der Betreffende vergaß sich zu fordern und die Verbesserung seines Schicksals selbst in die Hand zu nehmen. Ich möchte auf keinen Fall einen Generalverdacht für diese, vom Schicksal oft schwer gezeichneten Menschen aussprechen. Auch ein Urteil über diese Menschen wäre mehr als töricht, denn es hat keiner das Recht, Menschen in schwierigen Situationen zu verurteilen. Vielmehr sehe ich in dem Verhalten dieser Personen einen großen unbewussten Hilferuf an die Mitmenschen, an unsere Gesellschaft.

Wie ich erläuterte, können, wenn wir diese Menschen allein lassen, große Schäden für unsere Gemeinschaft entstehen. Diese Schäden werden dann auf vielen Gebieten sichtbar. So kann neben einer geschädigten Bausubstanz auch eine Häufung von physischen oder psychischen Störungen, bis hin zur Kriminalität, entstehen. Noch ist unsere Gesellschaft auf dem Solidaritätsprinzip begründet. Reiche Menschen helfen armen Menschen, gesunde Menschen kranken Menschen. Es ist gut so, dass Menschen, die mehr haben, den Menschen abgeben, die wenig haben. Bewahren wir uns dieses Prinzip, so wie es zum Beispiel die christliche Soziallehre lehrt.

Der Langzeitarbeitslose hat neben Armut und Krankheit häufig mit der Abnahme seiner Leistungsfähigkeit zu kämpfen. Dadurch besteht die große Gefahr, dass wir einen Teil der Menschen verlieren, einfach abschreiben und vergessen. Als soziale Wesen, als Mitmenschen, dürfen wir uns keinesfalls damit abfinden und uns an diese Umstände gewöhnen. Auch unsere jetzige Gesellschaftsform ist nicht so gut, dass sie nicht noch besser werden kann!

Manchmal wird es schwierig, Menschen zu helfen. Bisweilen ist Hilfe vom Fachmann notwendig, damit Seele und Körper wieder geistige und körperliche Aufgaben übernehmen können und der Bewohner Ordnung in seiner Wohnung, in seinem Wohnumfeld halten kann.

Vor längerer Zeit hörte ich einen Vortrag, in dem die Hypothese aufgestellt wurde, dass Krankheit dumm machen kann. Ich denke, dass in dieser Behauptung eine ganze Menge Wahrheit steckt. Wer krank ist, steckt seine Energie zunächst in seine Genesung. Längere und schwere Krankheiten werden den Betroffenen weiter belasten, so dass die Gefahr besteht, dass er vom aktiven in den passiven

Lebensprozess wechselt. Der Mensch kann so stark beeinträchtigt werden, dass eine Fortbildung seines Intellekts kaum mehr möglich ist und er in der Entwicklung stagniert. Die einsetzende Passivität soll mit gezielter Therapie schnell durchbrochen werden. Betroffene Menschen dürfen wir einfach nicht aufgeben. Da sind Personen, die Kontakte zu dem Betroffenen in irgendeiner Weise haben, sehr gefragt. Das können Sozialarbeiter, Familienmitglieder, Bekannte aber auch Mieter oder Hausgemeinschaften sein, die sich verstärkt um den Mitmenschen kümmern, damit er auf der Straße des Lebens nicht überrollt wird.

Ich denke, dass Weiterbildung für den Personenkreis, der sich zum Rand der Gesellschaft hin bewegt, ganz besonders wichtig ist. Und ich erhoffe mir ein stärkeres Wirken, eine nahtlose Zusammenarbeit der Gesundheits-, Arbeits- und anderer Politikbereiche. Wir wissen aber auch, dass jeder Mensch an erster Stelle für sich selbst verantwortlich ist. Diese Verantwortung kann keiner von sich werfen und ihm kein anderer Mensch abnehmen. Grundsätzlich, so denke ich, kommen alle Menschen damit gut zurecht. Trotzdem gibt es, wie es das Leben zeigt, Fälle, bei denen Hilfe gegeben werden muss. Die jetzige Gesellschaftsordnung in all ihrer Gesamtheit besitzt meiner Ansicht nach eine Vielzahl von Möglichkeiten, damit die betroffenen Menschen Hilfe erhalten können. Selbstverständlich ist dieser Weg keine Einbahnstraße.

Bildung und Weiterbildung wird dabei immer wichtiger, denn das menschliche Hirn braucht immer Arbeit, ja es sehnt sich regelrecht danach. Es ist sein Lebenselixier, damit es nicht verkümmert. Arbeit und Bildung sind dafür zentrale Punkte. Mit ihnen wird die Gesellschaftsordnung entwickelt und gefestigt. Bei fehlender Bildung kann es im schlimmsten Fall zu geistiger wie körperlicher Stagnation kommen. So ist auch das Recht auf Bildung ein grundsätzliches Recht. Ganz gleich, ob das Individuum 3 Jahre oder 58 Jahre alt ist. Ob das Kind im Kindergarten lernt oder der arbeitsuchende Mieter mit 58 Jahren weiter zu qualifizieren ist. Jeder soll nach seinen Möglichkeiten Bildung erhalten.

Auch einen weiteren Bereich will ich nicht verschweigen. Es gehört sich, dass jeder Mensch, der voll arbeitet, von der Arbeit ordentlich leben kann und nicht im „Niedriglohnsumpf" versinkt oder Miet- oder andere Zuschüsse zu Lasten der Gesellschaft beantragen muss. Die Politik hat die ersten Schritte dafür getan, damit der arbeitende Mensch durch seine Arbeit auch leben kann. Trotzdem ist auf dem Gebiet weiter zu arbeiten, auch um die beginnende Altersarmut zu mindern.

Ich konnte viele Situationen miterleben, wie sich Mieter in ihren persönlichen und oftmals schwierigen Lebensphasen bewunderungswürdig verhielten und den Kontakt zur Gesellschaft ganz unterschiedlich suchten und sich aktiv in diese einbrachten.

Recht groß war dabei die Anzahl der Menschen, die ihre Aktivitäten in ihrem Schrebergarten, in der Natur, in der Wohnung und viele im Sport auslebten. Andere haben ganz tolle Hobbys. Viele arbeiten ehrenamtlich z. B. in den Kirchgemeinden, bei der freiwilligen Feuerwehr oder für bestimmte Einrichtungen als Schöffe, in Wander-, Kultur- oder Sportvereinen mit. Diese ehrenamtlichen Tätigkeiten waren für viele Menschen eine wertvolle Hilfe bei ihrer oftmals prekären Situation. Leider werden diese Tätigkeiten in der Gesellschaft noch zu gering gewertet und auch finanziell zu wenig anerkannt. Vielleicht bestünde hier die Möglichkeit einen weiteren Arbeitsmarkt zu begründen bzw. die Aktivitäten mehr anzuerkennen?

Bitte verzeihen Sie mir wieder, dass ich die Ausführungen in Hinsicht der sozialen Ursachen und deren Auswirkungen auf das Wohnen sehr breit gefächert habe. Dabei bin ich vom Thema etwas abgekommen. Ich denke aber auch, dass dieser Bereich sehr bedeutsam ist und mit in das Wohnen, zum Leben, zur Wohnung gehört. Gerade solche Ursachen schlagen sich im Bereich Wohnen mit ihren Auswirkungen nieder.

Kapitel 11

Zur Wohnungssuche

Nicht jeder Mensch besitzt eine Immobilie, eine Wohnung. Aber fast alle Menschen sehnen sich nach sicherem Wohnen und Geborgenheit, nach einem Dach über dem Kopf. Wenn ein Mensch nach einer Wohnung sucht, will er seinen Bedürfnissen gerecht werden und für sich eine geeignete Wohnung finden. Viele Anbieter besitzen, vermieten und verwalten Wohnungen oder handeln mit dem Gut Wohnung. Deshalb vermitteln viele, recht unterschiedliche Unternehmen, Verwalter oder Hausbesitzer auf geschäftlicher Basis Wohnungen an Wohnungssuchende. Um eine Wohnung zu erhalten, soll man sich man sich auf dem Wohnungsmarkt gut umschauen. Dieser Markt ist inzwischen stark gewachsen und bietet vielfältige Angebote.

Ich setze voraus, dass sich der Wohnungssuchende bei den unterschiedlichen Anbietern umfassend informiert hat. Er will für sich oder für seine Familie die Wohnung herausfinden, die seinen oder den Vorstellungen seiner Familie am besten entspricht. Ort, Lage, Größe, Ausstattung der Wohnung sowie die Höhe des Mietpreises und der Nebenkosten sind wohl die häufigsten Kriterien für den Wohnungssuchenden.

Ähnlich wie bei einem Mietauto ist für die Wohnung ein Mietgeld zu bezahlen. Die Zahlung des Mietpreises an den Vermieter sichert dem Mieter, dass die Mietsache erhalten werden kann und der Gebrauch der Mietsache gewahrt wird. Seriöse Vermieter prüfen deshalb, bevor es zu einem Vertragsabschluss kommt, ob die Einkommensverhältnisse des Mieters für die Mietzahlung der gewählten Wohnung ausreichen. Die oft unangenehmen Nachfragen zum Einkommen des Mietbewerbers haben absolut nichts mit Neugierde des Vermieters zu tun, vielmehr sollen Risiken für beide Seiten ausgeschlossen, zumindest aber begrenzt werden. Beide Parteien streben für ihre Abmachung eine Rechtsgrundlage, ja einen

Vertrag, den Mietvertrag, an. Das Wort Vertrag bezieht sich auf vertragen und sichert die Rechte und Pflichten beider Vertragspartner. Ideal wäre es, wenn der Mietvertrag gemeinsam erarbeitet werden könnte. Dabei könnten die speziellen Bedürfnisse des Mieters und des Vermieters in den Vertrag einfließen. Oft ist dies nicht möglich. Doch vorauszusetzen ist, dass die Vereinbarungen den geltenden Gesetzen entsprechen bzw. nicht sittenwidrig sind. Leider habe ich nur wenige Mieter erlebt, die ihre Interessen so intensiv wahrnahmen, dass diese im verhandelbaren Bereich des Mietvertrages eingeflossen sind. Es könnte durchaus eine Bereicherung für die Vertragspartner werden, wenn das Bewusstsein vieler Wohnungsbewerber auf diesem Gebiet wachsen würde.

Der Vertrag sollte, um die Rechtssicherheit für beide Seiten festzuschreiben, immer schriftlich abgeschlossen werden. Überwiegend werden dabei Standardmietverträge genutzt, die zwar eine hohe Rechtssicherheit gewähren, aber nicht immer die aktuellen Rechtsprechungen berücksichtigen.

Das Bürgerliche Gesetzbuch (BGB) regelt ab § 535 die allgemeinen Vorschriften für Miet- und Pachtverhältnisse. Es wird der gesetzliche Rahmen, die Vertragsgestaltung und die sich daraus ergebenden Rechte und Pflichten, die vielleicht im Mietvertrag vergessen oder unterlassen wurden, bis zur Beendigung oder Auslaufen des Mietverhältnisses, festgelegt. Das Mietrecht im Bürgerlichen Gesetzbuch gibt jedem Mietvertragspartner, sei es dem Vermieter oder dem Mieter, Schutz und Sicherheit. Auf Basis eines Mietvertrages kann der Mieter die Wohnung beziehen und diese vertragsgemäß nutzen. Mit dem Mietvertrag werden generelle, aber auch spezielle Rahmenbedingungen zur Mietsache vereinbart. Es können Rechte, Pflichten und Besonderheiten, die für das Wohnen in der Wohnung bzw. im Haus, für die Gemeinschaft, wichtig oder wertvoll sind und die ein störungsfreies, gutes Wohnen sichern, mithilfe des Mietvertrages geklärt werden.

Wir kennen neben der ziemlich klassischen Mietwohnung auch weitere Möglichkeiten für ein sicheres Wohnen. Ich denke da ans Wohnen in Wohnungsgenossenschaften. Hier wurde über viele Jahre hinweg verlässliches Wohnen auf Basis genossenschaftlicher Nutzungsverhältnisse geschaffen, wobei die Genossenschaftsmitglieder ein Mitspracherecht haben. Für die Mitglieder der Genossenschaft gilt dann das beschlossene Statut bzw. die Satzung. Zahlreiche Menschen haben sich für diese Art des Wohnens entschieden.

Andere Menschen versuchen wiederum, ihren Traum von einem Eigenheim zu verwirklichen. Für Bürger in der DDR war der Bau von Eigenheimen trotz der erheblichen Wohnungsknappheit, bedingt durch die dünne Materialdecke, massiv begrenzt. Infolge der damaligen Wohnungsknappheit und dem großen Wunschtraum der Menschen nach einem individuellen Wohnen, begann man nach der Wende dieser Sehnsucht verstärkt nachzukommen. Die Menschen konnten Land erwerben und den Traum von ihrem Eigenheim realisieren. Eigenheime schossen wie Pilze aus dem Boden und um manche Stadt entstand ein sogenannter „Speckgürtel". Zu dieser Zeit gewährte der Staat dem Häuslebauer noch die unterstützende Eigenheimzulage. Inzwischen ist diese Förderung weggefallen. Die Politik erachtete diese Begünstigung als nicht mehr nötig, obwohl die Verbesserung der Wohnungssituation, für die einzelnen Regionen gesehen, recht unterschiedlich ausfiel. Durch den Gesetzgeber sind neuerdings wieder Förderungen vorgesehen.

Allgemein hat sich die Wohnungssituation inzwischen so entwickelt, dass vermutlich genug Wohnraum auf dem Wohnungsmarkt zur Verfügung steht. Hierbei ausgenommen sind bestimmte Ballungsgebiete wie Großstädte und weitere Gebiete, in denen bezahlbarer Wohnraum kaum vorhanden ist!

Ungeachtet dessen streben viele Menschen weiter nach Wohnungseigentum. Sie sehen im Wohnungseigentum einerseits eine sichere Geldanlage und andererseits möchten sie auf diese Weise auch für ihr Alter vorsorgen. Die Zahl an Eigentumswohnungen stieg in Deutschland zwar kontinuierlich. Die Entwicklung hat aber im Vergleich zu anderen europäischen Ländern noch einen sehr großen Nachholbedarf. Gerade in der jetzigen Zeit und durch die kaum nachvollziehbaren Ereignisse in der Bankenbranche wollen Menschen ihr meist hart erarbeitetes Vermögen in Sachwerten anlegen. Mancher Wohnungsmieter sieht den Sinn für den Kauf einer Wohnung auch darin, den Mieterhöhungen, welchen er als Mieter ausgesetzt wäre, aus dem Weg zu gehen. Sie möchten unabhängig und für sich selber der „Vermieter" sein. Den stetig steigenden Betriebskosten können sie damit leider nicht aus dem Wege gehen. Ungeachtet dessen ist es ein Weg zu einer kleinen Freiheit. Das zeigt sich vor allem darin, wenn trotz der unterschiedlichen Interessenlagen der jeweiligen Eigentümer die Beschlüsse in der Eigentümergemeinschaft mit Besonnenheit und Vernunft gefasst werden. Das Ergebnis spiegelt dann die Weitsicht der Eigentümer zum Objekt, aber auch einen gewissen Einklang zu der Gemeinschaft wieder.

Kapitel 12

„Wohnform Straße"

Wohnen auf der Straße? Gibt es so etwas bei uns, in unserem Land? Es klingt komisch, ja für die meisten Menschen recht seltsam. Ich persönlich habe kaum Bekanntschaft mit dieser „Wohnform" gemacht. Trotzdem gab es ab und zu auch Berührungspunkte, wo Menschen, die bislang auf der Straße lebten, sich nach einer festen Unterkunft, einer Wohnung sehnten.

Den Begriff „Wohnungslos" verbindet man oft mit asozialen Leben, bei sozialem Absturz oder Fehlverhalten der Einzelnen und mit weiteren negativen Vorzeichen. Doch so einfach ist es bei genauerer Betrachtung wirklich nicht. Die Ursachen für ein Leben, ohne Wohnung, das Menschen auf der Straße verbringen (müssen) scheinen mir recht unterschiedlich zu sein. Über die Gründe und Ursachen weiß ich nur geringes, aber einiges kann ich durch meine Erfahrungen erahnen.

Der Zeitschrift „fluter." Nummer 45, einem Magazin der Bundeszentrale für politische Bildung, entnehme ich zum Thema Obdachlosigkeit folgendes: „Es fängt schon mal so an, dass es gar keine offizielle Statistik über die Anzahl der Wohnungslosen (so heißen sie im offiziellen Sprachgebrauch) in Deutschland gibt. Die Bundesarbeitsgemeinschaft Wohnungslosenhilfe schätzte ihre Zahl zuletzt auf 248.000. Allerdings bezieht sich das auf alle, die nicht über „mietvertraglich abgesicherten Wohnraum" verfügen. Das schließt also auch Leute ein, die bei Verwandten leben oder in Heimen untergebracht sind. Tatsächlich auf der Straße leben laut Schätzung etwa 22.000 Menschen. Kompliziert wird es, wenn man ansieht, warum das so ist. Einen klassischen Weg in die Obdachlosigkeit gibt es nicht. Fest steht zwar, dass Armut ein wichtiger Faktor ist und etwa acht bis neun von zehn Obdachlosen Männer sind."

Nun ist Deutschland ein sehr reiches Land und vieles wird getan, um den Reichtum zu erhalten, zu mehren. Wo Reichtum wächst, so behaupte ich kurzerhand, ist auch das Gegenteil, zumindest die wachsende Gefahr da, in Armut zu verfallen. Bertolt Brecht umschrieb die Frage der Armut schlichtweg so: „Wär ich nicht arm, wärst du nicht reich." *(siehe Quellennachweis)

Die meisten Politiker oder Ökonomen sind sich einig, dass sich die Schere zwischen reich und arm zusehends vergrößert. Gleichwohl, und das weiß ich genau, gibt es viele Hilfsangebote, sodass kein Mensch ohne Obdach sein muss. Das ist bestimmt eine gute Theorie, doch das Leben der Menschen ist so vielfältig, dass nichts ausgeschlossen werden kann. Schnell ist eine Existenz zerstört und Armut kann dabei sehr schnell wachsen. Es können viele denkbare Situationen entstehen. Zum Beispiel, wenn ein Mensch seine Arbeit in einer Firma verliert, weil diese pleite ist. Dadurch kann er seine Verbindlichkeiten nicht mehr bedienen und seine Schulden werden übergroß. Er verliert Hab und Gut. Dazu scheitert seine Ehe. Soziale Schutzräume gehen verloren. Wie ein entwurzelter Baum findet er keine Liebe, keinen Halt und stürzt, stürzt weiter in die Tiefe der Straßengesellschaft. Er ist deprimiert, er schämt sich, will sich vielleicht das Leben nehmen, zumindest will er verschwinden und geht in eine andere Stadt, in die Anonymität, weil er unerkannt sein möchte.

Es ist nicht meine Aufgabe, Schuld zu suchen oder zu kommentieren. Mit Vorwürfen oder Schuldzuweisungen werden Probleme nicht überwunden. Ich sehe vielmehr die Problematik darin, dass der Mensch, der von Wohnungslosigkeit betroffen wird, oft nicht mehr in der Lage ist, seine Angelegenheiten allein zu lösen. Probleme erdrücken ihn, nehmen ihm die Luft, er flüchtet. Er wird, sei es bewusst oder unbewusst, seiner Situation nicht mehr Herr. Die Überforderung lässt es nicht zu, dass er mit seinen Schwierigkeiten umgehen kann. Er taucht ab, lebt ohne Wohnung auf der Straße. Vielleicht geniert er sich die nötige Hilfe anzunehmen.

Auch junge Menschen, wollen, weil sie im Elternhaus großen Streit haben, ausbrechen und möchten lieber nur auf der Straße leben.

Sie können oft die Gefahren gar nicht einschätzen oder sie realisieren diese viel zu spät.

Andere Menschen sind Süchten ausgeliefert, haben Schulden, ihre Miete nicht bezahlt und haben in der Folge die Wohnung verloren. Obwohl von den Sozialämtern für wohnungslose Menschen Unterkünfte angeboten und Sozialleistungen gewährt werden, ist die Scham mitunter so groß, dass die Betroffenen Obdach und Unterkunft lieber bei Freunden suchen. Manchmal kann durch die Wohnungslosigkeit eine schlimme Alkohol- oder Rauschgiftsucht entstehen und die Zukunft der Betroffenen wird noch verworrener. Neue und weitere Rauschmittel drängen verstärkt auf den Markt. Die Gesundheitsfolgen können gravierend sein und werden von vielen Menschen unterschätzt. Auch diese Problematik kann zur weiteren Steigerung von Obdachlosigkeit, aber auch zur Kriminalität führen.

Das Leben auf der Straße, die Obdachlosigkeit, bringt ein hohes Risiko mit sich, zumal diese Menschen besonders arm sind. Und wer arm ist, ist auch kränker und stirbt eher. Dazu gibt es umfangreiche Studien.

Die Kosten, die für psychische Erkrankungen aufgewandt werden, wachsen rasant. Für die Behandlungskosten der Krankheiten, die im weitesten Sinne mit der „Wohnform auf der Straße" verbunden sind, sind logischerweise damit auch im Ansteigen. Besonders die Vielfalt der Süchte, die auf der Straße ihren Ausgangspunkt nahmen, ist eine Gruppe davon. Unsere Solidargemeinschaft wird zunehmend mit solchen Problemen konfrontiert und die Krankenkassen werden dadurch finanziell stärker belastet. Ich denke an die stetig steigenden Vorfälle beim Drogenkonsum, besonders von synthetisch hergestellten Drogen aus anderen Ländern.

Die örtlichen Sozialämter helfen so gut sie können. Betroffene Menschen müssen aber nach Hilfe verlangen und diese auch annehmen. Viele gemeinnützige Einrichtungen bieten diesen Menschen mannigfachen Beistand an. Der Bedarf dafür steigt immer mehr, insbesondere bei den Suchterkrankungen. Ich denke da aber auch an kirchliche und auch freie Einrichtungen, die für Übernachtungen, hygienische Betreuung und kostenlose ärztliche Behandlung sorgen. Ich denke außerdem an die vielen Suppenküchen und Tafeln, die für die Ärmsten geschaffen wurden und an die Menschen, die im Freiwilligendienst Hilfe gewähren. Mir ist auch klar, dass man niemanden zwingen kann, eine feste Wohnung zu beziehen und einen festen Wohnsitz zu begründen. Ich erlebte natürlich auch Menschen, die ruhelos und unstetig beim Wohnen waren und nach kurzer Zeit wie Zugvögel weiterzogen.

Wenn die Zahl der Obdachlosen steigt, und davon ist auszugehen, so ist das für mich ein Indiz, dass die Armut und die mit der Armut verbundenen Konflikte, Probleme und Unsicherheiten in unseren reichen Gesellschaft zunehmen. Ich denke, dass Obdachlosigkeit die elementaren Probleme einiger Menschen und ihren Wert in der jeweiligen Gesellschaftsordnung widerspiegelt. Wie gesagt, die Zahl der obdachlosen Menschen, vornehmlich in den großen Städten, beispielsweise in Berlin, ist deutlich im Ansteigen, wie ich aus einem Bericht des Caritasverbandes und der Diakonie erkennen konnte. Sinngemäß wurde ausgeführt, dass Obdachlosigkeit inzwischen schon ganze Familien, Junge und Ältere aber ebenso Schwerbehinderte und gesundheitlich beeinträchtigte Menschen betrifft. (**Bericht im rbb - Fernsehen vom 30.03.2015)

Eine Aufgabe der Politik wird es im zunehmenden Maße sein, auch wenn diese Menschen keine Lobby besitzen, ihnen über diverse soziale Einrichtungen verstärkt Hilfe zu geben. Wie gesagt, Deutschland ist ein sehr reiches Land und es sollte alles getan werden, dass solches Elend nicht weiter wächst, vielmehr verringert wird. Hinschauen und helfen ist weit wichtiger als ignorieren.

Machen wir uns bewusst, dass Armut die Gesundheit gefährdet und für die Kriminalität ein guter Nährboden sein kann.

Ich vermute, dass die Sozialämter der Städte oder der Landkreise die vielfachen sozialen Probleme keineswegs allein bewältigen können. In unserer Gesellschaft bedarf es der Anstrengung vieler Menschen, damit die „Straße" nicht als Ausweg oder sogar als Rettung angesehen wird. Sind wir uns klar darüber, dass die Menschen auf der Straße unter einfachsten, miserablen und gefährlichen Bedingungen mehr hausen als leben. Ist es nicht besser vorzubeugen und rechtzeitig Lösungen zu erarbeiten, damit wir gefährdete Menschen in gefestigten sozialen Schutzräumen erhalten. Das sollten in erster Linie die Familien sein. Aber auch Schulen, Verwandte, Vereine,

Arbeitskollegen, Freunde und Vertrauenspersonen können helfend zur Seite stehen. Aufklärung über die Gefahren für Leben und Seele, die durch die Straße bedingt werden, sind frühzeitig durchzuführen. Die helfende Hand muss für diese Menschen immer chancenreich und ausgestreckt sein, nah und (er)greifbar bleiben. Ich weiß, dass hier, bei aller verbrieften Freiheit für den einzelnen Menschen, der Bedarf für weitere „Baustellen" besteht und diese einzurichten sind.

Kapitel 13

Wohnform - Betreutes Wohnen -

Es gibt eine ganze Reihe von doch recht unterschiedlichen Wohnformen. Deshalb möchte ich in diesem Kapitel das - Betreute Wohnen - vorstellen und darüber etwas informieren. (Das - Betreute Wohnen -, ist nicht mit dem - Geschützten Wohnen - zu verwechseln, welches z. B. für geistig behinderte oder suchtkranke Menschen geschaffen wurde.)

Das ambulant betreute Wohnen ist geschaffen worden für volljährige Menschen. Sie sollten ihren Haushalt trotz Behinderungen oder gesundheitlichen Beeinträchtigungen noch führen können. Viele der Mieter, die sich für diese Wohnform entscheiden, suchen Sicherheit und Gemeinschaft beim Wohnen. Gleichzeitig sehnen sie sich nach unterstützender Hilfe bzw. nach einer begrenzten Betreuung.

In unserer Region wurde diese Wohnform auf Grund des starken Bedarfes nach 1990 eingeführt.

Beim - Betreuten Wohnen - mietet der Mieter die Wohnung wie üblich mit einem Mietvertrag an. Der Vertrag enthält den Zusatz, dass dieser ausdrücklich für das - Betreute Wohnen - des Objektes gilt. Parallel zum Mietvertrag wird ein Betreuungsvertrag zwischen dem Mieter und dem betreuenden Unternehmen - in der Regel mit einem Grundpreis - vereinbart. In diesem Preis werden dem Bewohner bestimmte Betreuungsleistungen zugesagt. Erfahrungsgemäß mieten solche Wohnungen vorwiegend allein lebende, ältere Person an. Selbstverständlich sind die einzelnen Wohnungen des Hauses im - Betreuten Wohnen - altersgerecht und behindertenfreundlich. Häufig bestehen die Wohnungen aus zwei Wohnräumen (Schlaf- und Wohnzimmer), mit einer Küche sowie einem Duschraum mit WC. Meistens besitzen die Wohnungen einen Balkon. Die Quartiere sind für ältere oder im gewissen Umfang auch für mit Beeinträchtigungen lebende Menschen vorgesehen. Geeignet ist diese Wohnform für Personen, die keiner großen Pflege bedürfen, d.h. keine Pflegestufe (allenfalls Pflegestufe 1) besitzen. Die Wohnräume sollten die Mieter, wie bereits erwähnt, überwiegend selbstständig bewirtschaften können. Bisweilen sind die Mieter gesundheitsbedingt geschwächt oder behindert und können schwere Arbeiten, auch durch ihr Alter bedingt, nicht mehr durchführen. Daher werden ihnen bestimmte Arbeiten abgenommen. So werden beispielsweise die Haus-, Hof- und Straßenordnung durch bestimmte Unternehmen abgesichert.

Mithilfe eines Fahrstuhles erreichen die Mieter ihre Wohnungen. Das Treppensteigen kann dadurch entfallen. Ohne Hindernisse können sie sich in ihrer Wohnung frei oder Mithilfe eines Rollators sicher bewegen. Auf Türschwellen und andere Stolpergefahren wurde verzichtet. Darüber hinaus wurde eine Dusche eingebaut, wobei der Zugang ebenerdig ist oder nur eine geringe Einstiegshöhe aufweist.

Betreut werden die Menschen durch einen sozialen Dienst. Das können zum Beispiel die Malteser, Johanniter, der Arbeiter-Samariter-Bund, die Arbeiterwohlfahrt oder einer der vielen anderen Anbieter sein. Besonders wichtig ist, dass der jeweilige Mieter, sei es bei einem Sturz in der Wohnung oder bei Herzproblemen, schnelle Hilfe erhält. Das wird durch eine Notrufeinrichtung über einen separaten Funkmelder, meist gekoppelt mit einem Telefon oder durch einen Signalgeber am Körper sichergestellt. Über die Notrufzentrale wird der benötigte Beistand eingeleitet und gesteuert. Ein Dienst garantiert den Bewohnern eine rasche Hilfe. Der Zutritt zur Wohnung ist gegeben, da mit einem weiteren Wohnungsschlüssel, der beim Pflegepersonal vorhanden ist, die Wohnungstür geöffnet werden kann. Auch wenn die Tür von innen abgeschlossen wurde oder wenn der Bewohner durch gesundheitliche Probleme seine Wohnungstür selbst nicht mehr öffnen kann, wird durch die Bauart des Schlosses die Hilfeleistung möglich.

Betreutes Wohnen ist eine Kopplung von Eigenständigkeit und vereinbarten Betreuungsleistungen. Die medizinische Grundbetreuung wird durch Fachpersonal gesichert. Zusätzliche Leistungen, wie ein gewünschtes Wannenbad, das im Haus in einem gesonderten Raum vorhanden ist, können als Wahlleistungen in Anspruch genommen werden und sind extra zu begleichen. Auch größere, oft den Haushalt betreffende Leistungen sind möglich und können bei Bedarf ausgewählt werden.

Diverse Dienstleistungsunternehmen bieten dem Bewohner gegen Entlohnung weitere Hilfen an. Ich denke da an die Reinigung der Wohnung, Waschen der Wäsche und Aufhängen von Gardinen oder an das Auswechseln defekter Glühbirnen in der Wohnung.

Die Menschen im - Betreuten Wohnen - haben eine abgeschlossene, sichere Wohnung und können ihre Selbständigkeit pflegen und aufrechterhalten. Je nach ihrem Gesundheitszustand kochen sie selber oder lassen sich ihr Essen auf Rädern gegen einen geringen Betrag anliefern.

Fast immer haben die Objekte einen Gesellschaftsraum und auch kleinere Räume, die so ausgestattet sind, dass Geburtstagsfeiern oder individuelle Beratungen möglich werden. Vom betreuenden sozialen Dienst werden Angebote für Vorträge, Fahrdienste, Bastelnachmittage, Grillnachmittage oder Ausfahrten organisiert und durchgeführt. Die Teilnahme an Veranstaltungen ist für die Mieter immer freiwillig.

Auf meine Frage, warum sich viele Mieter für das - Betreute Wohnen - entschieden haben, erhielt ich zuerst die Antwort, dass sie ihr Leben weiter selbständig gestalten wollen. Zugleich legten sie aber großen Wert auf ein sicheres Beieinander wohnen.

Viele Mieter zogen aus ihren ehemaligen, vielleicht auch zu großen Wohnungen aus, weil sich ihre Lebenssituation geändert hatte. Man sehnte sich nach einem sicheren, behüteten Wohnen, weg von der Einsamkeit und hin zu einer guten Gemeinschaft. Dies waren oft die Beweggründe für viele Bewohner. Ihre Erfahrungen verlangen nach einer bestimmten sozialen Sicherheit. Sie möchten in den kommenden Jahren gut behütet wohnen. Manchmal war der Grund darin zu suchen, dass die Menschen, die sich für diese Wohnart entschlossen haben, vormals weit schlechtere Wohnbedingungen hatten. Das kann durch einen mangelhaften Ausstattungsgrad ihrer ehemaligen Wohnung bedingt sein oder weil die Häuser, in denen sie einst wohnten, frei gelenkt, zu gering belegt waren oder modernisiert wurden. Dadurch fühlte sich mancher unsicher oder einsam und suchte nach besseren Wohnbedingungen. Neben der begehrten Sicherheit zum Wohnen, waren den Bewerbern der Wunsch nach Gemeinschaft, die Sehnsucht nach Kommunikation und der Austausch mit anderen Bewohnern besonders wichtig.

Dieses Wohnen wird sehr angenommen. Ein großes, ortsansässiges und städtisches Wohnungsunternehmen hat in den letzten Jahren 4 Häuser umgebaut, ja zum Großteil neu gebaut. Damit hat man viel Kapital in den zu bedienenden Markt investiert. Aber ich denke, letztendlich wurde das Geld zum Wohl unserer Menschen gut eingesetzt. Diese Wohnform gehört offensichtlich in jede Stadt und sie muss Bestandteil einer - Sozialen Stadt - sein.

Besonders die Altstadt, mit einst leerstehenden Häusern, entwickelte sich durch diese Maßnahmen beachtlich und sie erhielt damit eine große Aufwertung. Ja, sogar unansehnliche Bauruinen im denkmalgeschützten Gebiet wurden durch diese, dem besonderen Zweck dienenden Baumaßnahmen, beseitigt. Historische Straßen erhielten mit den Grundstücken ein schönes, ein gepflegtes Aussehen. Die Stadt und die Straßen wurden wieder mit Leben gefüllt. Durch den zunehmenden demografischen Wandel und durch die Überalterung besteht für diese Wohnungsart weiterhin eine große Nachfrage. So konnten viele Mietverhältnisse mit diesem Rahmen begründet werden. Für die Mieter, die sich für diese interessante Wohnform entschieden haben, bedeutet das Vermeidung von Einsamkeit, aber Aktivität in Gemeinschaft, hohe Sicherheit und wertvoller Komfort beim Wohnen. Das Ganze wird umgeben mit wohltuender Betreuung und unterstützender Hilfe von besonders geschultem Personal.

Kapitel 14

Wohnform - Studentisches Wohnen -

In unserer Region gibt es neben einer hohen Überalterung glücklicherweise auch junge Leute, die zumindest für eine gewisse Zeit hier wohnen wollen. Dabei handelt es sich um junge Menschen, die eine Facharbeiterausbildung erhalten oder ein Studium absolvieren. Ein großer Teil der Jugendlichen, die hier eine Wohnung oder ein Zimmer anmieten, sind Studenten. Da unsere Stadt eine internationale Bildungsstadt ist, gibt es zum Wohnen für Studenten auch reichhaltige Angebote. Wissbegierige können in unserem Ort an der Hochschule oder an der Universität studieren. Dabei sind höherrangige Abschlüsse, wie das Bachelor- oder Masterstudium besonders gefragt. Natürlich suchen die Lehrlinge oder die Hochschüler, um ihre Lehre oder ihr gewünschtes Studium durchführen zu können, nach guten Wohnmöglichkeiten. Häufig stehen unseren jungen Leuten nur finanziell begrenzte Mittel zur Verfügung. Selbst beim Mietpreis muss gerechnet werden. Deshalb entscheiden sich viele Studenten für ein Wohnen in Wohngemeinschaften (WG´s). Hier teilen sich mehrere Studenten eine größere Wohnung. Jeder hat sein eigenes Zimmer. Küche, Bad, Flur und Nebenräume nutzen sie gemeinschaftlich.

Nicht nur das Studentenwerk, als bekannter Vermieter, bietet solche Wohnmöglichkeiten an. Auch andere Anbieter haben den „Marktplatz für Studentisches Wohnen" erkannt und bewerben diese Form des Wohnens mit guten Voraussetzungen. Nicht zuletzt hat ein großes städtisches Unternehmen diesen Markt bereits seit langer Zeit im Blick und hat sich der Aufgabe, diese Art der Vermietung zu praktizieren, mit Erfolg gestellt. Die Objekte, die den Studenten oder Auszubildenden angeboten werden, sind recht vielfältig. Große Wohnungen im modernisierten Altbau, aber auch kleinere, moderne Neubauwohnungen werden offeriert. Selbstverständlich sind alle Wohnungen mit Bad oder Dusche ausgestattet. Das besondere Augenmerk wurde darauf gelegt, dass das angemietete Zimmer des

Studenten vom Flur aus und somit direkt betreten werden kann. Durch größere Investitionen, einhergehend mit notwendigen Grundrissänderungen, wurden die Umbauarbeiten realisiert. Ein gutes Vermietungsergebnis ist die Folge, weil die Zimmer bzw. diese Wohnungen nutzbringend vermietet wurden. Das heißt, die Jugendlichen nahmen und nehmen diese Wohnmöglichkeiten sehr gut an.

Das betreffende Zimmer solch einer Wohnung wird nach deren Größe, Lage und Ausstattung sowie unter Berücksichtigung der Wohngegend angeboten und zu einem bestimmten Preis vermietet. Um für die Studenten und Auszubildenden den Mietpreis unkompliziert zu gestalten, ist bei den meisten Objekten die Miete als Pauschalmiete kalkuliert. Das heißt, dass die Nebenkosten bereits in dem Mietpreis integriert sind.

Was bedeutet das im Einzelnen?

In diesem Mietpreis sind dann Strom-, Wasser-, Abwasser-, Heizungs-, Fernseh- und Radioanschlusskosten und viele weitere Betriebskosten pauschal im Preis enthalten. Außerdem wird für das jeweilige Zimmer eine einmalige Instandhaltungspauschale erhoben. Auf diese Weise sind notwendige handwerkliche Leistungen und deren Aufwendungen nach Auszug des Auszubildenden oder des Studenten gesichert. Die weitere Nutzung der Räume kann dadurch unproblematischer erfolgen. Für den Studenten oder den Ausgebildeten entfallen bei Beendigung des Vertrages und bei normalem Verschleiß des Zimmers weitere Arbeiten und Aufwendungen. Sie haben das Mietobjekt lediglich im sauberen und ordentlichen Zustand an den Vermieter zurückzugeben.

Die meisten Wohnungen, die für eine Wohngemeinschaft geeignet sind, verfügen des Weiteren über eine Mindestausstattung mit Möbeln und technischem Gerät. Je nach Objekt sind diese Wohnungen mit Kochstelle, Kühlschrank, Spüle und diversen Küchenmöbeln ausgestattet. Auf Grund der unterschiedlichen Bedürfnisse und Wünsche der Studenten ist ein Gespräch mit dem Vermieter vor Beginn des Mietverhältnisses empfehlenswert. Natürlich kann ein Student, wenn er über die finanziellen Mittel verfügt oder sein Elternhaus recht spendabel ist, eine ganze Wohnung anmieten. Dabei waren meist Einraum-, seltener aber die Zweiraumwohnungen für ein individuelles Wohnen gewünscht. Die Erfahrungen, die ich mit dieser Wohnart gemacht habe, waren vorherrschend positiv. Nur in wenigen Ausnahmen gab es in der Wohnung Probleme, so z.B. im Bereich von Ordnung. Na ja, wir wissen doch, dass junge Leute manches lockerer nehmen. Doch im sachlichen, mitunter etwas aufgelockerten Gespräch, konnte vieles geklärt und mit etwas Humor abgestellt werden.

Das - Studentische Wohnen -, ist für Studenten und Auszubildende recht gut geeignet. Damit ist ein zeitlich begrenztes und zugleich kostengünstiges Wohnen bei unkompliziert gestalteten Kosten möglich geworden. Für viele junge Menschen wurden damit eine sichere Unterkunft mit gutem Ausstattungsgrad geschaffen. Ohne sich Sorgen zu machen können sie sich ihrer weiteren Entwicklung, ihrer Bildung aktiv widmen. Außerdem bietet das Wohnen in der Wohngemeinschaft einen zusätzlichen Vorteil. Jugend ist mit Jugend zusammen, sie leben zusammen, dadurch geben sie sich selber Regeln, helfen sich und erziehen sich gegenseitig und das meist unbewusst. Das Studium, gepaart mit dem gemeinsamen Wohnen, ermöglicht für jeden eine intensive geistige und persönliche Weiterentwicklung. Die Bildung wird gehoben, Interessenlagen entstehen, die mehr verbinden, selten trennen. Der Austausch zwischen den jungen Menschen und die Kommunikation zwischen den einzelnen Zimmermietern kann sich dabei gut entfalten und wachsen. Der einzelne Mieter der Wohngemeinschaft wird begrenzt „gezwungen", sich auf seine Mitmieter einzustellen. Eine Folge davon mag sein, dass sich die Teamfähigkeit des Einzelnen weit besser entfaltet, als wenn der Student allein wäre, ohne nahe Kommunikation und Feedbacks von anderen Jugendlichen.

Kapitel 15

Wohnen mit Hilfe und Pflege

Wenn man jung ist oder in Familie lebt, denkt man kaum an die besondere Wohnform, die Hilfe und Pflege beinhaltet. Es ist eine Wohnform, die für viele junge Menschen noch weit entfernt ist. Doch ich will diese Wohnart nicht verschweigen und sie kurz skizzieren.

In der jetzigen Zeit, mit einer guten Hochtechnologie und mit einem sich schnell entwickelnden medizinischen Fortschritt, bleiben zahlreiche Menschen gesund und werden damit auch älter. Das ist anstrebenswert und für uns Menschen sehr schön. Die Verlängerung der Lebenszeit wird besonders im medizinischen Bereich, bei einer umfassenden ärztlichen Betreuung, immer spürbarer. Viele Menschen sind vielleicht schon Rentner, fühlen sich aber bei weitem nicht als „altes Eisen". Zahllose Menschen führen, weil sie sich fit und gut fühlen, im Alter nach dem Renteneintritt immer häufiger und über viele Jahre ein sehr bewusstes, selbstbestimmtes Leben und haben Freude an ihren Hobbys. Mit aktivem sportlichem Verhalten, Gartenarbeit und vielfältigen Tätigkeiten in Vereinen bringen sie sich nachhaltig in die Gesellschaft ein.

Die sich ständig weiterentwickelnde medizinische Betreuung hat einen erheblichen Anteil an den gewonnenen Lebensjahren und der steigenden Lebensqualität. Im Ergebnis dessen hat sich, wie bereits gesagt, die Lebenszeit wesentlich verlängert und unsere Menschen genießen diese geschenkte Zeit aktiv, dankbar und gern.

Später, wenn die Kräfte langsam nachlassen, suchen viele Menschen Geborgenheit im Betreuten Wohnen oder leben, solange wie möglich, in ihrer gewohnten Umgebung weiter. Schließlich kommt der Tag, an dem der Mensch auf fremde Hilfe angewiesen ist. Vieles geht langsamer und körperliche Gebrechen stellen sich mit der Zeit ein. Trotzdem wollen viele ältere Menschen ihr Wohnumfeld nicht gleich aufgeben und möchten weiter in ihrer Wohnung wohnen. Angehörige helfen und unterstützen die Eltern, den Großvater oder die

Großmutter so gut und soweit sie es können oder es schaffen. Meist erst später, wenn die Leistungen für die Angehörigen zu groß werden, sucht man nach Hilfe. Die zwischenzeitlich pflegebedürftig gewordene Person oder der Betreuer beantragen dann Leistungen aus der Pflegeversicherung.

Was versteht man eigentlich unter dem Begriff „Pflegebedürftigkeit"? Als pflegebedürftig gelten Versicherte, die im Alltag wegen einer körperlichen, geistigen, seelischen Krankheit oder Behinderung voraussichtlich mindestens sechs Monate lang auf Hilfe angewiesen sind. „Die Pflegebedürftigkeit muss auf Dauer, voraussichtlich für mindestens sechs Monate, und mit mindestens der in § 15 festgelegten Schwere bestehen." (siehe SGB XI § 14 Abs. 1)

Aber wir sollten uns dessen bewusst sein, dass Pflegebedürftigkeit nicht immer nur an das Alter gekoppelt ist. Auch für jüngere Menschen kann sie infrage kommen und kann nicht ausgeschlossen werden. Unfälle im Straßenverkehr, beim Sport, bei der Arbeit oder im Haushalt verlaufen nicht immer so glimpflich, dass eine Pflegebedürftigkeit gänzlich auszuschließen ist. Unser Leben umfasst neben vielen schönen Seiten auch ein umfangreiches Lebensrisiko.

Jeder Mensch soll in seiner Wohnung grundsätzlich menschenwürdig und so lange er möchte verbleiben können. Aber auch der von Krankheit Betroffene wird nicht allein gelassen, sondern kann die ihm zustehende Hilfe und Geborgenheit für ein erleichtertes Wohnen in seiner Wohnung erfahren. Gutachter stellen die Pflegebedürftigkeit oder den besonderen Betreuungsbedarf des Betroffenen fest. Auf Basis des Gutachtens werden die erforderlichen Hilfen und Unterstützungen beim Wohnen gewährt. Die vertraute Wohnung soll, soweit es möglich ist, weiterhin Lebensmittelpunkt für den Pflegebedürftigen sein bzw. bleiben. Menschen die in ihrer Wohnung auf Grund eines Pflegegrades (siehe auch Zweites und Drittes Pflegestärkungsgesetz / PSG II und PSG III) Pflege erhalten, haben Anspruch auf eine häusliche Pflege nach den geltenden Gesetzen. Mit den neu eingeführten Pflegegraden wird der Leistungsrahmen der Pflegeversicherung erweitert.

Pflegesachleistungen, Pflegegeld, Tagespflege und häusliche Pflege werden sichergestellt. Weiterhin sind Pflegekurse und Pflegeberatungen für die Angehörigen möglich. Kommunen erhalten das Recht, neue Pflegestützpunkte zu gründen und zu verantworten. Die Hilfe kann auch eine Ersatz- oder Kurzzeitpflege umfassen, wenn der Pflegende erkrankt ist oder er einer dringenden Erholung bedarf. Die Pflegeversicherung unterstützt Mobilität, Körperpflege, Ernährung und die hauswirtschaftliche Pflege des Pflegenden. Die Bedürftigen erhalten damit besondere Hilfen in den schweren Lebenslagen.

Er soll in seiner Wohnung unter guten hygienischen Bedingungen und selbstbestimmt weiterleben können. Ihm stehen viele Angebote und Hilfen zur Verfügung. Zahlreiche Betreuungs- und Sozialdienste bieten ambulanten Hilfen für die tägliche Haushaltsführung und hauswirtschaftliche Tätigkeiten an, wie für die tägliche Toilette, Behandlungspflege, soziale Betreuung, Mahlzeitendienste oder einen Hausnotruf. Auch wenn der pflegende Angehörige selbst erkrankt ist, gibt es die Möglichkeit, dass eine Ersatzpflege über Betreuungs- und Sozialdienste abgesichert wird.

Unsere Solidargemeinschaft mit den gesetzlichen Pflegekassen sichern für den zu Pflegenden, je nach Pflegegraden und auf der gesetzlichen Grundlage, die Existenz und Pflege für den Betroffenen. Er kann seine Wohnung, sein eigenes Reich solange er das will und es sein Gesundheitszustand zulässt, weiter bewohnen. Dank der erhaltenen Hilfe wird er von seinen erschwerten Lebensumständen spürbar entlastet. Durch beständige Fürsorge, Zuwendung und Hilfe können Ängste beim Pflegebedürftigen weitestgehend abgebaut werden. Der bedürftige Mensch wird in unserer solidarischen Gesellschaft nicht alleingelassen und erhält hinreichende Unterstützung. Nicht selten kann er bei fachgerechter Pflege und Fürsorge, wenn auch im begrenzten Maße, seinem früher gewohnten Leben folgen und durch die professionelle Betreuung kann wieder etwas mehr Sonne in sein beeinträchtigtes Leben kommen. Ja, gerade in den besonders schweren Jahren, die mit Krankheit oder Alter daher gehen, hat der Betroffene ein Anrecht darauf, die Liebe, Fürsorge und Hilfe der Gesellschaft zu erfahren. Dieses Gut ist zu schätzen, zu schützen und zum Wohle der Betroffenen weiter auszubauen.

Später, wenn das Wohnen in einem Pflegeheim notwendig wird und es der Pflegebedürftige wünscht, entsteht eine neue Wohnsituation. Der Mensch findet eine neue geschützte Unterkunft, aber ein Zuhause anderer Art. Dieser neue Lebensabschnitt sollte mit viel Feingefühl und mit Unterstützung durch die Familie oder anderer vertrauenswürdigen Personen gut vorbereitet werden.

Der Bedürftige darf in dieser wichtigen Phase seines Lebens nicht allein gelassen werden. In dieser Situation sollte er mit Rat und Tat unterstützt werden. Seine bisherige Wohnung ist aufzulösen und andere Arbeiten fallen an, welche die pflegebedürftige Person meistens nicht mehr allein bewältigen kann. Eine rechtzeitig erteilte Vollmacht bzw. eine Betreuungsverfügung vom Pflegebedürftigen an die Angehörigen bzw. an eine vertrauenswürdige Person sind dabei hilfreich. Mit einer vorliegenden Vollmacht kann dann die Person schnell und richtig, im Sinne und zum Wohl des Betroffenen handeln und ihm viele Probleme abnehmen. Zum anderen gibt die Vollmacht dem Betreuer und den mit der Pflege beauftragten Personen Sicherheit für ihr Handeln. Um einen Umzug in das Pflegeheim leichter und angenehmer zu gestalten, ist es von großem Wert, wenn der Pflegebedürftige einen Teil seiner Lieblingsmöbel in sein Heimzimmer mitnehmen kann. Sein neues Heim wird dadurch vertrauter. Die mitgebrachte Schrankwand oder sein Lieblingssessel, der dann, wie gewohnt, vor dem Fernsehapparat steht, helfen ihm, sich in seiner neuen Wohnung schneller heimisch zu fühlen. Die Gegenstände, die mit ins neue Zimmer ziehen, sollten mit dem Pflegenden und der Heimleitung im Vorfeld abgestimmt werden.

Im Heim gibt es diverse Hilfen, die den Betroffenen das Leben erleichtern. Aufzüge, helle, breite Flure und Betreuung rund um die Uhr geben dem Pflegebedürftigen große Sicherheit. Mit Hilfe eines Rollators oder eines Rollstuhles gelingt es der Person, die Station und ihr Umfeld besser zu erkunden. Der Rollator als Fortbewegungsmittel bietet Sicherheit beim Gehen. Auch werden die Muskeln trainiert und die Umwelt wird für den Pflegebedürftigen oftmals wieder größer. Die tägliche Verpflegung und Hygiene werden sichergestellt. Dabei werden die Wünsche des Pflegebedürftigen erfahrungsgemäß gut berücksichtigt. Der pflegebedürftige Mensch wohnt warm, sicher und vor allem geborgen. Ein Pflegebett im Zimmer dient dazu, dass die Vielseitigkeit der Pflege bei schneller Hilfe und maximaler Sicherheit durchgeführt werden kann.

Dem Heimbewohner wird manche Last des Lebens durch eine gute Betreuung abgenommen und er kann auf seine Mitbewohner zugehen und neue Kontakte knüpfen. Soziale Kontakte wiederum können die Gesundheit fördern, die empfundenen Leiden mindern oder Stabilisierung bringen. Die reichhaltigen Angebote eines Heimes zielen darauf ab, dass der Pflegebedürftige solange wie möglich fit bleibt und bestehendes Leid verkleinert wird. Ein gutes Heim setzt auch alles daran, dass im Haus ein soziales und gesellschaftliches Leben sowie eine angenehme Atmosphäre vorhanden sind. Kleine Höhepunkte, für die sich das Heim engagiert, helfen den Bewohnern, Freude am weiteren Leben zu ermöglichen oder zu verbessern.

Es gibt hierbei viele Möglichkeiten. So werden Herbst- und Frühlingsfeste, Ausfahrten, Restaurantabende oder Grillfeste angeboten. Viele wertvolle Ideen und Gestaltungsmöglichkeiten wurden durch die Heimleitungen zum Wohl für ihre Bewohner entwickelt. Aber es gibt auch weitergehende Initiativen, die dem Wohlbefinden für Körper, Geist und Seele des Betreuten dienen. Demgemäß haben wir Angebote für Ergotherapie, Physiotherapie, geistige Übungen für den Kopf, aber auch eine seelische Betreuung bei unseren Angehörigen erfahren können. Da unsere Eltern auf Grund ihrer Erkrankungen doch einige Jahre in einem Pflegeheim lebten, bekam unsere Familie einen guten Einblick zum Wohnen und Leben in einem Pflegeheim. Es war ein Heim, in dem die Menschen sehr respektvoll, individuell und mit viel Herz gut versorgt und umsorgt wurden. Für uns war es besonders wichtig, dass wir unsere Eltern in dem schweren Lebensabschnitt begleiten und mit betreuen durften. Ein intensiver Kontakt der Angehörigen zum Heim war gewünscht und wir haben diesen Wunsch gern erfüllt. Missverständnisse konnten dabei schnell ausgeräumt und unproblematisch geklärt werden. Das half mit, dass unsere Eltern die neue Wohnform, ihre kleinere Welt, schneller annehmen und sich darin wohlfühlen konnten.

Kapitel 16

Wohnen ist Lebensqualität

Menschen, die eine neue Wohnung beziehen wollen, möchten in einer Wohnung leben, die ihren Vorstellungen entspricht. Hierbei gibt es recht unterschiedliche Bedürfnisse. Die meisten Menschen wünschen sich eine hochwertige Wohnung, in der sie einen Großteil ihres Lebens verbringen können. Die Anforderungen an den Wohnungsmarkt, besonders im Hinblick auf die Qualität der Wohnungsausstattungen, sind in den letzten Jahrzehnten sprunghaft gestiegen. Dessen ungeachtet wird auch das Wohnumfeld für die Menschen immer wichtiger. Das Umfeld muss zukünftig viel mehr Lebensqualität bieten. Immer öfter schauen die Wohnungsbewerber verstärkt auf die Bedingungen, die sie vorfinden. Die gegenwärtige und die zu erwartende Lebensqualität beim Wohnen hat den individuellen Wünschen der Wohnungssuchenden noch besser entgegenzukommen. Je nachdem, wie die zukünftigen Bewohner die Voraussetzungen beurteilen, entscheiden sie sich für eine Annahme oder Ablehnung der angebotenen Wohnung. Es ist nicht nur der gewünschte Innenkomfort einer Wohnung für die Wohnungswahl ausschlaggebend, sondern der Suchende will ebenso eine wertvolle, mindestens aber eine annehmbare Wohnlage für sein neues Zuhause.

Ein paar der Faktoren, welche die Wohnqualität nachhaltig beeinflussen können, möchte ich hier nennen:

Fragen zur Qualität des Wohnumfeldes:

Die Lage, Verkehrsanbindungen, die medizinische Versorgung, Schulen, Kindergärten, Dienstleistungsangebote, Einkaufs- und Erholungsmöglichkeiten - kurz gesagt, die vorgefundene Infrastruktur muss die künftigen Bewohner einer Wohnung ansprechen.

Ist für die zukünftigen Mieter ein „gesundes Wohnen" möglich? Wie groß ist die örtliche Umweltbelastung? Welche Gelegenheiten gibt es für die Menschen damit sich ihre Körper, ihre Seelen im Wohnumfeld gut fühlen und erholen können?

Bestehen Möglichkeiten zur Erholung in freier Natur, im Wald, Wasser oder Feld. Sind Sportstätten und Sportvereine am Ort, bei denen man aktiv werden und Freude erleben kann? Wie kann man sich im neuen Umfeld geistig weiterbilden? Sind Schulen und Bildungseinrichtungen vorhanden oder leicht erreichbar? Bestehen kulturelle Möglichkeiten im Wohnumfeld, wie Gaststätten, Theater und Kinos? Gibt es Kultur- oder Musikvereine oder Chöre, wo man kommuniziert, sich integrieren und weiterbilden kann? Besteht im neuen Wohnumfeld die Chance, dass man seine Interessen, Hobbys ausüben und weiterentwickeln kann?

Wie steht es mit Betreuungs- und Lernmöglichkeiten, z.B. mit Kindergärten, einem Hort oder Schulen? Welche Sicherheit bietet das Wohnumfeld Kindern und Familien? Sind Spielplätze für unsere Kinder vorhanden und wie ist deren baulicher Zustand? Können sich unsere Kinder durch unsere Wohnungswahl im neuen Wohnumfeld wohlfühlen, wird ihnen die Gegend gefallen oder werden sie etwas vermissen?

Eine ruhige Wohnlage wird immer öfter gewünscht. Fluglärm oder Straßenlärm sind Faktoren, die eine Vermarktung von Wohnungen erschweren. Dichtere Fenster mindern zwar die Geräusche, aber wer gern bei offenen Fenstern schläft, hat damit ein Problem. Eine geregelte Luftzufuhr ist trotzdem zu wahren. Lärm und dessen Grenzen werden individuell recht unterschiedlich empfunden und bewertet. Liegt die Wohnung sehr ruhig, vielleicht sogar parkähnlich? Ist das ein Vorteil, weil der neue Bewohner sich nach Ruhe sehnt, oder ist es eher von Nachteil, weil die anfallenden Laubbeseitigungen und die hohen Reinigungskosten bei der Betriebskostenumlage finanziell kaum zu bezahlen sind? Fallen durch die Lage des Grundstückes weitere hohe Kosten (Winterdienst) an und kann ich mir die Wohnung unter Beachtung der Miete und der ständig steigenden Nebenkosten wirklich leisten?

Fragen zur Qualität der Baulichkeit:

Ist das Wohnhaus farblich ansprechend, vielleicht etwas außer der Norm gestaltet oder wurde das Objekt künstlerisch sogar aufgewertet? Bietet die Baulichkeit den Mietern ein gutes Wohnen und Annehmlichkeiten? Ist die Wohnfläche annehmbar, nicht beengt und kann man sie beherrschen? Sind ausreichend Nebengelasse, wie Fahrrad-, Keller-, Boden- oder Trockenräume vorhanden? Ist der Mieter vielleicht auf der Suche nach behindertengerechten Räumen, einem Balkon und wird ein Fahrstuhl gewünscht? Auch die Frage nach einem sicheren Park- oder Abstellplatz für Fahrzeuge kann von hohem Wert für den Mieter sein.

Alle für die Baulichkeit verwendete Baustoffe sollten gut dämmend und von natürlicher Art sein. Außerdem haben sie den geltenden gesetzlichen Bestimmungen zu entsprechen. Sie sollen für die Bewohner unbedenklich sein, sodass diese im Haus gesund wohnen und leben können. Das gilt generell auch für alle verwendeten Materialien der Bauhülle und der An- und Einbauten, aber ebenso für vorhandene Kinderspielplätze. Ich denke da z. B. an bestimmte und noch vorhandene Baustoffe, die Menschen gefährden können. Dabei kann es sich um asbesthaltige Baustoffe, bestimmte Farbmaterialien oder bestimmte Arten von Fußbodenbelägen handeln.

Ebenso müssen alle anliegenden Medien, wie Strom-, Gas- oder Ölleitungen, Wasserver- und entsorgungsleitungen sicher und hochwertig sein, damit davon keine Gefahren ausgehen. Schädliche Ausdünstungen, Auswaschungen oder Undichtigkeiten der Leitungen können Bewohnern unter Umständen zum Schaden gereichen. Neben einer guten Wärmedämmung sollte ein umfangreicher Feuerschutz geplant und vorhanden sein, damit Menschen bei einem Brand nicht gefährdet werden.

Ein weiteres Problem stellen die Fungizide dar, welche an der Außensubstanz meist nach einer Wärmedämmung angewandt wurden, um eine Schimmelbildung an der Fassade bzw. an den Anstrichen zu vermeiden. Diese Fungizide werden aber mit der Zeit ausgewaschen und sammeln sich im Erdboden. Gegebenenfalls gelangen sie in die Kanalisation oder sind im Grundwasser wiederzufinden. Ausgewaschene Wärmedämmungen an den Fassaden weisen mit der Zeit Algenbefall auf und werden äußerst unansehnlich. Im schlimmsten Fall sehen die Fassaden dann grün, grau oder gar schwarz aus.

Schimmel kann sich auch in Fensterbereichen, Nischen und in Feuchträumen manifestieren. Als Ursachen werden oft Kältebrücken am Bauwerk benannt. Aber auch der Mieter ist bei der Thematik sehr gefordert. So kann durch gutes Lüftungsverhalten Schimmelbildung vermieden werden. Beim Ausbau bzw. bei der Rekonstruktion des Gebäudes sowie bei späteren baulichen Verbesserungen und Veränderungen (z.B. Erneuerung der Fenster) ist auf die Schimmelprophylaxe großer Wert zu legen. Nur mit einer durchdachten Planung, Bauausführung und mit einer bewussten Nutzung der Wohnung kann man ein Auftreten von Schimmel verhindern. Es gilt eine gute Wohnqualität zu schaffen, wobei der Mieter oder Eigentümer in der Wohnung gesund und sicher wohnen kann.

Kapitel 17

Wohlfühlfaktoren beim Wohnen

Ich will ein paar Eigenschaften aufzeigen, die für eine gute Wohnqualität stehen und gesundes Wohnen beeinflussen. Manches ist für die Bewohner von großer Bedeutung, dass sie sich in den Wohnungen besonders wohlfühlen können:

Größe der Wohnung:

Eine ansprechende Größe der Wohnfläche ist sehr wichtig. Der Nutzer will durch die Größe der Wohnung weder erdrückt werden, noch will er in ihr verloren gehen. Die Bedürfnisse und Ansprüche der Menschen sind darin recht unterschiedlich und werden oft durch den Inhalt ihres Geldbeutels begrenzt.

Lage der Wohnräume:

Es ist gut, wenn die Wohnräume hell und etwas sonnig sind. Die Lage des Schlafraumes hingegen sollte nord- oder ostseitig sein. Direkt einwirkendes Sonnenlicht im Schlaf- oder Kinderzimmer sollte durch Rollos gebremst werden, damit die Ruhephasen oder der Schlafprozess nicht gestört werden. Wohnräume dürfen keinem Lärm ausgesetzt werden. Lärm von Fabriken, durch Straßen- oder Zugverkehr oder durch andere Lärmquellen kann nachteilig für das Wohlbefinden der Mieter sein. Eine ruhigere Wohnungslage wirkt sich dagegen günstig auf das Leben der Bewohner aus, deshalb wünschen sich die meisten Menschen eine ruhige Wohngegend. Nicht umsonst hat man die Innenstädte beruhigt und für den Verkehr teilweise gesperrt. Fußgängerbereiche und Boulevards wurden errichtet. Dadurch erreichte man eine erhebliche Aufwertung der Wohnungsqualität im innerstädtischen Bereich.

Luftfeuchtigkeit:

Ein wesentliches Augenmerk ist auf die vorhandene Luftfeuchtigkeit in den Räumen zu legen. Nach meinen Erfahrungen sollte die Luftfeuchte zwischen 45 % bis max.60 % liegen. Durch Beachtung dieser genannten und zugleich empfohlenen Luftfeuchte lebt der Bewohner in seiner Wohnung auf der „sicheren Seite", weil damit auch die Bildung von schädlichem Schimmel verhindert wird. Krankheiten und Allergien können dadurch besser vermieden werden. Ein Einsatz von Luftbefeuchtern, so meine ich, ist nicht zweckmäßig, zumal die Heizungen heutzutage kaum mit sehr hohen Temperaturen betrieben werden. Eine hohe Austrocknung der Räume ist dadurch sehr selten gegeben. Weit wichtiger ist es, dass die Wohnräume mehrmals täglich ausreichend belüftet werden. Mit mehrmaliger Stoß- oder Querlüftung erreicht und sichert man schnell ein gesundes Raumklima. Nach dem Baden oder Duschen ist es absolut notwendig und auch selbstverständlich, dass die Fenster geöffnet werden, damit der vorhandene Wasserdunst abgeleitet wird. Ähnliches gilt beim Einsatz von Wäschetrocknern. Wohl kaum ein Mieter will in einer „Tropfsteinhöhle" wohnen. Bei der Lüftung ist darauf zu achten, dass die feuchte Raumluft gegen die von außen trockene Luft ausgetauscht wird. Ein Lüften über gekippte Fenster, besonders in der kalten Jahreszeit, ist risikobehaftet, weil die oberen Wände des Raumes derart abkühlen, dass die erkalteten Wände beschlagen und förmlich ins „Schwitzen" geraten. Damit wäre der Grundstein für ein „lebendiges Schimmelleben" gelegt. Diese Lüftungsart ist zu vermeiden!

Größere Aquarien oder Terrarien in den Wohnungen können die Luftfeuchtigkeit ebenfalls stark erhöhen, was sich nachteilig auf das Wohnklima auswirkt. Um die Luftfeuchtigkeit unter Kontrolle zu halten und besser beeinflussen zu können, rate ich zur Anschaffung eines Hygrometers. Auf diese Weise kontrolliert man die Raumfeuchte ganz bequem und kann schnell Maßnahmen zur Senkung der Luftfeuchtigkeit einleiten.

Raumtemperaturen:

Ausgewogene Temperaturen in den Wohnräumen sind für unser Wohlbefinden sehr wichtig. Jeder Mensch hat da seine eigene Wohlfühltemperatur. Wichtig ist es, dass die Räume nicht überheizt werden. Erstens ist es für die Gesundheit des Bewohners nicht gut und zweitens sehr nachteilig für den Geldbeutel. Eine gesunde

Wohnzimmertemperatur mag so bei 20 bis 22° C liegen. Das Badezimmer kann eine Temperatur von 21 bis 24° C haben, zumal warme Luft mehr Feuchtigkeit aufnimmt. Das Schlafzimmer hingegen sollte durchaus kühler sein. Damit die Wände im Winter nicht zu stark abkühlen und hier ebenfalls eine Schimmelbildung verhindert wird, raten manche Unternehmen zu einer Raumtemperatur von ca. 14 bis 16° C. Die Temperatur im Kinderzimmer hingegen kann am Tage wie im Wohnzimmerbereich liegen, damit sich Kinder ohne Unterkühlung tummeln, spielen oder lernen können. Lediglich zur Nachtruhe ist ein Absenken der Temperatur auf etwa 18 bis 14° C angeraten. Ein Durchlüften des Zimmers vor dem Zubettgehen ist sehr wichtig und lässt die Kinder gut durchatmen. Außerdem schafft die Zufuhr der frischen Luft ein besseres Ein- und durchschlafen. Unsere Kinder sollten weder unterkühlt, noch mit Wärme verwöhnt werden.

Auch die baulichen Gegebenheiten des jeweiligen Zimmers sind von den Eltern bei der Temperaturwahl mit zu berücksichtigen. Besonders am Morgen ist es angebracht, das Zimmer mit einer Stoßlüftung „zu erfreuen". Die verbrauchte und feuchte Raumluft wird gegen frische Luft ausgetauscht, weil durch das Atmen und Schwitzen der Menschen reichlich Feuchtigkeit in die Raumluft gelangt war.

Je kühler das Zimmer ist, umso weniger Feuchtigkeit kann in der Luft des Raumes gespeichert werden, deshalb sind die Schlafräume anfälliger für eine Schimmelbildung. Besonders hier hat der Bewohner auf eine ausreichende Lüftung des Zimmers zu achten.

Heizungseinstellungen:

Ein paar Worte noch zu den Einstellungen der Raumtemperatur in den Zimmern. Die heute verwendeten Heizungsanlagen sind technisch schon sehr optimiert. Mietern oder Wohnungseigentümern wird dadurch viel Arbeit abgenommen. Eine ständige Regulierung der Temperatur an den Heizkörperventilen kann weitgehend entfallen, wenn die gewünschten Wohlfühltemperaturen an den Heizkörpern eingestellt sind. Zusätzlich existieren für die Heizungsanlagen weitere Regelungen. Erstens wird die am Heizkörperventil eingestellte Temperatur durch den Thermostat selbständig gehalten. Zum Zweiten wird über einen Temperaturfühler, welcher am Außenbereich des

Hauses angebracht ist, die Heizungsleistung an die jeweilige Außentemperatur angeglichen. Außerdem sind die modernen Heizungsanlagen mit einer automatischen Nachtabsenkung ausgestattet, die in der Regel vom Heizungsinstallateur eingestellt wurde. Überdies sind die Zeitumstellungen, wie die Sommer- und Winterzeit, im Steuerteil der Heizungen mit verankert.

Auch bei normaler Abwesenheit empfehle ich nicht, die Thermostate an den Heizkörpern auf den „Nullstand" zu drehen. Lediglich eine zeitweilige und geringe Temperaturdrosselung würde Sinn machen. Diese kann schon mittels einer geeigneten App über das persönliche Handy erfolgen. Selbstverständlich ist bei längerer Abwesenheit in der kalten Jahreszeit für die Wohnung der Frostschutz zu garantieren, um Frostschäden an den Leitungen vorzubeugen. Abgesehen davon sollte immer ein starkes Auskühlen der Wohnung vermieden werden. Angenommen, der Bewohner kommt nach einer längeren Abwesenheit in seine Wohnung zurück, so würden die stark abgekühlten Wände eine besonders lange Aufheizphase benötigen. In dieser Zeit besteht die Möglichkeit, dass die eingesparte Wärmeenergie durch den übergroßen Wärmebedarf (Aufholeffekt), nahezu verloren ist. Darüber hinaus vergeht oft viel Zeit, bevor es in der Wohnung wieder so richtig kuschelig warm ist und sich der Nutzer wieder wohlfühlen kann.

Da die Heizkosten in der Zukunft, so wie es zurzeit aussieht, wieder im Ansteigen sind, sollten wir alle ganz bewusst mit Heizenergie umgehen. Ein Grad weniger in den Zimmern kann sich schon positiv auf die Abrechnung und damit auf den Geldbeutel auswirken. Auch eine Erneuerung der alten und verschlissenen Heizanlage, wenn sie in die Jahre gekommen ist, kann von Vorteil oder Nutzen sein und viel Geld sparen. Die Politik fordert die Erneuerung verschlissener und veralteter Heizungskessel und hat bei Verstoß gegen die geltenden Gesetze erhebliche Strafen vorgesehen. Bereits vor einer geplanten Erneuerung der Kessel sollte geprüft werden, ob es staatliche Förderungen bei Kesselerneuerungen gibt, welche dann das private Portemonnaie entlasten können.

Kapitel 18

Farbgestaltung und Hygiene als Wohnwerte

Kurz ein paar Gedanken zur Farbgestaltung und Hygiene im Wohnbereich:

Das Vorhandensein eines modernen, ästhetischen Hygienebereiches ist ein wichtiger Indikator, ob Mieter die angebotene Wohnung annehmen oder nicht. In der heutigen Zeit sind neben einem, möglichst separaten WC-Bereich, eine Bade- und/oder eine Duscheinrichtung grundlegende Voraussetzungen für einen hohen Wohnwert. Hervorragende hygienische Möglichkeiten schaffen ein gutes Gefühl beim Wohnen. Sie dienen und fördern die Gesundheit der Bewohner.

Farbgestaltung:

Die farbliche Gestaltung von Wohnräumen darf man nicht unterschätzen. Sie kann unser Wohlbefinden sowohl positiv als auch negativ beeinflussen. Deshalb ist eine gut durchdachte Farbgebung überaus wichtig. Farben sollen im Verhältnis zur Raumgröße gewählt werden. Eine richtige Farbgestaltung unterstützt das behagliche Leben in der Wohnung. Ein Bewohner, der renoviert, will durch die Wahl der Farbe weder erdrückt werden noch eine Wohnkälte erleben. Es ist empfehlenswert, dass man sparsam mit dunklen Farben oder Tapeten umgeht. Das gilt besonders dann, wenn mehrere Wände dunkel gestaltet und die Bewohner damit förmlich umschlossen werden.

Die Menschen wollen sich in ihrer Wohnung, in ihrem Privatreich erholen und entspannen. Sie gestalten ihre Wohnung nach ihrem persönlichen Geschmack und damit recht individuell. Im öffentlichen Teil einer Wohnung will man sich ggf. präsentieren und Freunde oder Bekannte empfangen. Die Farbgestaltung dieser Räume kann zum Beispiel ganz anders aussehen, als die Farbgestaltung in einem privaten Rückzugsraum, wo der Mensch ungestört ruhen, schlafen und für sich oder mit seiner Partnerin allein sein will.

Für Kinderzimmer sollte die Farbgestaltung je nach Alter des Kindes gewählt und angepasst werden. Im Vorschulalter sind die Kinderzimmer auf Wunsch der Kinder oft recht farbig gestaltet. Das zeigt die märchenhafte Buntheit der Welt, in die die Kleinen hineinwachsen. Fabelwesen und Märchenfiguren sowie die farbige Vielfalt der Tiere sind hier oft zu bewundern. Eine schöne und angenehme Buntheit hilft mit, dass Phantasien bei den Kleinen entwickelt werden und sie sich in ihrem kleinen Reich wohlfühlen können.

Hygiene:

Es gibt viele Faktoren, welche die Gesundheitsvorsorge bzw. Hygiene nachhaltig beeinflussen. Einige Grundvoraussetzungen sind mit dem Ausstattungsgrad und mit der Beschaffenheit der Wohnung vorgegeben. Doch der Wohnungsnutzer, sei es der Mieter oder Eigentümer, schafft sich seine persönliche Wohnhygiene in seinem Heim überwiegend selbst. Ich denke da an ein negatives Beispiel, wo sich der Bewohner ein durch Nikotin und Tabakrauch geschwängertes Wohnklima selbst erschafft. Hier kann ein Durchatmen mit dem Spiel der eigenen Gesundheit oder der Gesundheit der Besucher verbunden sein. Außerdem ist es möglich, dass der Tabakgeruch in die Tapeten oder gar in den Putz zieht und unter Umständen noch die Nachmieter belästigen kann. Die Abstellung der langanhaltenden Gerüche schlagen sich oft neben Ärger, zumindest aber auch in höheren Renovierungskosten nieder.

Wie verhalten wir uns privat beim Wohnen? Wohnen wir so, dass wir uns in unserem Zuhause immer wohlfühlen? Pflegen wir unsere Wohnräume und halten wir den ungefähren Renovierungsturnus ein? Was für Farben und Tapeten suchen und wählen wir aus? Lassen wir uns dabei gut beraten? Verwenden wir Farben, Lacke, Anstriche und Tapeten, die als schadstoffarm gelten und entsprechende Umweltzertifikate aufweisen? Informieren wir uns umfassend über Ökotests oder achten wir auf Umweltzeichen, wie der „Blaue Engel"? Ist es möglich, dass wir Farben und Lacke in einem Naturbaumarkt erwerben können? Denken wir daran, dass uns die Lacke, Farben und Tapeten lange Zeit beim Wohnen begleiten und das die Gefahr besteht, dass wir die Gase des Abdampfens und Ausdünstens einatmen? Achten wir auf die Hinweise der Hersteller, um etwaigen Gesundheitsgefährdungen vorzubeugen oder diese sogar gänzlich ausschließen? Vielfach ist es notwendig, dass bei Streich- und Anstricharbeiten die Fenster zu öffnen sind, damit die Lacke und die recht unterschiedlichen Farbbasen und Chemikalien abdampfen können.

Man sieht an der Vielfalt der Fragen, dass der Bereich für gesundes, hygienisches Wohnen sehr umfangreich ist und wir mit Bedacht unsere Wohnung, unser Zuhause pflegen, verbessern und erhalten sollten.

Kurz noch ein paar Punkte, über die man auch nachdenken kann:

Bestimmte Arbeitsgeräte, wie Kopierer oder Drucker, bitte nur in Nebenräumen, kaum in Wohn- und nicht in Schlafräumen verwenden. Gegebenenfalls besteht die Gefahr, dass der Abrieb oder gar das Druckerpulver in die Räume austritt und die Gesundheit schädigen kann. Also, Vorsicht beim Umgang mit Druck- und Kopiergeräten! Nicht umsonst werden Arbeitsschutzbelehrungen für Mitarbeiter in Unternehmen hierzu durchgeführt.

Auch Hausstaub kann zum Problem werden. Durch regelmäßiges Staubsaugen auf textilen Belägen oder feuchtes (nicht nasses) Wischen auf Laminat, Parkett oder Fliesen wird der Hausstaub eingegrenzt und damit Allergieerkrankungen vorgebeugt.

Nochmals kurz ein paar Worte zum Thema Schimmelbildung:

Durch die gute Dichte der Fenster, verbunden mit einer erhöhten Luftfeuchtigkeit in den Räumen, besonders in den Nassräumen, besteht Gefahr von Bildung von Schimmel. Schimmel gilt es zu bekämpfen und zu beseitigen, weil er die Gesundheit gefährden kann. Darüber hinaus sind die Ursachen des Schimmelpilzbefalls zu ergründen und abzustellen. Kältebrücken und zu hohe Luftfeuchtigkeit sind zu vermeiden.

Aber auch unsere Schlafstatt, unsere Betten, brauchen geeignete Pflege, damit ein Befall von Bettmilben unterbunden, mindestens aber wesentlich reduziert wird. Staubsaugen und regelmäßiges Waschen des Bettzeuges und der Schutzhüllen der Matratzen dienen der Vorsorge und dem Wohlbefinden der Nutzer.

Hygiene in Küche, WC, Bad oder anderen Räumen wird besser gesichert, wenn eine gute und bewusste Struktur von Ordnung im jeweiligen Nutzerverhalten vorhanden ist. Ordnung, Pflege und Sauberkeit der Wohnung sowie des Hauses sind wichtige Voraussetzungen für Lebensfreude, Gesundheit und Wohlfühlen aller Bewohner.

Die Pflege und Wartung von größeren Wasseraufbereitungssystemen und Klimaanlagen bedarf des besonderen Augenmerks. An nicht gepflegten, gewarteten oder in Abständen kontrollierten Wassersystemen können sich Krankheitserreger entwickeln. Erst in den letzten Jahrzehnten hat man verstärkt die Aufmerksamkeit auf eine Form der Lungenentzündung gerichtet, die durch Legionellen (Bakterium Legionella Pneumophila) hervorgerufen wird. Diese Bakterien vermehren sich in warmer und feuchter Umgebung. Durch Einatmung des verseuchten Wassers, etwa wie beim Duschen, besteht die Möglichkeit, dass durch diese Bakterien eine Lungenentzündung ausgelöst werden kann. Die Erkrankung ist nicht zu unterschätzen, da sie mitunter den Tod zur Folge haben kann. Der Gesetzgeber hat deshalb reagiert und entsprechende Vorschriften erlassen, um der nicht leichten Krankheit vorzubeugen. Unternehmen, die mit Wasser- und Kühlsystemen umgehen, haben die gesetzlichen Vorschriften umzusetzen und einzuhalten. Aber auch jeder Mieter sollte bewusst die Duschköpfe und Wasserauslaufventile pflegen und regelmäßig desinfizieren. Damit erhalten diese Krankheitskeime kaum noch eine Chance, ihr unheilvolles Werk zu beginnen. Neben der ständigen Wartung und der Desinfektion ist in Abständen eine Erhöhung der Warmwassertemperatur auf 60° C einzustellen, denn bei dieser Temperatur werden die Legionellen abgetötet. (siehe Quellennachweis)

Hohe Ansprüche an die Hygiene in der Wohnung und im Wohnumfeld sichern den Mietern einen guten Wohnwert. Bewusstes (Mit-) Gestalten und aktives Leben bei guter Hygiene sichern und festigen damit auch die Gesundheit der Bewohner und sind der Freude beim Wohnen sehr zuträglich.

Diverse Tipps zu einer Tierhaltung:

Bei Tierhaltung, z.b. beim Halten von Hunden, Katzen, Kaninchen, Vögeln oder wenn Aquarien und Terrarien in der Wohnung sind, erfordern die Räume eine spezielle Pflege. Dabei ist es wichtig, dass für die Mitmieter keine Gefahren oder Beeinträchtigungen entstehen. Alle Tiere sind grundsätzlich artgerecht zu halten. Auch ist es nicht nur für die Sicherheit des Tierhalters zweckmäßig, wenn eine Genehmigung für größere Tiere beim Vermieter beantragt und diese dem Halter erteilt wird. Gerüchen ist mit besonderer Reinlichkeit zu begegnen, z.b. durch rechtzeitiges Wechseln der Einstreu beim Katzenklo.

Die Halter von Tieren besitzen, wie wir wissen, eine große Liebe zu ihren Tieren. Gleichzeitig tragen sie aber auch besondere Verantwortung für ihre Mitmenschen. Deshalb haben sie das Augenmerk auf eine sorgfältige und ordnungsgemäße Nutzung ihrer Wohnung und ggf. auch auf ihr Wohnumfeld zu lenken und zu garantieren. Aquarien oder Terrarien sind im Bau so zu errichten, dass Bauschäden in oder an den Wohnräumen durch die meist höhere Luftfeuchtigkeit ausgeschlossen werden.

Das Haus bzw. die Wohnungen, die gepflegt werden (Wartung, Instandhaltung, einschließlich kontinuierlicher Reinigung), zeichnen ein Bild von den im Haus wohnenden Personen. Ich sage ganz kühn, dass sich die Bewohner der Wohnung, manchmal sogar des Hauses, „ihr Qualitätszertifikat selbst erarbeiten und dieses im Haus und/oder in ihrer Wohnung, meist ganz unbewusst, zum Aushang bringen."

Kapitel 19

Soziales Wohnumfeld

Hiermit will ich ein paar soziale Komponenten aufzeigen, die das Wohnen mitgestalten und über die es sich lohnt, darüber vor dem Umzug nachzudenken:

Wenn man sich örtlich verändern will und in eine andere Wohnung zieht, tauchen vor dem Umzug viele Fragen auf. Ein Umzug ist doch meist mit größeren Aufwendungen verbunden. Man sieht meistens nur die schöne, neue Wohnung und die bessere Ausstattung. Falls man sich dann für einen Umzug entschlossen hat, klärt man die notwendigen organisatorischen Fragen dazu. Einige der Fragen können sein:

Wie bewältigen wir unseren Umzug effektiv und ohne große materielle Verluste? Können wir den Umzug selber durchführen oder müssen wir eine Firma beauftragen? Mit welchen Kosten ist zu rechnen? Müssen wir in die neue Wohnung investieren und passen unsere Möbel zum Grundriss der Wohnung? Was ist an technischem Gerät oder für Instandsetzungsarbeiten noch einzuplanen?

Durch die vielen Fragen, die mit einem Umzug auftreten, treten manche Fragen in den Hintergrund oder werden einfach übersehen. Doch vor einem Umzug sollten auch diese Fragenkomplexe Beachtung finden. Ist es möglich, dass wir uns die Gestaltung unseres sozialen Lebens erhalten, oder müssen wir ein neues soziales Umfeld aufbauen? Welche Belastungen, Aufwendungen oder Einschränkungen ergeben sich daraus? Können wir auf Hilfe hoffen, z.B. wenn unsere Kinder vom Kindergarten oder Hort abzuholen sind oder wir anderweitige Hilfe brauchen? Finden wir für uns und unsere Kinder im neuen Haus tolerante Nachbarn? Sehen wir Chancen, dass sich durch die gemischte Belegung des Hauses Hilfen für Mensch oder Tier herausbilden können? Wie können wir uns in der Umgebung, in unserem neuen Lebensraum, ein soziales Umfeld aufbauen? Was haben wir zu tun, damit wir uns in unserer neuen Wohnung und im neuen Wohnumfeld wohlfühlen können?

Nun, die Situationen und Fragen sind für jeden Umzugswilligen sehr unterschiedlich. Wichtig erscheint es mir, dass jeder ein soziales Umfeld erhalten, ausbauen oder aufbauen kann.

Viele Menschen haben den Wert eines guten sozialen Umfeldes bereits erkannt. Sie wissen, dass das Fehlen eines guten Umfeldes auch Leid bringen kann. In schlimmen Fällen können Krankheiten vorbereitet oder in argen Fällen kann die Lebenserwartung sogar gemindert werden. Zum Wechsel des sozialen Umfeldes ist es deshalb immer ratsam, dass man sich, neben den Umzugsvorbereitungen auch über eine „soziale Gestaltung" im oder am neuen Wohnort Gedanken macht.

Wie können wir, bedingt durch unseren Umzug Kontakt zur Familie, zu den Freunden halten? Wir Menschen sind nun mal soziale Wesen und wir sind nicht gern allein. Stetig suchen wir nach Möglichkeiten zur Kommunikation, zur Geborgenheit, nach Gemeinsamkeiten, nach Freundschaft oder Liebe. Der Chancen gibt es viele. Manch einer findet Freundschaften durch die tägliche Arbeit, andere in Sportgemeinschaften, bei Kirchgemeinden, in Chören, in Gartensparten oder in Musikvereinen. Auch die Mitarbeit in verschiedenen Interessengruppen, bei Weiterbildungen oder bei ehrenamtlichen Tätigkeiten, die in reichlicher Auswahl vorhanden sind, ist bei der Suche neuer Kontakte mehr als hilfreich. Sie nehmen das Alleinsein und sichern die Weiterentwicklung der Persönlichkeit des Menschen. Dynamisches Er- und Ausleben im neuen Umfeld wird möglich. Das eigene Leben wird dann wiederum interessanter, abwechslungsreicher und lebenswerter. Manche Probleme werden dadurch relativiert. Neue Kontakte zu Menschen sind erfahrungsgemäß eine Bereicherung für das eigene Leben. Durch persönliches Engagement und durch ein vielseitiges Einbringen in die Gemeinschaft trägt man diese mit, ebenso wird man auch von der Gemeinschaft mitgetragen und kann sich in diesem Schutzraum wohlfühlen. Es entsteht ein sinnvoller und wertvoller Wechsel von Geben und Nehmen.

Ein gutes soziales Umfeld ist für die Annahme der neuen Wohnung als zukünftiger Lebensmittelpunkt enorm wichtig.

Mir sind einige Fälle bekannt, wo Mieter in andere Städte oder Länder verzogen. Aber nach geraumer Zeit kamen sie wieder zurück in ihre ehemalige Heimatstadt, in ihr früheres Wohnumfeld. Die Gründe für ihre Heimkehr lagen nicht selten in einem vermissten oder nicht gefundenem sozialen Umfeld. Durch diese soziale Entwurzelung hatten sich ihre Lebensverhältnisse stark verändert und damit ihre Familien, kurz gesagt, ihre gewohnten und vertrauten Freundeskreise, ihre „soziale Heimat" verloren. Trotz modernen Kommunikationsmöglichkeiten vermissten sie ihr früheres soziales Feld dermaßen, dass sie sich zunehmend unbehaglicher fühlten. Fazit dieser schmerzlichen Erfahrung war es, dass sie sich ihrer ehemaligen Heimat wieder zuwandten.

Kapitel 20

Mobilität für Ältere und Behinderte

Ein paar Gedanken zum Leben unserer Menschen, welche mit einer Behinderung leben müssen oder auch altersbedingt mit Mehrfacherkrankungen (Multimorbidität) zu kämpfen haben. Die Beeinträchtigungen erfordern meist eine spezielle Gestaltung ihrer Wohnung und ihres Wohnumfeldes. Dazu ist, im weitesten Sinn gesehen, eine Vielzahl von speziellen Hilfen notwendig. Diese beziehen sich nicht nur auf eine geänderte Ausstattung in der Wohnung. Wichtig ist auch, dass der Zugang zu den Menschen, zur Umgebung, zur Gesellschaft gesichert und erleichtert wird.

Hat sich unsere Gesellschaft für die Aufgaben, die ein altersgerechtes und behindertes Wohnen erfordern, schon voll geöffnet? Haben wir diesen Problemen bislang genug Aufmerksamkeit geschenkt und sind wir sensibel genug für die Anliegen und Wünsche dieser Menschen?

Ich denke, dass durch eine stärkere und zielführende Zusammenarbeit mit den verschiedenartigsten Fachbereichen die Würde und Selbständigkeit für diese Menschen weiter forciert werden könnte. Natürlich ist es sinnvoll und von enormer Bedeutung, dass ältere und/oder behinderte Menschen noch besser am gesellschaftlichen Leben teilhaben können. Es sichert ein würdevolles Leben für sie.

Doch weitere Fragen stehen im Raum, z.B. was kann der Einzelne aktiv dafür tun und welche Aufgaben obliegen der Gesellschaft?

Die bisherige Entwicklung weist schon recht gute Ergebnisse auf. Der Stand ist bei weitem nicht mehr mit dem von vor 20 Jahren vergleichbar. Doch gerade auf diesem Gebiet sind zusätzliche „Baustellen" notwendig, denn durch die höhere Lebenserwartung unserer Menschen wird diese Thematik weiter an Bedeutung gewinnen. Wir alle müssen uns in den kommenden Jahren verstärkt mit den Folgen der Altersentwicklung auseinandersetzen. Enorme finanzielle Aufwendungen, die nicht nur von den Einzelnen, sondern besonders von der Solidargemeinschaft zu tragen sind, sind möglichst gering zu halten. Gerade bei der Pflege gilt es, diese, so lange es geht, zu vermeiden. Es ist doch mehr als verständlich, dass heutzutage jeder Mensch sein Dasein lebenslang aktiv und selbstbestimmt führen will. Jedermann sehnt sich nach Unabhängigkeit beim Wohnen und will sein Leben angenehm und möglichst ohne große Beeinträchtigungen bis ins hohe Alter hinein mit Freude und Lust genießen. Deshalb wird es immer wichtiger, dass wir uns den umfangreichen Aufgaben, wie Prävention vor Pflege, intensiver stellen und das richtige Verständnis dafür entwickeln. Auch viele Krankenkassen haben dies erkannt und unterstützen ihre Mitglieder mit entsprechenden Bonusprogrammen. Ebenso sieht der Gesetzgeber die zu bewältigenden Aufgaben und gibt dieser Thematik den entsprechenden Raum und den gesetzlichen Rahmen.

Gerade weil der Altersdurchschnitt im Ansteigen ist, ergibt sich immer mehr die Herausforderung für uns, dass wir uns bis ins hohe Alter hinein gesund und fit erhalten. Das heißt, dass jeder, bevor er älter wird oder eine Beeinträchtigung erleidet, nach seinen gegebenen Möglichkeiten und Talenten seine Gesundheit bewusst pflegen, trainieren und schützen sollte. Süchte wie Alkohol, Nikotin und vielfältige Rauschgifte werden durch einen gesunden Lebenswandel bereits ausgeschlossen, deshalb muss Aufklärung recht früh, vielleicht schon im Kindergarten, aber besonders im Elternhaus und in der Schule beginnen. Eine aktive Teilnahme am Sport kann auch ein Zauberwert, eine große Unterstützung für einen gesunden Lebenswandel sein. Aber auch durch die verschiedenen Präventionsmaßnahmen, Vorsorgeuntersuchungen und Impfungen kann man Krankheiten rechtzeitig begegnen und langes selbstbestimmtes Wohnen und Leben beeinflussen.

Unnötige Kosten für das Gesundheits- und Sozialsystem, dabei auch im Bereich der Wohnungswirtschaft z.B. durch Umbaumaßnahmen im Wohnbereich können durch eine gesunde Lebensweise unserer Menschen gemindert werden.

Schauen wir vom „Standpunkt Gesundheit" herab und wenden wir unseren Blick hin zur Technik. Was könnte man da schon vergleichen? Nun, unser Auto muss in der Regel alle zwei Jahre zur technischen

Überwachung, zum TÜV. Wie stehen wir zu einem „persönlichen Gesundheits- TÜV" beim Arzt? Manchmal habe ich das Gefühl, dass ein Hobby oder ein Auto bei manchem Mitbürger einen weit höheren Stellenwert besitzt als der eigene Körper, die eigene Gesundheit, das wahrlich wichtigste Kapital eines Menschen und letztendlich auch das wertvollste Kapital für unsere Gesellschaft.

Nun, zurück zum Wohnen.

Ältere oder behinderte Menschen schätzen die eigene Mobilität heute mehr denn je. Sie wollen weiter und lange in ihrem vertrauten Heim wohnen. Sie sehnen sich nach entsprechenden Hilfsmitteln und nach einer Veränderung oder Anpassung des Ausstattungsgrades in ihrer Wohnung meist erst dann, wenn sie auf diese Veränderungen zwangsweise angewiesen sind. Jetzt sind neue helfende und unterstützende Techniken für ein leichteres Leben und Dasein gefragt. Viele spezielle Ideen sind bereits verwirklicht, die älteren oder behinderten Menschen das Leben erleichtern.

Eine ganz gute Möglichkeit bietet z.B. ein barrierefreies Wohnen. Das barrierefreie Wohnen ist eine wesentliche Hilfe für ältere und behinderte Menschen. Barrierefreiheit beginnt mit einer ganz einfachen Frage: Ist ein Erreichen der Wohnung und ein gefahrenfreies Bewegen in der Wohnung und im Haus ohne Probleme möglich? Das Vorhandensein von Fahrstühlen im Haus und zur Wohnung ist nur ein Puzzle dazu. Doch viele weitere Fragen spielen eine wichtige Rolle. Nicht selten müssen ganz spezielle Dinge und Einrichtungen für das Wohnen eingeplant werden, die ein gesunder und junger Mensch gar nicht vermisst oder braucht. Viele ältere und/oder behinderte Menschen möchten diese Hilfen, weil sie die täglichen Arbeiten in ihrer Wohnung selbständig durchführen wollen. Jeder Fall einer Beeinträchtigung ist anders und es muss oft nach ganz speziellen Lösungen gesucht werden. Indessen bietet unsere moderne Technik immer bessere Lösungsvarianten mit vielfältigen Vernetzungen, um das Leben der betroffenen Personen weiter lebenswert zu gestalten.

Die meisten beeinträchtigten Menschen wollen ihr Umfeld, ihre vertraute Gegend nicht verlieren. Deshalb ist der Zugang zur Umgebung, in der der Betroffene sein Leben aktiv führen will, so zu erleichtern, dass er sein Umfeld gut genießen kann. Dabei ist der Focus verstärkt auch auf eine barrierefreie Stadt zu lenken. Unter einer barrierefreien Stadt verstehe ich im weitesten Sinne eine barrierefreie Wohnwelt mit Teilhabe und Zugang zur Gesellschaft mit all ihren Möglichkeiten. Die Teilhabe am gesellschaftlichen Leben ist für den behinderten und/oder älteren Menschen von hohem Wert. Deshalb wird es immer wichtiger, dass die öffentlichen Einrichtungen und die vielseitigen Dienstleistungs-, Kultur- und Gesundheitseinrichtungen barrierefrei erreicht werden. Da die Mobilität besonders für diese Menschen von grundlegender Bedeutung ist, so ist auch die gefahrlose Nutzung von Bahn und Bus sowie anderen Verkehrsunternehmen für die Betroffenen abzusichern. Natürlich wollen die Menschen solange wie möglich aktiv und sicher am pulsierenden Leben teilhaben. Denn Teilhabe bietet Freude, festigt und verbessert die Gesundheit. Gerade das ist für die schwierige Lebenssituation des Einzelnen besonders wertvoll. Da die Vielzahl der älteren Menschen ihre Wohnung und ihr Umfeld nicht verlassen und vermissen wollen, so sind Bewegung, Aktivität und Teilhabe am gesellschaftlichen Leben eine enorme Triebkraft zum Leben, zum Weiterleben mit Freude.

Deswegen sind die oben genannten Gedanken zur Prävention - Vorbeugung statt Heilen - wesentlich für eine alternde Gesellschaft. Die Rehabilitation durch sportliche und geistige Betätigung unter fachlicher Anleitung kann das oft beschwerliche Leben der älteren oder behinderten Menschen beim alltäglichen Wohnen mindern bzw. verbessern.

All diese Möglichkeiten, die den Menschen auf gesetzlicher aber auch auf zusätzlicher Basis durch die, sagen wir, durch die bestehenden Gesundheitskassen bzw. Krankenkassen gewährt werden, bieten vielen Menschen große Chancen. Insbesondere jeder ältere oder behinderte Mensch, soweit ihm dies halbwegs möglich ist, sollte die Angebote und Hilfen, welche die Solidargemeinschaft aufzeigt, dankbar annehmen und mit persönlicher Aktivität beleben. Durch gelebte Aktion wird das eigene Leben bunter, unabhängiger und mobiler strukturiert. Mobilität verbessert die Gesundheit. Doch das ist eben keine Einbahnstraße und jeder kann im Rahmen seiner Möglichkeiten diese „Straße" befahren. Dabei ist er gut „unterwegs".

Kapitel 21

Wohnformen im demografischen Wandel

Die Wohnformen, auch bedingt durch den demografischen Wandel, werden sich weiter entwickeln und vielfältig verändern. Zum Einem steigt die Lebenserwartung unserer Menschen mittels der Fortschritte in der Medizin, aber auch durch eine bewusstere Lebensweise unserer Menschen und zum Anderen nimmt die Bevölkerung, durch mancherlei Ursachen bedingt, noch ab. Da sind zu geringe Geburtenraten, Ab- oder Auswanderung und, bedingt durch Überalterung, höhere Todesraten. Diese Entwicklung hat nicht zu unterschätzende Folgen, auch für den Wohnungsmarkt. Eine Entvölkerung oder Minimierung der ländlichen Gebiete kann eintreten, wenn Gesellschaft und Politik es verpassen, aktiv dagegen zu steuern. Gegebenenfalls bestehen einige Möglichkeiten, diese Entwicklung etwas zu begrenzen.

Entwickeln sich noch weitere Folgen, mit denen wir rechnen müssen?

Leerstehender und nicht genutzter Wohnraum wird örtlich bedingt, weiter in Größenordnungen zurückgebaut werden. Es sind neue Wege zu begehen, damit alle nötigen Versorgungs- und Dienstleistungen, bedingt durch die Ausdünnung der Bevölkerung, trotzdem erhalten werden. Der sich entwickelnde Bedarf wird die zukünftige Struktur bestimmen. Wir sehen dies bereits bei neuen Schulstrukturen, aber auch bei der löchrig werdenden ärztlichen Versorgung für unsere Menschen und das vornehmlich in den ländlichen Gebieten. Anzumerken ist hierbei, dass es in einigen Großstädten bzw. Ballungsgebieten eine teilweise ärztliche Überversorgung gibt. Es besteht bereits jetzt ein offensichtliches Ungleichgewicht in der ärztlichen Versorgung zwischen dem ländlichen Raum und den Großstädten. Da viele Faktoren nicht beeinflussbar sind, ergibt sich die dringende gesellschaftliche Aufgabe, verstärkt nach annehmbaren Lösungen zu suchen. Das wird uns nur gelingen, wenn wir die demografische Entwicklung als Chance sehen und begreifen. Viele

Fachbereiche aber auch wir alle, als Teil der Gesellschaft, bis hin zur Politik, jeder ist im Rahmen seiner Möglichkeiten gefordert, sich diesen Herausforderungen zu stellen.

Jeder dritte Mensch wird in naher Zukunft über 60 Jahre alt sein. Je älter der Mensch wird, umso größer werden naturgemäß seine Anfälligkeiten und gesundheitlichen Beschwerden. Nicht selten entstehen dann Mehrfacherkrankungen, die das Leben der Menschen in den folgenden Lebensjahren weiter negativ beeinflussen und beeinträchtigen. Dennoch wollen die meisten Menschen weiterhin selbstbestimmt und sicher in ihrer Wohnung, in ihrem Zuhause, wohnen. Wenn es später nicht ganz ohne Unterstützung geht, kann man bei verschiedenen Wohnformen und mit deren Einrichtungen Hilfe finden. Ich möchte hier, auch aus eigener Erfahrung heraus einige Beispiele von Wohnformen aufzeigen. Dabei gibt es oft keine starken Abgrenzungen, vielmehr zeigt die Praxis, dass es zu Überlappungen kommen kann, wobei eine Wohnform in andere Wohnformen übergehen kann oder eine Form die andere Form ergänzt. Mir geht es schlicht darum, die unterschiedlichen Möglichkeiten zum Wohnen anzusprechen und aufzuzeigen. Mit den Jahren hat sich der Markt für Wohnformen und für Wohnmöglichkeiten sehr vielfältig und differenziert gestaltet.

- Hilfe und Sicherheit in Hausgemeinschaften:
  Hier lebt jeder in seiner Wohnung weiter und man unterstützt sich gegenseitig. Diese Wohnart sehe ich als eine besonders gute Möglichkeit an. Die Menschen können dabei möglichst lange in ihrer Wohnung und in vertrauter Umwelt wohnen. Sie sichern sich gegenseitige Kommunikation über Medien, wie Telefon oder Internet. Das Gespräch wird im Haus gepflegt da man sich oft im Haus oder bei der Nutzung der Gemeinschaftsanlagen des Hauses sieht. Man hält zusammen und hilft sich mit Wort und Tat. Die Hausgemeinschaft ist als „Gemeinschaft gewachsen". Es besteht oft ein gutes Vertrauen zueinander und damit ergeben sich ein gewisser Schutz und eine Sicherheit beim Wohnen für die Menschen. Anstrebenswert wäre eine gute „Mischung" zwischen älteren

und jüngeren Mietern.
- Hilfe im Betreuten Wohnen:
Jeder wohnt in seiner eigenen Wohnung und erhält Hilfe durch einen Betreuungsdienst. Der Dienst hilft den Menschen aufgrund eines Vertrages, der in der Regel Teil des Mietvertrages ist, beim täglichen Leben. Weitere Leistungen können differenziert nach den Erfordernissen erbracht werden. Diese Wohnform habe ich bereits ausführlich beschrieben.
- Wohngemeinschaften:
Senioren gründen Wohngemeinschaften, ähnlich wie beim Studentischen Wohnen und teilen sich meist eine größere Wohnung. Jeder hat sein eigenes Zimmer, welches den privaten Rückzug ermöglicht. Ein Raum wird als Gemeinschaftsraum eingerichtet, wo man sich trifft und kommuniziert. Küche, Flur und Sanitärräume nutzt man gemeinsam. Diese Art des Wohnens ist besonders kostengünstig. Außerdem bietet sie den Einzelnen hohe Sicherheit, und gewährt ein hohes Maß an Selbstbestimmung. Mit dieser Wohnform ist auch eine hohe Selbstverantwortung verbunden. Als Ersatz für ein Pflegeheim ist diese Wohnform aber deshalb keinesfalls anzusehen.
- Wohnprojekte:
Das sind spezielle Wohnprojekte mit Wohnungen und Wohngemeinschaften, in denen Kommunikation und das Beieinander und Miteinander beim Wohnen gepflegt werden. In diesen Wohngemeinschaften wird oft Wert auf eine demokratische Selbstverwaltung gelegt. Das Miteinander beim Wohnen kann z. B. gezielt auf das Alter oder auf bestimmte Gegebenheiten ausgerichtet sein. Die Gemeinnützigkeit ist meist für diese Projekte maßgebend. Oft will man mit diesen bezahlbaren Wohnprojekten der Knappheit von teurem Wohnraum entgegenwirken.
Die Finanzierung solcher Wohnprojekte kann durch die einzelnen Bewohner erfolgen. Auch eine Aufnahme von Krediten und Darlehen sind möglich. In der Regel wird eine Bank für Gemeinnützigkeit die Finanzierung gewähren.

So besteht die Möglichkeit, dass sich mehrere Menschen ein Haus oder eine große Wohnung kaufen und zusammen leben und sich die Kosten teilen.
Wenn die gesundheitlichen Umstände des Wohnungsnutzers das Wohnen in der Wohngemeinschaft nicht mehr zulassen, ist die Pflege im Pflegeheim zu organisieren.

- Gemischtes Wohnen im Seniorenheim:
  Studenten erhalten preiswert Unterkunft in einem Senioren- oder Pflegeheim und übernehmen dafür pro Woche oder Monat einige Stunden an Sozialleistungen für die Senioren und zum Vorteil des Hauses. Das hilft bei der Erfüllung der Aufgaben, die eine Pflegeeinrichtung hat, um einem Pflegenotstand entgegenzuwirken. Studenten können bei der sozialen Betreuung mithelfen, damit das Leben der Senioren abwechslungsreicher gestaltet wird (Hilfe bei Computerarbeit, Hausfeste gestalten, Abende oder Spielnachmittage gestalten usw.).
  Rüstige Senioren wiederum können den Studenten helfen. Das kann fachlich für das Studium oder auch Hilfe z. B. beim Erlernen eines Musikinstrumentes sein. Bereits vor längerer Zeit sah ich über dieses Thema einen beeindruckenden Bericht. Ganz besonders wertvoll erscheint es mir, dass damit wechselseitig gute Kontakte zwischen jungen und alten Menschen entstehen können. Dieses Miteinander beim Leben führt zum Verständnis zwischen den Generationen und ist ein nicht zu unterschätzender Gewinn für alle Beteiligten.

- Betreute Wohngruppen:
  Es zeichnet sich ab, dass in Zukunft mehr Menschen infolge des höheren Alters an Demenz erkranken. Da gilt es zeitig gegenzusteuern. Eine gute Möglichkeit besteht darin, dass sich der betroffene Mensch im Rahmen einer begleitenden Wohngruppe treffen kann und dort betreut wird.
  Eine Stunden- oder Tagespflege ist eine weitere Chance, wo Menschen oft zeitlich begrenzt „wohnen" und aktiv, je nach Krankheitsverlauf beschützt und gefördert werden. Training und zielgerichtete Beschäftigung ermöglicht es vielen Menschen, die schleichende Demenz soweit wie möglich zu

verzögern. Neben dem Training für den Kopf gilt es, tägliche Arbeiten zu üben, um Tätigkeiten möglichst lange abrufen zu können.

Ehrenamtlich tätige Menschen können, unter fachlicher Anleitung, den an Demenz Erkrankten helfen und diese begleiten. Leichte Übungen vermögen sie mit ihrer Hilfe durchzuführen oder man spielt und singt mit ihnen oder liest ihnen vor, so dass ihnen ein zweites Zuhause erschlossen wird. Die persönlich erworbenen, althergebrachten Aktivitäten gilt es, solange wie möglich zu pflegen und zu bewahren. Demgemäß zählen Tätigkeiten wie das Kartoffelschälen, das Tischdecken, das Abräumen und viele weitere Arbeiten als Training. Das gemeinsam bereitete Mittagessen kann in der Gruppe genossen werden. Die rege Tagesgestaltung mit Struktur in der Gruppe ist für den Betroffenen sehr förderlich. Aber auch für den Lebensgefährten sind die Stunden in der Tagespflege eine große Hilfe. Er weiß, dass sein Angehöriger in dieser geplanten Zeit wohlbehütet ist. So kann er in der Zwischenzeit notwendige Arbeiten oder Besorgungen in Ruhe und ohne Stress erledigen.

- Wohnen mit mehreren Generationen:
Diese Art des Wohnens kann man schon beim Wohnen in Hausgemeinschaften vorfinden. Doch, so denke ich, liegt dem Mehrgenerationenhaus eine bewusstere und tiefere Idee zu Grunde. Mehrere Generationen wollen absichtlich miteinander und füreinander leben. Die Generationen helfen sich gegenseitig. Junge Menschen helfen alten Menschen in den unterschiedlichen Lebenslagen und Lebensbereichen. Die Hilfe kann auch bis zur Betreuung bei Krankheit oder bei kurzzeitiger Pflege gehen.

Junge aber auch ältere Menschen passen aufeinander auf und wollen, ohne in das einzelne Leben nachhaltig einzugreifen, einfach verständnisvoll füreinander da sein. Ältere Menschen können den jüngeren Familien im Haushalt helfen und ihre Aktivität wird damit gefördert. Sie können auch bei der Beaufsichtigung der Kinder, bei der Abholung der Kinder aus Schule oder Hort oder bei den Hausaufgaben von Nutzen sein.

Dadurch besteht die Möglichkeit, dass die Eltern ungestört ihrem Broterwerb nachgehen können. Aber auch, wenn junge Leute ausgehen wollen, passen die Älteren, die sich dafür fit genug fühlen, gern auf die Kinder auf.

Wichtig erscheint mir, dass Vertrauen und Verständnis zwischen den Generationen heranwächst und weiter ausgebaut werden kann.

Schauen wir kurz nach Frankreich. Dort wohnen oft mehrere Familiengenerationen zusammen. Dies ist bei uns, durch mancherlei Umstände bedingt, leider oft nicht mehr gegeben oder verlorengegangen.

- Pflege im eigenem Haus oder in der eigenen Wohnung:
  Hier wohnt der Mensch im eigenen Haus oder in der eigenen Wohnung wie gewohnt weiter. Wenn die tägliche Arbeit nicht mehr bewältigt und er gar zum Pflegefall wird oder eine Pflege rund um die Uhr notwendig ist, muss die Pflege abgesichert werden. Manch einer will sein Heim keinesfalls verlassen und aufgeben. Ein umfassender ambulanter Pflegedienst ist dem Betroffenen mitunter zu teuer oder nicht sinnvoll, deshalb sucht er eine preisgünstige Pflege. Die findet er oft bei Menschen, die häufig aus Osteuropa stammen und die mit dem Pflegenden wohnen und ihn nicht selten rund um die Uhr betreuen.

  In unserer Oberlausitz scheint diese Wohnform nur selten genutzt zu werden, oder diese Wohnform hält sich sehr bedeckt, weil Schwarzarbeit im Spiel sein kann oder ein sehr geringer Verdienst gezahlt wird. Aber auch hier hat der Gesetzgeber bereits reagiert, um das Problem zu lösen.

- Weitere Wohnformen:
  Ich will noch ein paar andere Wohnformen nennen, die nicht so bekannt, aber durchaus sehr interessant sind.
  Wohlhabendere Menschen können sich Baugemeinschaften leisten, die Interesse am individuellen Wohnen haben. Bauprojekte werden dadurch preiswerter gestaltet. Der soziale Aspekt, wie Wohnen und eine aktive Gemeinschaft mit gemeinsamem Erleben ist dort weniger ein Thema. In unserer Region sind mir solche Gemeinschaften nicht bekannt.

Interessant finde ich Wohnformen, wo dem Helfenden, der im Haus wohnt, keine oder nur eine geringe Miete abverlangt wird. Der Helfende übernimmt dafür als Gegenleistung Arbeiten für eine oder mehrere Personen und bezahlt seine Miete auf diese Art und Weise. Das können unter anderem Pflege- und Hausarbeiten, Einkaufs- und Fahrdienste, Handwerker- oder Hausmeisterarbeiten sein.

Eine andere Möglichkeit, die ebenso interessant ist und soziale Aspekte umfasst, ist Wohnen durch Bildung. Eine begrenzte Anzahl von Studenten erhält kostenfreien Wohnraum von der Stadt oder einer öffentlichen Einrichtung. Mit einem detaillierten Vertrag werden die Leistungen und Aufgaben der Studenten vereinbart, unter denen sie kostenfrei wohnen dürfen. Die Studenten übernehmen eine Anzahl diverser Pflichten. Sie werden damit Paten für sozial benachteiligte Kinder eines Stadtteiles. Hilfe erhalten ihre Schützlinge bei den Hausaufgaben, aber auch die sportliche und kulturelle Entwicklung der Kinder wird durch ihr Wirken besser und zielgerichteter entwickelt. So können sie Flüchtlingen bei dem Erlernen der deutschen Sprache helfen. Verschiedene Förderungsprogramme sowie eine gute Sprachentwicklung sind wichtiger Bestandteil ihrer Arbeit. Doch auch Spiel und Spaß sollen nicht zu kurz kommen und werden bei der Freizeitgestaltung Bestandteil für die betreuenden Kinder. Es gilt auch dem multikulturellen Verstehen zu dienen, was sich positiv im Frieden zwischen den Menschen und den verschiedenen Kulturen niederschlagen wird. Auf diese Weise kann man sozialen Spannungen, Missverständnissen oder einer entstehenden Kriminalität rechtzeitig entgegenwirken und diese vielleicht sogar vermeiden. Gerade in sozialen Brennpunkten kann diese Wohnform mit den positiven Ergebnissen eine Chance und Bereicherung für alle sein.

Kapitel 22

Unterstützendes Wohnen - selbstbestimmtes Leben

Wie kann Wohnen künftig noch komfortabler, interessanter und schöner für uns werden? Welche neuen Wege müssen begangen werden und welche technischen Möglichkeiten sind zu finden, um das Leben auf diesem Gebiet weiter zu verbessern?

Bei weitem nicht nur durch die demografische Entwicklung bedingt, ergeben sich eine Fülle von neuen Pflichten aber auch viele Chancen und innovative Gestaltungsweisen zum Wohnen. Wenn wir diese erkennen, mit Leben erfüllen und danach sinnvoll nutzen, wird unser Leben beim Wohnen, nicht nur bei körperlichen Beeinträchtigungen sowie beim Leben im Alter, enorm erleichtert werden. Eine Option kann der forcierte Ausbau von intelligentem und vernetztem Wohnen sein. Ich verstehe darunter den bewussten Einsatz von technischen Geräten, welche auf elektronischer wie auch auf elektrischer Basis arbeiten und mittels Datenvernetzung aus der Nähe sowie aus der Ferne gesteuert werden können. Wünsche oder bestimmte tägliche Aufgaben, die Bestandteil des Wohnens sind, können mithilfe dieser technischen Geräte schnell gesteuert und erfüllt werden. Das Leben und Wohnen in der Wohnung kann damit klüger und effizienter gestaltet werden.

Ich will den Blick speziell auf das intelligente Wohnen mit altersgerechten Assistenzsystemen lenken. Was ist unter dem Begriff „Altersgerechte Assistenzsysteme" zu verstehen?

Schauen wir bei Wikipedia (Stand 26.06.2014) nach:

* „Ambient Assisted Living" (AAL), auf Deutsch „Altersgerechte Assistenzsysteme" sind für ein selbstbestimmtes Leben, umgebungsunterstütztes Leben, durch innovative Technik oder Assistenzsysteme fürs Alter. AAL beinhalten Methoden, Konzepte, (elektronische) Systeme, Produkte sowie Dienstleistungen, welche das Leben älterer und auch benachteiligter Menschen situationsabhängig und unaufdringlich unterstützen. Die verwendeten Techniken und

Technologien sind nutzerzentriert, also auf den Menschen ausgerichtet und integrieren sich in dessen direktes Lebensumfeld ..."

Das bedeutet, dass das Wohnen und Leben der Menschen mittels diverser Assistenzsysteme wesentlich erleichtert und unterstützt werden kann. Der Einsatz von Kommunikations- und Informationstechnologien unterstützen und helfen den älteren Menschen. Diese modernen Technologien werden dazu beitragen, dass das Leben für die betroffenen Menschen sicherer und angenehmer wird.

Wie gesagt, besonders die demografische Entwicklung und die daraus resultierenden Probleme fordern eine weitere und intensive Suche für innovative Lösungen. Gerade auch deshalb, weil wir wissen, dass die zur Verfügung stehenden Pflegekräfte in Zukunft, ganz gleich, ob bei der Pflege in der privaten Wohnung oder bei anderen Wohnformen, verstärkt fehlen und die dazu erforderlichen Kosten für die Sicherung der zu Pflegenden die Versicherten in Zukunft finanziell stärker belasten werden. Gleichzeitig müssen wir feststellen, dass das jetzt vorhandene Pflegepersonal den kommenden Pflegebedarf nicht absichern kann.

Erschwerend kommt hinzu, dass auch die Beschäftigten im Pflegesystem altern und in absehbarer Zeit eventuell selbst einer Pflege bedürfen. Um dem Manko zu begegnen, muss man verstärkt nach neuen, begehbaren Wegen suchen. Es gilt, das Wohnen für alle Wohnformen auch bei notwendiger Teil- oder Vollpflege zu sichern und zu erleichtern. Neben erhöhter technischer Ausstattung der Wohnbereiche werden, wie bereits erwähnt, viele zusätzliche Arbeitskräfte benötigt. Um die Pflege der Menschen abzusichern, setzt man vielerorts auch auf ausländische Pflegekräfte, die das vorhandene Fachpersonal ergänzen und unterstützen. Die verantwortlichen Stellen versuchen mithilfe gezielter Umschulungsmaßnahmen einem Pflegenotstand zu begegnen und neben der Quantität auch die Qualität in der Pflege abzusichern. Wobei das Augenmerk zukünftig immer stärker auf die Qualität gelegt werden wird. Ständige Qualifizierungen und Spezialisierungen für bestimmte Erkrankungen

(z. B. bei Diabetes) werden zukünftig und fortlaufend zur Aufgabenstellung für das Pflegefachpersonal werden.

Zusätzliches Pflegepersonal bzw. Pflegehilfspersonal ist indessen verstärkt zu gewinnen. Nur so kann man die Pflegebereiche erhalten und weiter ausbauen. Dabei wird intensiv, wie oben kurz erwähnt, verstärkt auch um ausländisches Personal geworben. Hierbei gewährt man den interessierten Personen eine entsprechende sprachliche und fachliche Ausbildung. Bildungsmaßnahmen erhalten derzeit osteuropäische bzw. asiatische Interessenten. Um die Problematik der sich verschärfenden Pflegesituation großräumig anzugehen, ist es zwingend notwendig, Erleichterungen mit dem Einsatz von innovativer Technik zu schaffen. Neue Techniken können das tägliche Leben, nicht nur bei den alternden oder den hilfsbedürftigen Menschen, situationsgebunden und deutlich unterstützen. Halten wir uns immer vor Augen, dass der einzelne Mensch zunächst gut ein Drittel seines Lebens in seiner Wohnung verbringt und weiter verbringen will. Wird Pflege notwendig, dann kann er die Zeit in seiner Wohnung weiter genießen.

Auch Menschen, die noch im Arbeitsleben integriert sind, verfügen oftmals über einen sehr begrenzten (Frei-)Zeitfonds. Deshalb sollte ihnen mit innovativer Technik genauso geholfen werden wie den älteren Bürgern. Insofern kann die intelligente Vernetzung der Wohnung ein guter Weg sein, um ein entspanntes, angenehmes und sicheres Wohnen zu schaffen. Besonders bei Pflegesituationen oder bei gesundheitsbedingten Beeinträchtigungen unserer Menschen, muss das Wohnen so garantiert und optimiert werden, dass die Betroffenen ihr Leben sicher und weitgehend selbständig gestalten können. Mit der Weiterentwicklung von neuer Technik kann Pflege nachhaltig unterstützt, die Aufwendungen optimiert, erleichtert und ökonomischer gestaltet werden. Die eingesparte Zeit, so empfiehlt es sich, muss zu mehr Zuwendung für die Menschen genutzt werden!

Es ist durchaus denkbar, dass den beeinträchtigten Menschen bei gesundheitlichen Problemen bereits von der Wohnung aus ein digitaler Gesundheitsberater zur Seite steht. Einen Internetzugang besitzt fast jeder. Die kommende alternde Generation ist weitaus wissender beim Umgang mit dem Internet und besitzt meist bessere Kenntnisse als die jetzige zu pflegende Generation. So werden Rückfragen bei Ärzten im Rahmen einer sich weiter entwickelnden Telemedizin bei der ambulanten Versorgung ohne großen Aufwand gelöst. Strapazen für die älteren Menschen, wie bei den längeren Wegen zum Arzt, würden vermindert. Langsam ist es auch an der Zeit und dringend geboten, dass die Aufgabenverteilungen für die Gesundheitsberufe neu und der Zeit angepasst gestaltet werden! Mittels einer spezialisierteren Aufgabenverteilung muss man viel schneller und unproblematischer helfen können. Damit würden die Hausärzte etwas entlastet. Dies wäre besonders im Hinblick auf die Ausdünnung der Bevölkerung und mit dem zur Verfügungen stehenden Volumen an Arztpraxen erforderlich.

Mobile Krankenschwestern, eine qualifizierte Telekrankenschwester sowie qualifizierte Arzthelfer werden, unter Anleitung und Aufsicht des behandelnden Arztes, zum Bindeglied zwischen Arztpraxis einerseits und des Patienten anderseits. Diese Personen sind gehalten überwachende und nur ausgewählte Aufgaben zu übernehmen. Einen kleinen, zaghaften Anfang hat man von Seiten der Politik bereits gemacht. Wir alle wissen, dass durch das Alter oder eine Behinderung das Wohnen und die Organisation des Alltags für die Menschen beschwerlicher wird. Besonders lange Wege zum Arzt zählen mit dazu. Deshalb werden technische Hilfen mit künstlichen, auch selbständig lernenden bzw. mitdenkenden intelligenten Programmen immer notwendiger. Vieles ist auf diesem Gebiet vorstellbar.

Hier wieder ein paar Beispiele und Gedanken dazu:

- Ältere und Behinderte erhalten Betreuung und schnelle Hilfe über telemedizinische Zentren (über Telefon, Internet, Notrufeinrichtungen).
- Sicherung von Kontakten zur sozialen Umwelt mit Kommunikation (z.B. zu Schwestern, Pflegekräften, Ärzten, Psychologen, Verwandten, Hausgemeinschaften, ehren- oder hauptamtliche Betreuern sowie zu Seelsorgern bzw. deren Beauftragten).
- Stark verbesserte und erweiterte Nutzung der elektronischen Gesundheitskarte, z.B. Speicherung der Notfalldaten oder zur

Verträglichkeitsprüfung bei bestehenden und neu verordneten Medikamenten (Die Prüfung soll helfen, dass Unverträglichkeit oder große Nebenwirkungen durch einen Medikamentenmix vermieden werden). Programme dafür werden derzeit im Apothekenbereich erprobt.

- Erhöhung der Sicherheitsbedürfnisse (automatische An- bzw. Abschaltung von Elektrogeräten, Einrichtungen zur Gefahrenabwehr, Sicherung von Klima, Temperatur und Luftzufuhr).
- Komforterhöhung (für Rollstühle, individuelle Wohnmöbel und Pflegebetten mit Aufstehhilfen).
- Einstellen von Helligkeit, Beleuchtung, der Raumtemperatur oder des Fernsehgerätes per Ruf oder anderem Signal.
- Automatische Vergabe von verordneter Medizin, Kontrolle, Angleichung oder Reduzierung der Medizindosierung nach den aktuellen Vitalwerten und nach ärztlicher Rückmeldung bzw. Festlegung.
- Automatische Auslösung zur Lebensrettung bei Hilferuf oder bei Versagen der Vitalwerte. Bei Lebensbedrohung (Überwachung der Vitalwerte) wird der Notruf automatisch von der Wohnung aus an die verantwortliche ärztliche Notdienstzentrale gesandt.
- Erinnerung und Kontrolle für die täglichen Übungen, wie Krankengymnastik oder an die Einnahme der täglichen Mahlzeiten. Schaffung von Kontrollmechanismen zur Erinnerung für die notwendige Flüssigkeitszufuhr.
- Hilfen für Sehschwache oder Erblindete. Hilfestellungen durch intelligente Blindenstöcke (GPS Steuerung), um Gefahrenstellen zu meiden oder sicher zu umgehen.
- Nutzung von GPS und Handy Apps oder anderen Funkmedien zur Minderung der Gefahr und der sicheren Leitung im Straßenverkehr z.B. für Rollstuhlfahrer bei Eingabe des Wunschzieles.
- Teilnahme am Straßenverkehr und am kulturellen Leben mittels funkgesteuerten und selbstfahrenden Autos oder anderer Fahrhilfen.

- Erinnerung zur Medizineinnahme sowie Absicherung der Medikamentengabe durch intelligente und sichere Dosiervorrichtungen, zeitgesteuert bei erfolgreicher Vergabe zugleich mit Rückmeldung auch bei Störungen an den Pfleger (damit könnten doppelt oder falsch eingenommene Medikamente und deren Auswirkungen vermieden werden).
- Absicherung einer gesunden Ernährung durch mitdenkende Kühlschränke (Kontrolle und automatische Anforderung von entnommenen Lebensmitteln).

Viele Institute, Hochschulen, Universitäten, Gesellschaften und Unternehmen befassen sich verstärkt mit diesen Fachbereichen. Ich denke, dass die Entwicklung gerade auf diesem Gebiet in den kommenden Jahren sehr rasant vorangehen wird. Durch die vielfältigen Hilfen und technischen Möglichkeiten soll das Wohnen und Leben für alle Menschen, nicht nur im Hinblick auf die Menschen, die auf Pflege und Betreuung angewiesen sind, erleichtert werden. Dank des Einsatzes dieser innovativen Techniken müssen medizinisches Personal und die Pflegekräfte stark entlastet werden. Der absehbaren Kostenexplosion, nicht nur bedingt durch die demografische Entwicklung, gilt es mit moderner Technik entgegenzuwirken. Aber diese Technik gebiert laufend Daten. Aus diesem Grund sind die Fragen des Datenschutzes rechtzeitig, umfänglich und nachhaltig zu klären!

Es ist für die Gesellschaft, aber auch für den Einzelnen von enormer Wichtigkeit und zunehmender Selbstverständlichkeit, dass der Wohnende, auch bei Beeinträchtigungen lange Zeit selbstbestimmt, sicher, geborgen und unbehelligt in seiner vertrauten Wohnung wohnen und auch im Wohnumfeld leben kann.

Doch ich will noch auf einen anderen sehr wichtigen Gesichtspunkt hinweisen. Was nützt all der Einsatz modernster und variantenreichster Technik beim Wohnen, wenn grundlegende Bedürfnisse der Menschen dabei viel zu wenig beachtet werden und zu kurz kommen. Nur durch eine ausgeprägte (mit-) menschliche Wärme kann man einer Vereinsamung der Menschen, besonders auch in Hinsicht auf die allein lebenden oder die älteren und kranken Menschen begegnen. Unser Leben macht mehr Sinn, wenn wir uns der wiederkehrenden Herausforderung stellen und Zuneigung, Liebe, Vertrauen, Verständnis und Zuspruch an die oder den Mitmenschen verschenken. Denn selbst die hervorragendste Technik in Heim, Haus und Umwelt vermag nicht den mitfühlenden Ehepartner oder den Pfleger, den Nachbarn, den Freund, den Arzt oder Seelsorger zu ersetzen.

Diese sehr persönlichen mit viel Herzenswärme versehenen, nahen Kontakte, die von Mensch zu Mensch ständig neu fließen, sind der höchste Schatz, den wir und unsere Gesellschaft besitzen und deren wir fortgesetzt bedürfen. Dieses wertvolle Gut ist zu bewahren, zu pflegen, weiter auszubauen und von der Gesellschaft besonders anzuerkennen, zumal diese Kostbarkeit auf vielfältige Art und Weise unserem Gemeinwohl nachhaltig dient.

Kapitel 23

Wohnen in Würde mit Technik und Daten

Da das Recht auf Wohnen ein wesentliches Menschenrecht ist, besitzt die Wohnung, das Heim einen besonderen Stellenwert. Sie ist der persönliche Schutzraum für den oder die Bewohner. Diesen sehr privaten Rückzugsraum, gilt es zu bewahren und fortwährend zu schützen. Wenn man in der Freien Enzyklopädie bei Wikipedia nachschaut, ist dieses Recht im „Internationalen Pakt über wirtschaftliche, soziale und kulturelle Rechte", auch kurz „UN-Sozialpakt" genannt, im Artikel 11.1 durch die UN als Recht aufgenommen. So ist dies ein multilateraler Vertrag. Aber auch das Grundgesetz der Bundesrepublik Deutschland räumt der Wohnung einen besonderen Rang ein. So wird im Artikel 13 des Grundgesetzes die Unverletzlichkeit der Wohnung prinzipiell festgeschrieben. Es gibt nur wenige Ausnahmen, dass Wohnungen ohne Genehmigung des Wohnungsnutzers betreten werden können und damit das hohe Recht eingeschränkt wird. So kann dies zur Abwendung von großen Gefahren (z. B. Wohnungsbrand) erfolgen oder wenn Verdachtsmomente für eine besonders schwere Straftat bestehen.

Die Wohnung hat somit den Rang eines rechtlich besonderen Schutzraumes und sie ist daher von elementarer Bedeutung für den einzelnen Menschen. Mit der Wohnung erhält das Leben des Menschen eine besondere Würde, die in Sicherheit und Geborgenheit wurzelt.

Wie bereits im Kapitel 22 angedeutet, schaffen das vernetzte Wohnen und der Einsatz von Technik den Bewohnern viele Vorteile und große Erleichterungen. Aber nicht nur für die selbstständig lebenden Menschen kann dies von Vorteil sein. Speziell für die Menschen, die mit Beeinträchtigen leben müssen oder die auf Betreuung und Pflege angewiesen sind, kann die Einführung und Weiterentwicklung von neuer Technik großen Nutzen bringen. Viele kleine und große Hilfen werden das zukünftige Leben und Wohnen bedeutend erleichtern und weiter verbessern. Zahllose Menschen beginnen von dem ständig steigenden Wohnkomfort zu profitieren. So können sie zum Beispiel ihre Heizung, ihre Kaffeemaschine oder Waschmaschine von der Ferne aus bedienen. Wenn sie heimkommen, sind bereits die gewünschten Arbeiten erledigt. Der Kaffee ist gebrüht, das Licht ist eingeschaltet und die gewünschte Musik empfängt den Bewohner. Auf Wunsch und Ruf wird sich der Fernseher automatisch anschalten oder ausschalten. Der Apparat kennt inzwischen, da er über eine intelligente Technik verfügt, die Lieblingsprogramme und die Stimme seines Nutzers. Der Mensch kann seine Wunschsendung schnell und ohne großen Aufwand genießen. Falls er heute keine Lust auf das Programm hat oder der Bewohner eine andere Sendung sehen oder hören möchte, sagt er das einfach dem Gerät. Es schaltet sofort um oder es schaltet sich ganz ab. Hausarbeiten, wie das Waschen und Trocknen der Wäsche, sind erledigt. All dies ist teilweise bereits jetzt schon Realität oder wird in naher Zukunft noch weiter ausgebaut. Die Jalousien an den Fenstern sind infolge der großen Sonneneinstrahlung automatisch herabgelassen, gleichzeitig wird über die vorhandenen, kaum sichtbaren Sonnenkollektoren Strom erzeugt und irgendwo abgespeichert, um die Energie später sinnvoll zu nutzen. Mit zartem Ton meldet sich der intelligente und lernende Kühlschrank, dass er gerade eine automatische Anforderung an ein Dienstleitungsunternehmen gesendet hat. Die fehlenden Produkte werden innerhalb kurzer Zeit, ggf. mittels einer Drohne angeliefert. Der Bewohner erhält eine Bestätigung des Auftrages und die Mitteilung, wann die Lieferung per Boten eintrifft. Außerdem wird der Preis der Bestellung genannt und welche Möglichkeiten zur Bezahlung bestehen. Vielleicht wurde der Rechnungsbetrag sogar schon auf elektronischem Wege von seinem Konto abgebucht.

Diese komplexe Technik wird zukünftig den Menschen immer mehr zur Verfügung stehen. Moderne Technik ermöglicht den Einsatz von Robotern, die den Menschen bei vielen Tätigkeiten helfen und sie unterstützen. Sie können das Leben der Menschen wesentlich erleichtern, indem sie erinnern, wischen oder putzen. Weiterhin ist durchaus vorstellbar, dass bestimmte Arbeiten, gerade auch im Pflegebereich, durch Maschinen übernommen werden und

Pflegekräfte dadurch unterstützt werden. Roboter helfen beim Anziehen, Waschen oder beim Verabreichen von Medikamenten. Sie bereiten das Essen vor und tragen das leere Geschirr in die Spülmaschine, welche sich ebenfalls, wie von Geisterhand nach Befüllung selbstständig anschaltet und dabei das optimale Programm wählt.

Die Windeln der Säuglinge oder des Pflegebedürftigen melden sich per Chip, wenn Feuchtigkeit vorhanden ist und Erneuerungsbedarf besteht. Ist es zum Beispiel möglich, dass ein kranker oder pflegebedürftiger Mensch am Monatsende die Abrechnung über die Anzahl der gewechselten Windeln, die elektronisch erfasst wurden, erhält? Wird es auch möglich, dass ein „Betreuungswächter" dringende Vitalwerte an einen Arzt sendet und dieser in Auswertung die Medikamentengabe über den Roboter oder mit Hilfe elektronischer Möglichkeiten (z. B. Computer oder Handy) dem Pflegebedürftigen verordnen oder korrigieren kann? Meldet sich der Arzt bei dem betreffenden Menschen per Telemedizin, so dass ein Arztbesuch im Haus entfallen kann oder ggf. eine besonders geschulte und spezialisierte Schwester, wie früher die gut bekannte „Schwester Agnes", die notwendige Kontrolle übernimmt und den Patienten in der Wohnung aufsucht. Mit dieser interessanten Problematik stellen sich aber auch viele neue Fragen.

Wie weit kann und soll der Fortschritt gehen? Welche Risiken entstehen dabei und sind mit einzuplanen und zu berücksichtigen?

Massenhaft rasen die Funkwellen mithilfe einer ausgeklügelten Technik und zum Wohl des Menschen hin und her. Wirklich alles zum Wohl des Menschen?Wo landen, wer kontrolliert, wer hat Zugriff oder analysiert diese Daten? Werden meine persönlichen Daten, ohne dass ich es will, gespeichert. Wer gibt mir ehrlich Auskunft über meine persönlichen Daten? Kann ich überhaupt Auskunft über meine erfassten Daten erhalten? Und wenn ja, dann wo oder durch wen? Werden weitere Gesetze, die die neuen Gegebenheiten regeln, erarbeitet? Werden die geltenden Gesetze eingehalten und wer kontrolliert das? Wie arbeiten Unternehmen, vielleicht sogar gegen meinen Willen oder auch ohne meine Zustimmung mit meinen ganz persönlichen Daten? Werden Menschen, Eigentümer oder Bedürftige so kontrolliert, dass Soziogramme, Psychogramme oder Gesundheitsanalysen erstellt werden können? Dient die Auswertung der Daten dazu, dass man gezielt beworben wird und andere, auch internationale Mächte, daraus Profit erzielen? Was ist meine Zustimmung eigentlich wert? Welchen Schutz und welche Sicherheit gewährt und bietet mir der Gesetzgeber? Ist ein selbstbestimmtes Leben, auch in Hinsicht auf den Datenschutz sicher, wird der Schutz geachtet und wird dadurch die persönliche Freiheit auch garantiert? Werden wir zu „gläsernen Menschen", die auf unterschiedliche Art und Weise manipuliert und überwacht werden können? Ich finde, dass sich Datenschutz noch stärker zu einem fundamentalen Menschenrecht entwickeln muss. Deshalb wird es immer notwendiger und weit mehr, als bisher üblich, diese Rechte in einem stärkeren gesetzlichen und vor allem im internationalen Rahmen zu verankern. Die Europäische Datenschutz-Grundverordnung ist nur ein erster Schritt zum Schutz von persönlichen Daten.Es gibt viele Fragen, die durch die neue und schnell wachsende Technik eilends zu beantworten sind und über die man rechtzeitig nachdenken muss.

Nehmen wir das Recht auf die Unverletzlichkeit der Wohnung, gemäß unserem Grundgesetz. Heute braucht wirklich niemand mehr durch ein Schlüsselloch zu schauen, um einen Menschen zu beobachten. Die reichhaltige Datenerfassung ermöglicht es, dass man sich mit Hilfe der neuen Technik binnen kurzer Zeit ein gutes Bild über eine Person verschaffen kann. Banken registrieren Daten, die die jeweilige finanzielle Situation mit Anschrift des Mieters oder des Eigentümers widerspiegeln. Auch den Versicherungen, liegen viele Daten über die finanziellen sowie über die gesundheitliche Lebenslage der Bewohner einer Wohnung vor. Natürlich verfügen nicht nur staatliche Stellen, unter anderem die Meldebehörden, der Rundfunk, die Personenstands- oder die Grundbuchämter über zahlreiche Datensammlungen. All die Daten enthalten fast immer eine oder mehrere Wohnadressen. Wir können nur hoffen, dass autorisierte Personen bewusst und vorsorglich mit den persönlichen, bzw. privaten Bürgerdaten arbeiten und eine missbräuchliche Nutzung ausschließen.

Die Handys können belauscht und laufend geortet werden. Oder es wird festgehalten, wer mit wem telefonierte, wer wann und wo war, wie man heimkommt und welche Wege man zur Wohnung genommen hat. Ebenso zeigt eine Datenauswertung der privaten Internetnutzung, welche Ansichten und Einstellungen man vertritt und welche Interessen man pflegt. Auch können schnell Rückschlüsse gezogen werden, für welche Themen man sich interessiert und welche Einstellungen oder Probleme der Nutzer hat.

Es ist auch ganz einfach festzustellen, was mittels Funk getan wird. Menschen können über Funk bzw. mit dem Handy unter anderem die Haustür, die Heizung, den Stromfluss, die Garage und die Fenster per Handy steuern, öffnen oder schließen. Wie einfach für Einbrecher, die über die Talente eines Hackers verfügen. Diesen vielleicht anmieten, um sich aus der Ferne oder Nähe durch technische Tricks mit diversen Schnittstellen und anderen Möglichkeiten Türen und Fenster einer Wohnung öffnen lassen und sich dadurch den unberechtigten Zugang zur privaten Wohnung, zum Haus erzwingen. Damit können Wohnungen, weitgehend ohne Lärm und die üblichen, meist hörbaren Einbrecharbeiten, ausgeraubt oder andere Schäden angerichtet werden. Den Luxus, den wir durch die fortschrittliche Technik genießen, gilt es vermehrt zu schützen. Denn auch die beste Sicherheit mittels modernster Technik kann nur eine relative, oft zeitlich begrenzte Sicherheit sein.

Aber nicht nur mit dem Einsatz spezieller Computerprogramme mag sich ein fremder Mensch bereits hervorragend über meine Person und mein Heim informieren, obwohl er meine Wohnung gar nicht betreten hat. Die Postanschriften, Wohnungsnummern und Telefonadressen sind schon für viele sehr schnell greifbar. Selbst der Wasser-, Strom- und Heizungsverbrauch wird aufgezeichnet und kann entsprechend ausgewertet werden.

Bei all den notwendigen und wünschenswerten Fortschritten der Technik darf eines nicht vergessen werden, nämlich, dass die Technik den Menschen zu dienen hat. Wenn die Technik aber nicht dient, sondern uns sogar beherrscht, kann Technik zu einer unkontrollierbaren Macht, zur Belastung der Gesellschaft und schlimmstenfalls zur großen Gefahr werden.

Auch darf der Mensch mit seinem Wohnen, sei es der junge oder der alte Mensch, keinesfalls nur „versorgt" und ein Wirtschafts- und Datenfaktor sein oder werden. Die Würde des Menschen äußert sich nicht nur darin, dass er sich aktiv, auf vielfältigste Art und Weise in die Gesellschaft einbringen darf, sondern auch darin, dass er in dieser gefahrlos, unter Wahrung seiner Rechte, sicher wohnen und leben kann. Nur damit bleibt er Teil der sich stets weiterentwickelnden Gesellschaft. Eine Einengung der Wohnwelten oder ein nur begrenztes Teilhaben am Wohnen oder am Gemeinwohl kann zur Vereinsamung mit vielen negativen Folgen führen.

Wie im vorherigen Text kurz gezeigt, wird die neue Technik zu einer großen Herausforderung, nämlich der, dass sich jeder, weit kritischer als bisher, mit der progressiven Datenerfassung und dem Datenschutz befassen muss. Es sind viele Fragen zu klären.

Wo sollen in Zukunft die Grenzen liegen, damit die Privatsphäre der Menschen nicht nur in den Wohnungen gewahrt wird. Ein unkontrolliertes Eindringen in das private und persönliche Leben, sei es über den Computer, das Handy oder über andere Wege, die mit dem Wohnen zusammenhängen, darf nicht stattfinden. So ist es für mich, nur um ein Beispiel zu nennen, nicht akzeptabel, eine Vorratsspeicherung zu betreiben und Daten ohne Grund und Anlass ins Blaue hinein über die Menschen zu speichern. Es gilt, die Würde unseres Menschseins immer neu zu sichern. Ich denke, dass ein demokratisch gewählter Staat dafür Sorge zu tragen hat, dass dieses neuartige und zukünftig globale „Menschenrecht Datenschutz" weiter und besser geschützt, garantiert und an die technischen Entwicklungen ständig angeglichen werden muss. Das bedeutet, dass Datenschutz zu einer fortlaufenden Aufgabe für jeden einzelnen und für unsere Gesellschaft wird. Normen und Werte sind weitaus schneller als bislang dem zeitgerechten, technischen und auch dem gesellschaftlichen Entwicklungsstand anzupassen.

Die sich ständig weiterentwickelnde Gesellschaft, wird, wie die Zukunftsforschung erklärt, aus kleinen und großen Individualisten bestehen. Das bedeutet, dass die Interessen unserer Menschen und damit der Gesellschaft zunehmend vielfältiger, differenzierter, anspruchsvoller, kontroverser und darüber hinaus auch farbenreicher, aber bestimmt nicht einfacher, jedoch auch schöpferischer werden.

Deshalb bedürfen die Gesichtspunkte, die den Datenschutz tangieren, unserer ganz speziellen Aufmerksamkeit. Im Ergebnis dessen, soll der Mensch mit und durch die Technik besonders sicher wohnen können. Sicheres Wohnen ist weit mehr als nur in einer abgeschlossenen Wohnung oder in einem Haus zu leben. Mit einem sicheren Wohnen verbinde ich, dass Daten, die für das moderne und komfortable Wohnen bestimmt sind, ganz gleich, ob sie aus der Wohnung oder auch aus der Wohnumwelt kommen oder in die Wohnung gehen, einen hohen Sicherheitsstandard aufweisen müssen. Nur durch beste Sicherheitsmaßnahmen kann man für die Menschen Würde, Achtung und Schutz gewähren. Moderne Technik und würdevolles Wohnen werden zukünftig noch intensiver, unter Beachtung des stetig steigenden Qualitätsniveaus, miteinander verwebt werden. Deshalb sind die Rechte für Eigentümer oder Mieter, kurz gesagt, für alle Menschen, weiter zu festigen und gezielter auszubauen.

Kapitel 24

Wohnkultur

Der Begriff Wohnkultur ist wahrscheinlich sehr vielschichtig und breit gefächert. Er zeigt nicht nur die Art und Weise, wie Menschen wohnen und leben, nein, Wohnkultur ist mittlerweile zu einer Philosophie, zu einer Weltanschauung geworden.

Für mich ist das Wohnen der kulturelle Ort für privates Dasein, für junge oder ältere Menschen sowie für Familien oder Partnerschaften, in der sie ihre Heimwelt haben, sich geborgen und sicher fühlen. Wohnen ist auch ein Ort, an dem sich Menschen begegnen, ihren Alltag und ihr Leben kreativ allein oder miteinander gestalten. Wir alle wollen das Wohnen mit und in einer gesunden Kultur genießen.

Wie umfassend ist eigentlich der Begriff Wohnkultur? Nun, die Wohnkultur erscheint mir sehr komplex zu sein und ich weiß eigentlich gar nicht, wo Wohnkultur anfängt oder endet. Kultur ist, wie ich meine, immer in Entwicklung und nach vorn und oben offen.

Ich habe ein paar Gedanken dazu:

In der Wohnkultur spiegelt sich die Gesellschaft, wie sie sich entwickelt und wandelt wieder. Neue oder sich wandelnde Erkenntnisse und geistige Haltungen aus vielen Gebieten des Lebens, sei es aus der Kunst, der Philosophie, der Wissenschaft, der Technik, der Architektur, des Modeempfindens usw. werden bis in die Wohnwelt zurückgespiegelt. So besitzt auch die Wohnkultur eine Geschichte. Sie drückt oft den speziellen Zeitgeschmack aus und zeigt auch die Bedingungen, in denen die Menschen leben oder lebten und wie sie ihre Wohnwelt und Wohnkultur entwickelten und zeitgemäß gestalteten.

Dass Kultur nicht starr ist, zeigen die ständigen Veränderungen beim Wohnen der Menschen in der Stadt, im Dorf, in den Häusern und in den Wohnungen.

Schauen wir uns die Entwicklung beim Wohnen ein wenig an:

Die früheren kleinen, beengten und meist mit dürftigem Ausstattungsgrad versehenen Wohnungen wurden im Laufe der Zeit und mit wachsendem Wohlstand immer größer. Die Zuschnitte und die Wohnkonzepte für Wohnungen, einschließlich des Wohnumfeldes, änderten sich enorm. Die unterschiedlichsten Fachleute, von den Städteplanern über die Architekten, Wohnungsplaner, Techniker, Baufachleute, auch der Möbelbau bis hin zu den Raumgestaltern nahmen und nehmen sich den neuen Situationen an. Sie schaffen größere, qualitativ höherwertige, hellere, modernere und damit zeitgemäße effizientere und energiesparende Räumlichkeiten mit den dafür notwendigen Ausstattungen.

Wir erkennen eine bis ins Detail hineingehende Planung und Herstellung der Wohnräume. Räume, die es vor 200 Jahren für die meisten Menschen kaum gab, gehören nun einfach zum Wohnen und sind Bestandteil unseres Lebens. Ich denke da an Sanitärräume, die der Hygiene und Gesundheit dienen, wie Bäder, Duschen, WC's oder Wellness- bzw. Sporträume. Aber auch andere Räume, wie Kinderzimmer, Arbeitszimmer, Gästezimmer, Dielen oder Gemeinschaftsräume (bei bestimmten Wohnformen), Hausbars, aber auch Abstellplätze für die mobile Kultur, z.B. Garagen oder Rollstuhlunterstellmöglichkeiten gehören heute mit dazu. Ich denke, je individueller sich der Mensch in der Gesellschaft entfalten kann, umso mehr entstehen weitere und spezialisiertere Räume und Flächen. Die schnell voranschreitende Technik setzt dabei neue Maßstäbe. Doch allein mit der Erweiterung der Räume und Vergrößerung der Flächen ist es nicht getan. Zukünftig wird sich das Wohnen auch weiterhin nach den Bedürfnissen und Einkommen der einzelnen Menschen richten, wobei die Wünsche wohl immer differenzierter werden.

Wohnkultur erhält einen besonderen Wert durch fortwährende Gestaltung, Entwicklung und Einbeziehung von wissenschaftlichen Erkenntnissen und des Einsatzes von neuer Technik, auch um ein sicheres und gefahrloses Wohnen zum Wohl für die Menschen zu erreichen. Auf Grund der fortlaufend neuen und sich weiterentwickelnden Erkenntnisse arbeiten Wissenschaftler und Techniker gezielt und ständig an qualitativ höherwertigen Produkten.

Der Gesellschaft, den Bauherrn oder Nutzern von Wohnungen stehen damit immer neuere und qualitativ bessere Produkte zur Verfügung.

So werden mit dem Einsatz von gesundheitsverträglichen Stoffen, Anstrichen und Materialien gesundheitliche Belastungen, wie Allergien zunehmend und besser ausgeschlossen. Auch der Brandschutz wird für ein sicheres Bewohnen der Wohnung immer wichtiger. All die Maßnahmen, durch dieses sinnvolle Handeln schützen und steigern den Wohnwert des Heims und fördern unsere Wohnkultur.

Zum Wohnen zählt neben den vielfältigen technischen Möglichkeiten, die ich bereits in einigen Kapiteln geschildert habe, auch die weitere Entwicklung eines ansprechenden Wohnservices. Manche Tätigkeiten werden schon jetzt aber auch zukünftig, so mutmaße ich, von zahlreichen Dienstleistern übernommen. Das beginnt bereits beim Umzugsservice. Aber auch die komplette Ausgestaltung der Räume, vom Möbel bis zum kleinsten Wohndetail, bis zum ausgesuchtesten Beiwerk, werden Dienstleister im Auftrag und nach Wunsch des Bewohners durchführen. Der Markt wird hierbei viele Möglichkeiten entdecken. Wenn die Personen dann in ihrem Heim angekommen sind und darin wohnen, sind weitere Dienstleistungen denkbar. Da sich die Bedürfnisse unserer Menschen ständig entwickeln, ergeben sich weitere innovative Gestaltungsmöglichkeiten zum Wohnen. Das wird nicht nur auf Betreuungs- und Pflegeservice, Hausmeisterdienste und diverse Dienstleister des Handwerks begrenzt bleiben. Ich kann mir sehr gut vorstellen, dass zukünftig bestimmte Arbeiten für die vielfältigen Wohnformen durch große industrielle Dienstleister durchgeführt werden.

Im Wohnen sehe ich nicht nur die Geborgenheit in einem Heim, vielmehr muss es dem Menschen, der Weiterentwicklung seiner Persönlichkeit, seines Lebens dienen. Jede Person sollte sich in seiner Wohnwelt und Wohnumwelt wohlfühlen und entfalten können. Das Lebensgefühl und Wohlfühlklima der Menschen beim Wohnen ist sehr unterschiedlich und stark individuell geprägt. Für den einen kann ein Wohnen im Grünen, mit Parks oder auch ländliches Wohnen, weg von dem Massenwohnen, von hohem Wert sein. Ein anderer Mensch hingegen setzt mehr auf Entspannung bei Sport, Spiel, Musik- oder Tanzveranstaltungen, Theater, Kino oder bestimmte Bildungsmöglichkeiten. Damit gibt es durch die verschiedenen Wünsche unserer Menschen auch recht unterschiedliche Bedürfnisse bei der „privat gespürten Wohnkultur". Nicht vergessen will ich die oft landes- oder gebietstypische Ausrichtung beim Wohnen. Mancher wird sich in einer festen Dorfkulturgemeinschaft geborgener und wohler fühlen als beim anonymen Wohnen in einer Stadt. Andere wiederum bevorzugen die meist laute Stadt mit den sehr abwechslungsreichen kulturellen Angeboten. Die Individualität und die Wünsche der einzelnen Menschen sind sehr speziell und ich gehe davon aus, dass ein „Einheitswohnen" nicht anzustreben ist, weil die Zivilisation in der Wohnkultur sehr bunt ist und sich beharrlich immer weiter entwickelt. Egal, für welche Wohnform sich ein Bürger entschieden hat, ein Fortschritt, die Veränderung in der Wohnkultur durch Umgestaltung beim Wohnen, in Formgebung, Hygiene, Raumwahrnehmung oder Ausstattung wird, wenn wir zurückschauen, immer sichtbarer.

Um eine niveauvolle, modern geprägte Wohnkultur zu genießen, suchen viele Menschen nach einer Wohnung, die ihren Vorstellungen und Bedürfnissen entspricht. Doch dieser Wohnungsmarkt ist stark umkämpft. Der Wohnungssuchende, ganz gleich, ob er als zukünftiger Mieter oder Eigentümer eine Wohnung oder eine Immobilie sucht, wird mit allen Tricks, auch wenn regional recht unterschiedlich, hart umworben. Bezahlbarer Wohnraum ist namentlich in den Großstädten und Ballungsgebieten sehr rar. Menschen sehnen sich nach Sicherheit oder wollen steigende Mieten umgehen. Deshalb möchten sie ihr Grundbedürfnis stillen und ein Grundstück, ein Haus, oder eine Wohnung preiswert bauen oder erwerben. Diese Wünsche werden meiner Meinung nach durch den Gesetzgeber zu wenig beachtet und auch durch die staatlichen Maßnahmen zu gering gefördert. Viele Mieter würden gern Eigentum begründen. Dadurch würde ein Stückchen Freiheit und Unabhängigkeit mehr erreicht. Später könnten sie ihr Eigentum als zusätzliche Rente nutzen oder, wenn es notwendig wird, könnten sie ihr Eigentum verwerten, um bessere Pflegeleistungen zu sichern und eine gute Qualität für ihren Lebensabend zu erzielen.

Doch da die Chance zum Eigentumserwerb an Immobilien für viele Menschen vermutlich kaum möglich ist, geht dies auch zu Lasten der Entfaltung von Kultur beim Wohnen, zumal die Planung des Erwerbslebens und das Geldverdienens zeitweise an immer größere Unsicherheiten gebunden war oder noch ist. Die soziologische Wissenschaft spricht hier von einer prekären Situation. „Prekarisierung ist ein soziologischer Begriff für eine ungleiche soziale Gruppierung, die durch Unsicherheiten der Erwerbstätigen gekennzeichnet ist. Dadurch können Lebensverhältnisse schwierig sein, bedroht werden oder zum sozialen Abstieg führen". (Quelle: Wikipedia Stand 22.01.2014)

Wenn das Erwerbsleben durch unterschiedliche Maßnahmen gelockert und zunehmend unsicherer wird, sind damit auch Gefahren für das Schaffen von privatem Eigentum verbunden, denn welcher bewusste Mensch oder welche Familie möchte, statt Eigentum zu erlangen in einer Insolvenz landen oder sogar das Heim verlieren. Viele Sicherheiten im Erwerbsleben sind durch befristete Arbeitsverträge, Teilzeitarbeit, Zeitarbeit oder wegen einer geringeren Beschäftigung verlorengegangen. Soziale Sicherungen werden gelockert oder sind weggefallen. Glücklicherweise hat dies der Gesetzgeber zum Teil erkannt und eine positive Entwicklung eingeleitet, nämlich die Einführung eines Mindestlohnes pro Arbeitsstunde. Dies ist zwar ein erster Schritt in die richtige Richtung, doch um Eigentum zu erwerben, muss für den aktiv arbeitenden Menschen weit mehr getan werden. Er sollte von seinem Verdienst leben und dabei auch einen Teil zum Erwerb von Eigentum nutzen können.

Jeder einzelne Mensch, besonders aber die Familien brauchen ein gutes Maß an sozialen Sicherheiten, damit Nachwuchs gefördert, sich Gemeinschaft entwickeln und weiterentwickeln kann. Je nachdem, wie weit die sozialen Sicherheiten im weitesten Sinne für den Einzelnen von der Gesellschaft gesichert werden, umso mehr fühlt sich der Mensch, die Familie in der Gesellschaft wohl. Umso mehr lebt er in und identifiziert sich mit seiner Gesellschaft! Die soziale Schere darf nicht weiter auseinandergehen und der Reichtum des Landes ist gerechter zu teilen, damit der soziale Frieden gewahrt wird. Dies gilt auch im Hinblick auf eine forcierte Entwicklung und Nutzung des Wohnens in Verbindung mit einer gesunden, ansprechenden Wohnkultur, an der alle Menschen Anteil haben und diese Kultur mitgestalten, miterleben können. Denn (Wohn-) Kultur ist ein hoher Wert, den alle, nicht nur der Staat, gestalten sollen und der mit hohen moralischen, sozialen und kulturellen Werten verbunden ist.

Nachwort

Bereits bei der Planung des Buchobjektes hatte ich mir vorgenommen, eigentlich nur lustige oder außergewöhnliche Geschichten zu erzählen. Im Jahre 2010 begann ich mit dem Schreiben. Später merkte ich, dass mir der Inhalt zu oberflächlich erschien und mich nicht zufrieden stellte.

Weil sich die Thematik zum Wohnen so rasant entwickelt, musste ich mehrfach meine Ausführungen ändern, aktualisieren und neue Gesichtspunkte einarbeiten. Es flossen immer wieder weitere Gedanken und unterschiedliche Sichtweisen zum Thema Wohnen ein. Ich hoffe, dass Nachdenkliches, gepaart mit interessanten Gedanken, die Thematik noch facettenreicher macht und belebt. Die gesellschaftliche Entwicklung in den vergangenen Jahren spielte dabei eine wesentliche Rolle.

Es war auch wichtig, die schwierige Arbeit bei der Verwaltung und bei der Bewirtschaftung von Häusern in der DDR-Zeit aufzuzeigen. Mir ging es dabei nicht darum, nur die Ökonomie im Vermietungsprozess darzustellen, nein, ich versuchte vom Leben der Menschen, ausgehend von der Nachkriegszeit bis in die Gegenwart, zu erzählen. Ich empfinde es als wertvoll und bedeutend, wenn man sich ab und zu an diesen Teil des Weges, den wir Menschen beim „Wohnen" gegangen sind, erinnert, damit diese oft schweren Zeiten nicht vergessen werden.

Wie gesagt, die Arbeit der Wohnungsverwaltung in der sozialistischen Zeit war nicht leicht und mit großen Schwierigkeiten verbunden. Ich denke, dass mancher Angestellte, der im Publikumsverkehr tätig war, diese Arbeit nicht selten als sehr frustrierend ansah. Das wirkte sich nicht nur auf die Unzufriedenheit bei den Wohnungsmietern oder den Gewerbetreibenden aus, auch die Arbeitszufriedenheit der Angestellten in der Verwaltung litt sehr darunter. Nicht wenige Mitarbeiter der Gebäudewirtschaftsbetriebe, die tagtäglich die Schwächen des Systems miterlebten, beantragten die Ausreise aus der DDR und verließen ihre Heimat.

Mit der Wende musste ich die Grundpfeiler der neuen Gesellschaftsform, den Wert von Geld und dessen große Macht immer mehr kennenlernen. Aber auch den Wert der Freiheit lernte ich schätzen. Ich habe auch nicht verschwiegen, dass durch die ungewohnte Situation und die neuen Rahmenbedingungen viele Menschen ihre bislang gewohnte Sicherheiten verloren. Betriebe wurden geschlossen und abgewickelt. Ich musste miterleben, dass durch die neuen Bedingungen große Unsicherheiten und Ängste entstanden und teils bis heute fortbestehen. Die einsetzende Arbeitslosigkeit und deren Auswirkungen drangen tief in das eingespielte und gewohnte Familienleben. Eine Neuorientierung im Beruf, neues Lernen wurde notwendig. Manch einer konnte aus vielfältigen Gründen trotz vieler staatlicher Programme gegen die um sich greifende Arbeitslosigkeit kaum Schritt halten. Die Gefahr wuchs, dass er an den Rand der sich neu formierenden Gesellschaft rutschte. Damit entstanden neue und ganz andere Hilfeschreie der Menschen, als ich dies bisher kannte.

Mit der neuen Gesellschaftsform entfernte man sich vom Weg der Gleichmacherei, von der Masse und von den oft begrenzten Entwicklungsmöglichkeiten. Es begann ein deutlicher Wechsel hin zur Individualität. Das spiegelt sich auch in den Wünschen nach einem qualitativ besseren und individuelleren Wohnen wieder. Der Aufholbedarf und die Sehnsucht auf eine höhere Wohnqualität sind weiter sehr groß.

Durch die neue Zeit, mit dem besseren Wohnen, das die Menschen inzwischen genießen können, wurde das Dasein für viele Menschen schöner und bunter. Es wurde eine erhebliche Qualitätssteigerung erreicht. Diese Aufwertung an dem Bedürfnis Wohnen festigt die Würde unserer Menschen. Gute Wohnqualität ist eine wichtige Voraussetzung für die Gestaltung des Lebens am Ort. Zugleich ist die Wohnung ein wichtiger Schutzbereich in der Gesellschaft, für Familien und jeden Menschen. Die Wohnung, das Zuhause, ist ein sehr persönlicher Raum und er dient der Erholung, Freiheit und Selbstverwirklichung. Wohnen ist Bindung der Menschen zu ihrem Lebensraum, an ihr Dorf, an ihre Stadt, an ihre Heimat. Je positiver das Leben beim Wohnen und im Wohnumfeld, im Dorf, in der Stadt gestaltet werden, umso wohler werden sich deren Bewohner fühlen. Die intensive und bejahende Bindung und Gestaltung ihrer Wohnwelt, zu ihrem Lebensraum, werden damit nachhaltig gefördert. Das Gefühl, damit eine (Wohn-) Heimat zu haben und sich für diese auf unterschiedlichste Art und Weise einzusetzen bilden sich heraus und können sich entwickeln.

Selbst Merkmale zur Bildung, wie Lesen, Lernen, Fernsehen, kreatives Arbeiten in der Küche, aber auch die Computerarbeit, sind mit der Wohnung eng verbunden. In einer Wohnung kann der Mensch schlafen, wachen, geboren werden, erkranken, gesunden, gepflegt werden oder sterben. Demgemäß besitzt die Wohnung eine erhebliche Schlüsselfunktion. Gesundes Wohnen, verbunden mit einem günstigen Wohnumfeld, trägt wesentlich zu einer stabilen und gesunden Gesellschaft bei.

Der Schutz der Gesundheit besitzt einen hohen Stellenwert. Dieser Wert bedarf einer ständigen Pflege. Das Wohnen oder die Wohnung sind ein entscheidender Pfeiler des Menschenrechtes. Da dieses Recht durch unsere Gesellschaft anerkannt ist, wird das Wohnen vom Staat, dem Land, der Kommune und vielen Institutionen, kurz gesagt, von breiten Schichten und Einrichtungen der Gesellschaft gefördert. Ich denke da an die Denkmalpflege oder an die unterschiedlichsten Stellen bis hin zu den Vereinen, die sich auf diesem Gebiet mit einbringen. Wohngeld, staatliche Hilfen, Arbeitslosengeld II oder Förderung durch verbilligte Kredite (KfW) sind nur einige Beispiele, die das Wohnen für die Menschen weiter absichern. Da Wohnen so elementar für uns Menschen ist, ist dieser Wert fortwährend modern und kreativ zu gestalten. Dieser hohe Wert kann für alle Menschen in unserer Gesellschaft nur in einer stabilen und sozialen Solidargemeinschaft gefestigt, erhalten und weiterentwickelt werden. Das sollten wir in unserer reichen Gesellschaftsordnung nicht vergessen, besonders im Hinblick darauf, dass die Schere zwischen arm und reich bei uns immer größer wird!

Eine große Aufgabe wird dabei sein, die Gentrifikation, die Umwidmung, Veränderung und Aufwertung einer Stadt mit ihrem sozialen Charakter, so zu gestalten, dass die positiven Entwicklungen allen zum Nutzen gereichen. Soziale Ängste einschließlich ihrer Folgen, wie Krankheiten oder gar soziale Abstiege, gilt es zu vermeiden. Deshalb sollten wir stets - hoffentlich bin ich da nicht zu idealistisch - unter Beachtung des Gemeinwohles das Wohnen fördern und weiterentwickeln. Doch dazu ist soziales Denken und Handeln in unserer Gesellschaft unerlässlich. Wenn diese wichtigen Aufgaben vernachlässigt werden, wird Armut mit all ihren Schattierungen, Möglichkeiten und Auswirkungen entstehen oder wachsen.

Doch zurück zur Solidargemeinschaft. Großes Vertrauen, als Basis für die Gesellschaft kann sich nur herausbilden, wenn dies ausgehend von jedem Einzelnen über die Familien, zu Wohn- und Hausgemeinschaften, über Institutionen, Kommunen und weiter bis zum Staat, von Solidarität, Mitmenschlichkeit, Toleranz und von Respekt geprägt wird. Ich bin der Ansicht, dass diese wertvolle, große, nicht zu unterschätzende Kraft, zu beschützen und zu verbessern ist. Solidarität und Gemeinschaft sind wohl eine Einheit und sind von großen und außerordentlichen Wert. Ökonomen sagen bestimmt, dieser Wert lasse sich „rechnen". Solidarische Beziehungen sind aber nicht nur Geldwerte oder Sachwerte, sondern auch viele andere Werte, wie Zuwendung, Verständnis, Seelsorge und Annehmen. Wie pflegen wir diese Werte beim Wohnen, im Haus, in der Schule, im Fernsehen, im Internet, in Medien, in Vereinen, bei Sportveranstaltungen, ...?

Wie gehen wir mit der Pflanze Solidarität und Gemeinschaft um? Sind wir aktiv um diese zu pflegen und zu hegen?

Ich denke, es gibt für jeden von uns, wenn wir ehrlich sind, immer wieder alte, neue und weitere Baustellen. Das Bauen verstehe ich als Bewegung, denn nur wer baut und bewegt, wird ein „gutes Haus" sein eigen nennen. Unsere Gesellschaft hat viele Baustellen. Ich meine nicht den umstrittenen Stuttgarter Bahnhof oder den Flughafen in Berlin, nein, ich meine die „Baustelle Gesellschaft". Wie sozial muss, kann und soll unsere Gesellschaft sein, damit Vertrauen, Sicherheit und Recht für die Menschen weiter gebaut werden? Fragen wir uns: Schaffen Vertreter der Gesellschaft, der Parteien genügende Voraussetzungen für ihre Mitmenschen, für die sie Verantwortung übernommen haben, damit der Zugang zur Bildung und zum Wohnen garantiert bleibt und Armut verhindert wird - und wie hoch muss die Eigeninitiative des Bürgers dabei sein?

Für mich wäre es eine große Freude, wenn ich mit den Geschichten und Gedanken eine gewisse Neugier auf das Thema Wohnen und darüber hinaus schlicht zum Menschen und zur Gesellschaft bewirken konnte. Vielleicht wurde durch das Buch etwas mehr Verständnis geschaffen - oder wurde es gar zu einer Brücke zum Mitmenschen?

Wenn ich auf den großen Teil meines Lebens, in welchem ich so nah mit und an den Menschen arbeiten durfte, zurückblicke, so bin ich voller Dankbarkeit. Durch die Arbeit schärfte sich mein Verständnis für die Menschen. Auch lernte ich über die Jahre, dass jeder Mensch einmalig und von erhabenem Wert ist. Es ist wunderschön, am Leben der unterschiedlichsten Menschen, an ihren Lebensgeschichten, wenn auch nur auszugsweise, teilzuhaben, sie zu verstehen, sie zu begleiten und mit ihnen ein Stück des Weges zu gehen. Ich erlebte manch lustige Begebenheit, aber auch persönliche Schicksale, deren Folgen und Wirkungen, die ich, wie mit einem Blick durch ein Fenster, miterleben konnte.Durch diese unterschiedlichen Erlebnisse, welche ich dabei erlebte wuchs das Verständnis für die Menschen. Dies führte wiederum zu einer kolossalen Bereicherung meines eigenen Lebens.

Zwar konnte ich nicht jeden Menschen, jedes Schicksal verstehen. Auch weiß ich bislang immer noch nicht, warum Menschen so sind, wie sie sind. Doch das ist nicht gar nicht so wichtig. Gerade in der Verschiedenartigkeit aller Menschen mit ihren sehr unterschiedlichen Ansichten, Vorlieben, Einstellungen, Gewohnheiten und Lebensphilosophien sehe ich das Geheimnis unseres Menschseins. Besonders diese Unterschiedlichkeiten machen unser Zusammenleben, unsere Welt so spannend, interessant und farbenfroh. Besonders wichtig und wesentlich erscheint es mir, dass man jedem Menschen mit Achtung, Respekt, Verständnis und einer gesunden Toleranz sowie mit Herzenswärme begegnet.

Literatur- und Quellennachweis der Kapitel:

Kapitel 2

Das Hausbuch:

- Ausgabe eines Hausbuches der Demokratischen Republik, eröffnet 1952 Seite 2 sowie Bezug auf weitere Seiten dieses Buches. „Was jeder Bürger der Deutschen Demokratischen Republik über die Meldepflicht bei der Volkspolizei wissen muss!" Wiedergabe der Punkte 1. bis 4..Wiedergabe der Absätze: „Wo muss man sich polizeilich melden?" Bis zum Absatz „Die Verletzung der Meldepflicht ist eine strafbare Handlung!"

- Broschüre zu „Erläuterungen zur Verordnung über das Meldewesen in der Deutschen Demokratischen Republik - Meldeordnung (MO) vom 15. Juli 1965." (Seite 1 bis 31 mit Anhang 2) Herausgeber: Ministerium des Inneren (der DDR). Bis zur „Anordnung über die Erfüllung der Meldepflicht vom 16. Juli 1965." Gesamtherstellung:Staatsdruckerei der Deutschen Demokratischen Republik (Rotationsdruck) Ag 464/158/65/DDR

Kapitel 4

Selbst erlebte Wohnungsnot:

- Wikipedia s. zu Ehekredit, darunter Birgit Wolf: Sprache in der DDR: Wörterbuch 2000, ISBN 3-11-016427-2

- Klaus-Dieter Stamm: Stichworte von A bis Z: Zu Bildung, Jugend und Gesellschaft in der DDR 1949 bis 1990, 2010, ISBN 383-9165334

Kapitel 9

Mietpreisentwicklung:

- Quelle: Zuhilfenahme diverser und persönlicher
  Mieterhöhungen nach der geltenden Gesetzlichkeit zur
  Erhöhung der Grundmiete, wie die Grundmietenverordnung,
  die Betriebskostenumlageverordnung, das
  Mietüberleitungsgesetz und Mieterhöhung auf Ankündigung
  und Abrechnung baulicher Maßnahmen
  (Modernisierungsumlagen)

Kapitel 10

Soziale Gesichtspunkte beim Wohnen:

- Meldung der Sächsischen Zeitung vom 02.01.2013 unter
  Bezug von dpa/dapd und Deutsche Rentenversicherung

Kapitel 11

Wege zur Wohnung:

- Bürgerliches Gesetzbuch - Miete - § 353 und folgende §§
  Beck-Text im dtv 52. Auflage 2002

Kapitel 12

„Wohnform Straße":

- Quelle: Zeitschrift: fluter. Magazin der Bundeszentrale für
  politische Bildung Nummer 45 Winter 2012-2013 Thema
  Armut. Artikel „Vom leben auf der Straße"- *Zitat: Bertolt
  Brecht, Werk: Kindergedicht „Alfabet" Auszug aus dem
  Gedicht von „Armer Mann und reicher Mann...."

- **Bericht des rbb Fernsehen vom 30.03.2015 (rbb aktuell
  unter Bezug auf den Bericht des Caritasverbandes und der
  Diakonie)

Kapitel 15

- Wohnen mit Hilfe und Pflege im Heim:
  https://www.aok.de/pk/plus/inhalt/leistungen-der-
  stationaeren-pflege-3/
  siehe SGB XI § 14 Abs. 1

Kapitel 18

Farbgestaltung und Hygiene als Wohnwerte:

- siehe Wikipedia (letzter Zugriff bzw. Stand 08.4.2015) siehe
  Legionellen (Bakterium Legionella Pneumophila),
  „Lebensbedingungen, Vorkommen, Übertragung, Gesetzliche
  Untersuchungspflicht und Maßnahmen zur Vermeidung des
  Legionellenwachstums"

Kapitel 21

Vielfältige Wohnformen und Demografie:

- Zeitschrift Gesundheit und Gesellschaft, das AOK- Forum für
  Politik. Praxis und Wissenschaft Ausgabe 4/2008. 11.
  Jahrgang, Artikel Alternative Wohnformen „Zimmer frei" von
  Eva Richter sowie das Interview „Lange selbstbestimmt leben"
  mit Herrn Herbert Reichelt, Vorstands-Vitze des AOK-
  Bundesverbandes

- Hinweise und Literatur: Wohnform-Varianten
  www.neue-wohnformen.de

Kapitel 22

Unterstützendes Wohnen - Sicherung zum selbstbestimmtem Leben:

- *Ambient Assisted Living aus Wikipedia, der freien
  Enzyklopädie Stand 26.06.2014

- siehe auch www.gesundheit.gv.at/leben/altern/

Weitere Literatur:

- G+G Wissenschaft 4/13 (GGW) Verlagsbeilage von Gesundheit und Gesellschaft Herausgeber: Herausgeber: Wissenschaftliches Institut der AOK (WidO) KomPart Verlagsgesellschaft, Artikel: „Aufgabenneuverteilung im Gesundheitswesen", Anforderungen an die Qualifikation von Gesundheitsfachberufen am Beispiel der Pflege, von Dr. rer. med. Andina Dreier und Prof. Dr. med. Wolfgang Hoffmann

- Zeitschrift G+G Gesundheit und Gesellschaft - Das AOK-Forum für Politik, Praxis und Wissenschaft KomPart Verlagsgesellschaft Ausgabe 10/2013, 16. Jahrgang. Artikel: „Vernetztes Wohnen gut für die Gesundheit" (Seite 10)

- Zeitschrift G+G Gesundheit und Gesellschaft - Das AOK-Forum für Politik, Praxis und Wissenschaft KomPart Verlagsgesellschaft Ausgabe 4/2008, 11. Jahrgang. Artikel: „Zimmer frei" in der Alten-WG von Eva Richter

Kapitel 23

Wohnen in Würde mit Technik und Daten:

- 1. Absatz Bezug und Quelle: Wikipedia, Stand 2014

Kapitel 24

Wohnkultur:

- Quelle zur Definition: „Prekarisierung ist ein..." Wikipedia Stand 22.01.2014 sowie eine sinngemäße Übernahme des darunterliegenden Absatzes: Verlorene Sicherheiten im Erwerbsleben

- Teilzeitarbeit, Zeitarbeit ... Quelle: Wikipedia Stand: 22.01.2014

Zeitfracht Medien GmbH
Ferdinand-Jühlke-Straße 7
99095 Erfurt, Deutschland
produktsicherheit@kolibri360.de